本书为国家社科基金资助项目（12BMZ054）
"旅游发展与畲族村落传统文化变迁及保护研究"的主要成果

旅游发展与畲族村落
传统文化变迁及保护研究

邱云美 著

中国社会科学出版社

图书在版编目（CIP）数据

旅游发展与畲族村落传统文化变迁及保护研究／邱云美著 . —北京：
中国社会科学出版社，2019.5

ISBN 978 - 7 - 5203 - 4460 - 9

Ⅰ.①旅…　Ⅱ.①邱…　Ⅲ.①畲族—地方旅游业—旅游业发展—
关系—村落文化—文化研究—中国　Ⅳ.①F592.7②K288.3

中国版本图书馆 CIP 数据核字（2019）第 094775 号

出 版 人	赵剑英
责任编辑	孔继萍
责任校对	夏慧萍
责任印制	郝美娜

出　　版　中国社会科学出版社
社　　址　北京鼓楼西大街甲 158 号
邮　　编　100720
网　　址　http://www.csspw.cn
发 行 部　010 - 84083685
门 市 部　010 - 84029450
经　　销　新华书店及其他书店

印刷装订　环球东方（北京）印务有限公司
版　　次　2019 年 5 月第 1 版
印　　次　2019 年 5 月第 1 次印刷

开　　本　710×1000　1/16
印　　张　19.25
字　　数　285 千字
定　　价　108.00 元

凡购买中国社会科学出版社图书，如有质量问题请与本社营销中心联系调换
电话:010 - 84083683

前 言

　　村落是中国传统文化的重要载体，也是最能体现民众精神本质与气质的民间文化赋存空间，保护村落的最高意义就是保护中国的传统文化。由于受环境和发展历史影响，我国少数民族地区大多基础设施差、经济发展和教育水平相对较低。但这些地区民族文化独特、民俗风情浓郁，尤其是少数民族村落，更是民族文化习俗的发祥地和集聚空间。由此，众多少数民族地区的社会经济选择了基于资源禀赋的跨越式发展道路。民族文化旅游便成了少数民族地区跨越式发展的极佳路径。随着民族旅游发展，旅游的文化影响也日渐显现。根据相关学者已有的研究，少数民族旅游地由传统的"农牧区"快速转化为现代化的旅游地后，人们的价值观念、行为规范和生活习俗等的变迁使民族和地方特色衰减。"示范效应"导致的"汉化趋同"和游客凝视引致的"庸俗化变异"等破坏了民族文化应有的"本真性"品质，也降低了旅游产品的再生产能力。以往国内有关民族文化旅游的研究主要集中在少数民族集聚的经济欠发达的中西部和边疆地区，而对东部总体经济发达背景下的散杂居少数民族很少给予关注。文化变迁是多种因素综合影响的结果，不同的少数民族地区由于所处环境、经济社会背景和发展机遇等不同，因而各种社会文化变迁过程存在差异。特别是东部少数民族散杂居地区，处于周围发达经济和强势文化的包围中，影响其民族传统文化变迁的因素会更复杂，强度也会更大，民族文化保护也就显得更紧迫。正是基于上述背景，课题组以总体经济发达的我国东部地区浙西南畲族村落为研究对象，探求旅游发展对畲族村落文化变迁的影响，寻求畲族文化保护和旅游业可持续发展路径。本书研究的主要目标为：第一，探讨东部经济发达地区散杂居畲族村落在强势文化包围下的民族文化变迁的主要影响因素，以及各影响因素之间的关系。第二，探讨旅游场域中东部经济发达地区畲族村落文化变迁特征。以景宁畲族自治县"中国畲乡之窗景区"的大均村和泉坑村，莲都区的沙溪村和上塘畈村为重点研究对象，从畲族村落文化的变迁路径、变迁形式和变迁机制等视角，提炼东部畲族村落文化变迁特征。第三，探讨民族村落文化变迁的区域差异，包括浙西南内部受不同级别民族政策影响的畲族村落之间、畲族旅游村落和畲族非旅游村落之间的差异，以及东部经济发达地区与西部经济欠发达地区少数民族社会文化变迁的差异。寻求东部经济发达地区散杂居畲族村落民族文化和旅游可持续发展策略。

本书研究过程综合运用了人类学、社会学和地理学等多学科方法，在田野调查的基础上，结合文献分析、调查问卷和访谈资料，通过对比分析，研究旅游发展对东部经济发达地区畲族村落文化变迁产生的影响。本书涉及田野点主要集中在我国东部地区的浙西南畲族村落，其中以丽水市景宁畲族自治县"中国畲乡之窗景区"周边的大均村和泉坑村，以及莲都区东西岩景区周边的沙溪村和上塘畈村为重点。景宁畲族自治县是全国唯一的畲族自治县，也是我国经济最发达的华东地区唯一的少数民族自治县，莲都区是浙江省畲族人口最多的区，两个县（区）的畲族村落文化具有一定的典型性。大均村和泉坑村、沙溪村和上塘畈村之间的自然地理环境具有一定的同质性，宏观和中观人文社会环境都具有一定的相似性，是本书研究比较理想的田野选择点。通过研究得出以下结论：

第一，开发利用是畲族文化保护的最好方式。文化是作为满足人们生活需要的相应功能而存在的，如果某种文化（项目）不再成为人们生活的需要时，那么它必然因丧失生活功能而走向消亡。对传统畲族文化来说，其原有很多功能已不再适应现代畲民的需求。在现代旅游语境中，许多正在消失或已经消失的传统文化被挖掘和开发利用，彰显出新的生机与活力。通过发展畲族文化旅游，让畲族文化重新进入畲民的生产生活，增强畲族文化的生命力和可持续发展力，实现传承畲族文化、拉动旅游消费需求、扩大就业和促进经济发展，体现畲族文化的现代价值。

第二，浙西南畲族村落文化变迁存在区内和区间差异。在区域内存在旅游畲族村落与非旅游畲族村落之间、不同行政区域内畲族村落之间、集中连片畲族村落与零散畲族村落之间的文化变迁差异。浙西南畲族村落文化变迁与中西部少数民族文化变迁存在差异。旅游语境中，浙西南畲族村落文化变迁直接进入"畲族化"阶段，国家行政权力是影响畲族文化变迁的最主要因素。已有研究显示，旅游语境中，中西部少数民族文化变迁普遍经历了"汉化"→"民族化"过程，导游和游客是影响民族文化变迁的最主要因素。

第三，畲族文化变迁因国家行政权力级别不同而存在差异。不同村落由于受到不同行政级别政府政策的影响，在文化开发利用和保护传承过程中，畲民的参与度、文化的变迁速度和变迁程度，以及文化本真性的保持程度都有差异。在已严重汉化和同化的情况下，没有政府的介入支持，完全依靠民间力量，畲族文化很难被重新挖掘和保护传承；政府介入太多，又有可能导致畲民被边缘化，文化变迁速度太快、创新力度过大而失去本真性。因此，应在政府介入和畲民参与之间寻求一个平衡点，在保证畲民一定的参与度以及保持畲族文化本真性的基础上，政府给予引导支持。

第四，旅游嵌入产生政策叠加和民族文化差异化变迁。由于从工作绩效考虑，政府部门会将更多的政策、资金和项目支持畲族旅游社区，在多部门支持下，产生政策叠加效益，使畲族旅游社区基础设施更完善，产业更加现代化，畲族文化挖掘和开发利用得更充分，畲族传统文化的现代价值得以体现，畲民的文化自觉和文化保护意识较高，畲族文化的变迁速度更快，变迁内容更广，"畲族化"趋势更明显。在旅游语境中，旅游价值高和具有美好寓意的畲族文化元素被充分挖掘、创新和利用，变迁程度相对较大，社区居民认知程度高。

第五，在畲族文化保护传承和开发利用过程中，采取"两条腿"走路。一方面，挖掘畲族文化旅游资源，生产适合现代审美需求的文化物质载体，在保持文化内核的基础上通过创新进行旅游项目开发，将畲族文化旅游资源运用于旅游产业发展，实现畲族文化的现代价值，提高畲族文化知名度，使畲民形成民族文化自觉和自信，并转化为自觉保护和传承本民族文化的行为。另一方面，对畲族文化进行本真性保护传承。畲族文化本真性保护传承分三种情况：（1）基础性畲族文化资料的挖掘研究和传承保护；（2）静态物质文化的展示传承和保护；（3）"活态文化"的活态传承和保护。为解决畲族文化本真性保护传承的资金问题，可实行"旅游反哺"，将畲族文化旅游产生的部分经济收益作为畲族文化本真性保护和传承的资金。

第六，社区居民的参与度影响畲族文化变迁的本真性。在浙西南畲族村落旅游发展中，主要有工商资本主导、村集体主导和村民自主开发等模式。工商资本主导介入开发的景区，社区居民参与程度较低，旅游项目开发过程中外来文化融入较多，文化的本真性相对较低；由村集体主导开发的畲族文化元素得到较充分挖掘，社区居民参与程度较高，畲族文化与村民的生产生活关系更密切，畲族文化变迁的本真性保持较好；由村民个体自主开发的主要以经营农家乐和民宿为主，畲族文化挖掘不够充分，缺少畲族文化旅游项目。

在本课题研究接近尾声时，国家开始实施乡村振兴战略，乡村旅游是众多村落走向振兴的现实途径。同样，民族文化旅游也成为民族村寨振兴的重要途径，如何实现民族文化保护传承和民族村寨旅游可持续发展将会引起更多的关注。本项目的研究虽然告一段落，但我们将会持续关注旅游发展与畲族村寨文化变迁及保护。

作　者

2018 年 8 月 10 日于丽水

目　　录

第 一 章

导 论

第一节 研究背景与研究意义

一 研究背景

在全球化、经济文化一体化的今天，文化的发展在某种意义上决定了经济的发展，甚至被提升到国家或地区"核心竞争力""第一竞争力"的战略高度。[①] 作为人类聚落空间的基本形态之一，古村落经历了岁月磨砺，成为特定地域的历史文化载体，记载着古今时空中的物华风茂与人物风情，它们既是实践积淀的成果，也是地域文化的精髓，见证了这些地域社会经济生活发展的历史过程，反映了这些地域世代传承的集体记忆。[②]

如果说中华民族历史五千年，这五千年都在农耕文明里，村落是我们农耕生活遥远的源头和根据地。[③] 村落是中国传统文化的载体，保护村落的最高意义就是保护中国的传统文化。村落也是最能体现民众精神本质与气质的民间文化的赋存空间。我国地域辽阔，气候类型和地貌形态多样，各地生产生活形态差异巨大，从经济形态、生活习俗、文化景观、乡土建筑到历史创造都具有明显的地域特征。各种形态的村落文化是中

---

① 谢维光、马华泉、杨艳丽等：《文化产业背景下古村落旅游文化竞争力提升实证研究》，《北京第二外国语学院学报》2010 年第 1 期。

② 荣浪：《写意式生态规划——山地古村落的旅游开发研究》，硕士学位论文，武汉理工大学，2005 年。

③ 冯骥才：《传统村落的困境和出路》，《传统村落》2013 年第 1 期。

华文化多样并存和整体灿烂的根基，是人类文化基因库和儿时的记忆，也是现代城里人解乡愁的地方。

随着经济发展和现代化进程加快，工业发展和城市扩张突飞猛进，村落生产生活逐渐瓦解，村落文化与城市文化日渐趋同，村落空巢化已成常态，大量的村落被遗弃和消失，已成为人们永久的记忆。据调查统计：在进入21世纪（2000年）时，我国自然村总数为363万个，到了2010年，仅仅过去十年，总数锐减为271万个。十年内减少90万个自然村。① 据住房和城乡建设部的摸底调查，传统村落现存数量仅占全国行政村总数的1.9%，有较高保护价值的还剩下不到5000个。这其中，少数民族村落更显稀少，更为重要的是少数民族的“非遗”全部都在乡村中，它们的消失将直接导致一个少数民族文脉的断裂，保护传统文化、挽救少数民族村落已刻不容缓。②

从早在2005年中国共产党十六届五中全会通过的《中共中央关于制定国民经济和社会发展第十一个五年规划的建议》提出“生产发展、生活宽裕、乡风文明、村容整洁、管理民主”的新农村建设要求，到2017年十九大工作报告提出的以“产业兴旺、生态宜居、乡风文明、治理有效、生活富裕”为总要求的乡村振兴战略，足见乡村保护建设和振兴的紧迫性、必要性，以及国家进行乡村重建的决心。

作为我国乡村重要组成部分的民族村落，是体现中华民族文化独特性和丰富性的重要空间，是我国文化多样性的重要基因。民族村落要保护也要发展，发展民族文化产业是复兴民族村落和民族文化的重要途径。2015年习近平总书记到贵州省视察时指出，民族村落要突出地方和民族特色，增强人文感召力，善作山水文章，保护好溪流、林场、山丘等生态细胞和民族村寨、传统村落等文化元素，传承好传统文化、耕读文明、

① 冯骥才：《传统村落的困境和出路》，《传统村落》2013年第1期。

② 彭泺：《留住民族DNA——聚焦传统村落中的少数民族村寨》，《中国建设报》2014年4月24日第4版。

田园生活。①

　　民族文化产业实质是传统民族文化资源向文化资本转化的过程，民族旅游产业是当前我国西部民族村寨文化产业的核心层。② 旅游业使一些原本已经衰败的民族文化重新被挖掘整理，在给当地居民带来收益的同时也增强了目的地社区居民的文化自觉意识和文化自信，提高了他们保护村寨的主动性和积极性。因此，民族文化旅游成为众多少数民族村落经济转型、产业结构调整和民族文化保护的重要途径。但是，旅游本身也是引发文化变迁的一个因素。民族文化保护和变迁方向是少数民族地区旅游业能否可持续发展的关键。随着民族村落旅游发展，相关问题的研究也引起学者的关注，从旅游人类学、旅游社会学、旅游地理学等角度展开系统研究。如孙九霞的《旅游人类学的社区旅游与社区参与》（2009）、《传承与变迁——旅游中的族群与文化》（2012），李伟的《民族旅游地文化变迁与发展研究》（2006），肖琼的《民族旅游村寨可持续发展研究》（2013），宗晓莲的《旅游开发与文化变迁——以云南省丽江县纳西族文化为例》（2006），徐赣丽的《民俗旅游与民族文化变迁——桂北壮瑶三村考察》（2006），李强的《新农民：民族村寨旅游对农民的影响研究——以云南曼听村与贵州西江村为例》（2013），顾雪松的《旅游传播与少数民族乡村的变迁——对西江千户苗寨的多维度研究》（2013）等。从已有相关成果来看，研究内容主要涉及民族地区或村落文化的总体性变迁，没有在复杂的影响因子中区别出旅游产业因子的作用。民族旅游地的社会文化变迁现象十分复杂。其变迁动因不但包含了全球化背景下的历时性变迁，也包含了民族社区现代化进程中的跨越性社会文化变迁，以及旅游业发展中的共时态社会文化变迁。因此，在影响民族旅游地社会文化变迁的复杂因子中，旅游业到底起了哪些作用，哪些变迁是由旅游产业发展引起的应值得关注。从研究区域来看，已有相关

---

　　① 刘晓凯：《关于民族村寨传统村落保护发展的几点思考》，《贵州民族》2015 年 8 月 3 日第 A1 版。
　　② 王林：《民族村寨旅游场域中的文化再生产与重构研究——以贵州省西江千户苗寨为例》，《贵州师范大学学报》2013 年第 5 期。

研究主要集中在总体经济欠发达的中西部和边疆少数民族地区，而东部总体经济发达地区的少数民族村落很少进入研究视野。在总体经济发达背景下的东部少数民族村落，其社会文化变迁与总体经济欠发达背景的西部少数民族村落相比有何不同，以及旅游业发展对东部少数民族村落社会文化变迁的影响；在周围发达经济和强势文化包围下，东部少数民族村落如何实现文化保护与旅游可持续发展等？正是基于对以上问题的关注和疑问，笔者选择了本课题。

二　研究意义

我国少数民族地区基础设施差、资金短缺、教育水平低，但民族文化独特、民俗风情浓郁，其发展道路不能简单复制经济发达地区的经验，而应该选择一条基于资源禀赋的内生发展道路。民族文化旅游便成了众多少数民族村落发展民族经济、实现脱贫的主要选择之一，民族文化因其市场价值也备受青睐。民族文化不再被视为"落后"和"蒙昧"，而是成为弘扬传统文化、展示本土形象的旅游资源。

随着旅游业的蓬勃发展，旅游的文化"杀伤力"也日渐明显。少数民族旅游地由传统的"农牧区"快速转化为现代化的城镇，人们的价值观念、行为规范和生活习俗等的整体变迁使民族和地方特色衰减，"汉化趋同""庸俗化变异"破坏了民族文化应有的"原生态"品质，也降低了旅游产品的再生产能力。在旅游经济嵌入语境中，怎么在保护的前提下，寻找民族文化与经济发展的最佳结合点，走社会效益、经济效益和生态效益良性循环的旅游业可持续发展模式，以及民族村落旅游经济发展和转型期的社会问题、文化保护与真实性等问题，需要寻找有针对性的理论指导。

以往的少数民族村落旅游发展研究，更多的是集中于从经济层面探讨其发展模式、空间布局和经济增长战略，近年来也对少数民族村落旅游发展过程中的社区参与、文化影响给予了关注。但从研究的少数民族村落空间分布来看，都位于总体经济欠发达的中西部和边疆地区，而对东部总体经济发达背景下的少数民族聚居区很少给予关注，尤其是缺乏对东部少数民族旅游地社会文化变迁的整体把握。不同的民族地区由于所处的自然环境和人文环境各异，以及经济社会背景与机遇不同，社会文化变迁过程极其复杂且各有差异。特别是东部少数民族村落，少数民族与汉族杂居普遍，处于周围发达经济和强势文化的包围中，影响民族传统文化变迁的因素会更复杂，强度也会更大，民族文化保护也就显得更紧迫。在这样的社会文化背景下，本课题将紧密结合中国旅游业发展的实际情况，以畲族人口聚居的浙西南畲族村落为案例地，开展旅游影响下的畲族村落文化变迁与保护研究。本研究在实际应用价值层面：结论性成果对东部少数民族村落旅游经济和民族文化协调发展实践具有一定的指导意义，对中西部少数民族旅游村落也有借鉴作用，为非旅游目的地的民族村落现代化进程中的文化保护研究积累经验；在理论层面：本项目成果能补充和丰富民族文化旅游研究案例，弥补目前我国缺乏东部少数民族村落民族文化与旅游系统研究的缺憾，完善民族学、人类学和旅游学的学科体系。

第二节　研究视角、主要观点和基本思路

一　研究视角

（一）全球化和本土化视角

全球化和现代化已成为当今世界的主题。全球化是一个整体性的历时发展过程，主要指各国在经济上的一体化，同时也影响到世界范围内的政治、文化生活。[1] 全球化伴随着世界各国间的人流、物流、信息流、资金流和技术流不断扩大，推动着中国工业化、城镇化、市场化和信息化快速发展。全球化对旅游业的影响使旅游规模不断扩大，旅游业态不断创新，文化交流日益频繁，旅游消费呈现主体大众化、出行散客化、产品创新化、营销网络化、服务品质化和文化多元化发展。到 2014 年，

---

① 金毅：《论全球化背景下的民族文化旅游》，《内蒙古大学学报》（人文社会科学版）2004 年第 2 期。

已有150多个国家和地区成为中国公民出境旅游目的地。我国入境旅游人数由2010年的1.34亿人次增加到2017年的1.39亿人次；出境旅游人数由2010年的0.57亿人次增加到2017年的1.31亿人次。国际旅游发展使多元的文化交流、碰撞和融合日益频繁，旅游在文化传播中所起的作用日益彰显。

在世界进入全球化和一体化的背景下，本土化问题便也随之更加突出地表现出来。本土化是现代社会的一个重要特征，它为现代民族国家提供了内在的凝聚力，为现代社会的发展提供了重要的基础，正是由于本土认同，才形成了丰富多彩的文化景观。① 本土文化的复兴，实际上就是中华传统文化的复兴。本土化是在当下全球化背景下，重新评估西方文化主导的现代性文化的一种思维。全球化语境下的文化本土化，是新时期经济全球化进程的必然和经济全球化过程的需要。文化软实力是各地在全球化中提高竞争力的重要因素。文化本土化不仅是经济全球化的竞争手段，而且是以经济竞争完成文化竞争的双赢途径。② 文化全球化意味着多种文化交流、沟通、互补、融合机会的增多和文化共性的增多。③文化本土化则是凸显地方特色、吸引公众眼球、实现文化商品化和向资本转化的必然选择。越是民族的就越是世界的。在旅游语境中，文化本土化是体现旅游产品特色、提高旅游市场吸引力和旅游产业竞争力的要求。因此，从理论上讲，旅游产业发展应该促使地方文化回归本土化和民族化。文化本土化要求坚持传统，如果一个国家、一个民族文化的传统性消失，也就失去了其独立人格和民族特征。全球化与本土化之间形成了纷繁复杂的文化冲突。在全球化背景下，对某一文化利益的关注群体呈现出多样化。在民族村落旅游场域中，地方政府、开发商、当地社区居民、文化精英、旅游者等成为民族文化利益的相关者，并且各利益相关者都有着各自的利益诉求。如地方政府对区域影响力和品牌形象提

---

① 赵荣、王恩涌、张小林等：《人文地理学》，高等教育出版社2006年版，第405页。
② 同上。
③ 同上书，第408页。

升的诉求，开发商对经济利益的诉求，社区居民对经济发展能力和民族文化自信的诉求，文化精英对文化保护和传承的诉求，旅游者对文化凝视的诉求，等等。各利益相关者依据自己的诉求，影响着民族文化全球化和本土化的路径和方向，从而影响着民族文化变迁。村落是民族文化得以保存的基础，不管各利益主体选择何种全球化和本土化形式，文化变迁方向如何，毫无疑问，旅游开发与文化保护将是民族村落当前面临的紧迫课题。

（二）文化变迁与保护

文化变迁是人类学一直关注的对象。人类学视野中，文化变迁一般指的是由于文化自身的发展或异文化间的接触交流造成的文化内容或结构的变化。① 一定的文化是与一定的社会经济和生产方式相对应的。任何一个社会和环境发展变迁，体现其特征的文化也随之发生变迁。变迁是文化的正常现象，文化变迁是绝对的，文化的稳定性与平衡性是相对的。文化交流、社会发展、环境改变和人员流动等因素都会综合影响着文化变迁，随着全球交往的日益密切，影响文化变迁的因素也越发复杂。在旅游嵌入影响下，随着游客的进入，民族村落文化与外来文化交流、接触的机会增多，文化传承与变迁的动力复杂化，并改变着民族村落文化变迁、传承的轨迹和速度。由于现代游客对民族传统文化和习俗的凝视，旅游开发者为提高经济效益而对传统文化的选择、移植和商品化包装，地方政府为塑造区域民族文化品牌对民族文化元素的提炼和表达等，使一些原已淡出族人生产生活，消失在"幕后"的民族传统文化和习俗重新被挖掘、提炼和构建，通过商品化和舞台化走到"台前"，进入人们视野，民族文化旅游成为少数民族村落文化变迁的新动力。为丰富民族文化旅游资源，提高旅游产品的吸引力，旅游产品生产者会融合他族文化，重新建构本民族文化内涵、空间和要素等，这一建构过程引发的文化变迁，有可能导致民族文化异化与本真性流失，对民族文化旅游的可持续

---

① 宗晓莲：《布迪厄文化再生产理论对文化变迁研究的意义——以旅游开发背景下的民族文化变迁研究为例》，《广西民族学院学报》（哲学社会科学版）2002 年第 2 期。

发展和民族文化本真性、民族性的传承形成威胁。民族文化的可持续发展，只有保持本民族文化的本真精华，才能够建立民族自信和文化自信，有了自信才能自立和发展。因此，在全球化和旅游语境的文化变迁中，如何处理民族文化商品化、舞台化和本真性之间的关系，民族文化的保护和传承是当务之急。

（三）东部经济发达地区的少数民族村落为研究主体

我国少数民族主要集中在中西部和边疆地区，历史上这些地区由于交通闭塞、信息不畅、经济发展滞后，保存着相对完整的民族文化体系。近二三十年来，随着国内外旅游的兴起，中西部少数民族地区因其民族文化的独特性和神秘性，吸引着越来越多的国内外民族文化人类学者和背包客等旅游先锋进入这些民族村寨，在他们的传播与宣传下，民族旅游产业逐渐嵌入；同时，随着我国西部大开发和中部崛起战略的实施，民族文化旅游发展进一步引起了政界、业界和学界等的广泛关注，少数民族文化得到及时的挖掘、保护和传承。

改革开放后，我国实行鼓励一部分地区和一部分人先富起来，并逐步走向共同富裕的发展道路，东部地区成为我国改革开放的前沿阵地和现代化的先行区，经济发达，现代化程度高。多年来大家对东部地区的关注更多的是国家对外开放和改革政策的实施，以及经济发展建设成就。追求经济快速发展在一定程度上忽视对传统文化的挖掘、利用和保护。我国东部少数民族聚居区，地处总体经济发达、现代化程度较高的背景环境中，周边被强势文化所包围，少数民族文化较早受到现代经济、主流文化和西方文化的影响，在人们还没有意识到民族传统文化的价值和保护必要性之前，民族文化就已经在工业化和现代化的浪潮中严重同化、汉化和西化，民族文化的完整性缺失严重。随着现代旅游产业发展，东部地区的民族文化旅游资源因其稀缺性而备受地方政府重视，同时东部地区少数民族相比于中西部具有邻近客源市场的优势，东部民族地区将民族文化旅游作为地方旅游产业发展的独特卖点和旅游亮点，民族文化资源重新被人们挖掘和利用。在现代旅游场域中，东部少数民族文化的变迁和保护值得我们关注。本研究以东部经济发达地区浙西南部分畲族村落为案例点，探讨旅游发展背景下畲族村落文化变迁和保护。

（四）对比分析视角

对比分析是文化人类学在研究中经常使用的视角，通过对比分析，确认研究对象之间的异同。人类学对文化的研究不再只是静态描述，而是更多地关注作为一个动态系统的文化过程，把历时性与共时性结合起来揭示文化的演进轨迹和变迁过程。文化变迁是个历时过程，需要有历史过程的记录对比其变化，但在短期内难有明显的表现。因此，通过选取具备一定条件的不同对象进行横向对比也是一种研究方法。相对于非旅游少数民族村落，受旅游影响的少数民族村落文化变迁显得更加复杂。其变迁动因不但包含了全球化背景下的历时性变迁，也包含了少数民族村落在现代化进程中的跨越性社会文化变迁，以及旅游业发展中的共时态社会文化变迁。那么，在影响旅游民族村落社会文化变迁的复杂因子中，旅游业到底起了哪些作用？哪些变迁是由于旅游产业嵌入引起的？本研究从对比分析视角，在同一区域宏观和中观社会经济环境背景相对一致的条件下，选择了丽水市莲都区老竹畲族镇沙溪村、景宁畲族自治县大均村和伏叶村、云和县雾溪畲族乡坪垟岗等旅游民族村落，以及丽水市莲都区丽新畲族乡上塘畈村和水阁街道山根村，景宁畲族自治县泉坑村、东弄村、双后降村等旅游介入少或未发展旅游的畲族村落，通过对这两类畲族村落对比，分别分析在无旅游嵌入和有旅游嵌入影响下畲族村落的文化变迁形式、动因、内容和路径。并以畲族文化旅游产品形式为切入点，考察浙西南畲族节庆、饮食、医药、服饰、民间歌舞和建筑等畲族传统文化在旅游产业中的表现形态和变迁内容。通过对比两类畲族村落的文化变迁，从众多影响因素中剥离出旅游影响因子在民族村落文化变迁中所起的作用。

二　主要观点

（一）民族旅游村落的文化变迁是历史发展的必然

文化是时代和环境的产物，是人们在特定时代利用环境的基础上创造的事物和因素。随着时代和环境的变化，文化也发生变迁，变迁是文化永恒的主题。影响民族村落文化变迁的因子复杂多样，不但包含了全球化背景下的历时性变迁，也包含了民族村落现代化进程中的跨越性文化变迁，以及旅游业发展中的共时态文化变迁。在多种影响因子中，旅游影响因子作用时间短，但强度大。从复杂因子中剥离出旅游影响因子对民族旅游村落文化变迁的影响，是实现民族旅游可持续发展和制定文化调适策略的重要前提。

随着社会历史发展，畲族村落文化也处于不断变迁过程中。畲族由远古的居无定所的游耕、游猎经济文化到村落农耕文化发展，由自给自足的自然经济到商品经济转化，经济生产方式变迁带动社会文化变迁。随着畲汉通婚和杂居，畲汉交往日益密切，汉族先进的生产方式对畲族社会经济文化产生重大影响，引起畲族文化汉化、去民族化，畲族文化产生碎片化和空洞化，畲族文化在畲民的生产生活中也渐行渐远。通过研究发现，近年来，随着民族文化旅游发展，为凸显畲乡旅游品牌特色，畲族传统文化被再度挖掘和发明创造，一些原已退出畲民生产生活的畲族文化被重新整合，并赋予新的内涵和功能。旅游语境下的现代畲族文化是在游客凝视下，在畲族传统文化中融入了他族文化元素、现代艺术和现代生活方式等重新建构的。旅游使畲族村落的文化被重新挖掘和利用，畲族文化价值得以体现，畲民的商业意识和民族文化自觉提高，畲族旅游村落呈现明显的"畲族化"。未发展旅游的畲族村落处于一种自然变迁状态，在全球化和现代化背景下，没有经过现代适应性建构的传统畲族文化与现代畲民生产生活相去甚远，缺乏适宜生存的环境，由此，未发展旅游的畲族村落基本处于"去畲族化"趋势。

（二）浙西南畲族村落文化变迁的地域差异

在社会变迁中，在不同的条件下，文化适应会产生不同的结果。[①] 不同的民族村落由于所处的自然环境和人文环境不同，以及经济社会背景与机遇差异，因而其文化变迁也各具特色。我国东部少数民族村落，处

———————

① 郁春媛：《基于文化适应理论的人口较少民族文化变迁与社会发展——以云南布朗族为个案》，《民族学刊》2014 年第 1 期。

于周围发达经济和强势文化的包围中,影响其民族传统文化变迁的因素会比西部少数民族地区更复杂,强度也会更大,民族文化调适和保护也就显得更紧迫。

通过研究发现,我国东部经济发达地区的畲族村落,由于多年受汉文化、现代化和全球一体化的影响,畲族文化变迁速度较中西部少数民族村落文化变迁快。旅游产业嵌入前,大多数畲族村落的物质文化与汉族村落已无差异,保留较好的畲族文化主要是语言。在畲族村落之间,文化变迁既与地理环境有关,更与政治经济社会环境有关。如畲族文化的保留程度与畲族村落和中心城市的距离、对外交通便利程度相关,在位置很偏远、交通不便的山区村落,畲族传统文化保留得更好些。但政治经济社会环境对畲族文化变迁的影响更大,民族自治政策和民族文化旅游发展影响都会使畲族村落文化向畲族化方向变迁。就政治视角而言,自治行政级别越高,国家支持和政策倾斜力度越大,畲族文化变迁的速度和幅度越大,创新程度越高。景宁畲族自治县畲族文化变迁速度最快,幅度最大,创新程度最高;而处于畲族自治县、畲族乡镇以外的畲族村落,如丽水市水阁街道的山根村,尽管在20世纪八九十年代之前还保存着较完整的传统畲族文化体系,是非常典型的畲族村落,但随着老一辈畲族文化传承人的离世,现在已很难体现出畲族村落特征。在影响畲族文化变迁的各类因素中,旅游发展是重要的影响因素。旅游嵌入使畲族村落的物质文化和非物质文化都先后发生变迁,旅游视角下的畲族文化变迁具有选择性特点。同时,旅游发展对政府政策产生一定的"极化效应",畲族旅游村落相比于畲族非旅游村落更容易获得政府政策和资金的支持,使畲族旅游村落的文化变迁受旅游和政策倾斜双重影响,因此,畲族旅游村落文化变迁的内容和幅度都大于同类民族行政区域的畲族非旅游村落。如丽水市莲都区老竹畲族镇的沙溪村和莲都区丽新畲族乡的上塘畈村畲族文化变迁差异。

(三)东部地区少数民族村落文化变迁与中西部地区存在差异

中西部地区少数民族由于地处经济相对落后、社会文化对外交流相对不畅的区域,在旅游发展之前,对外交流少,受现代化、汉化的影响小，甚至未受其影响。因此这些少数民族村落往往保存有相对完整的民族文化体系，多数民族文化元素还与当地群众的生产生活密切联系，族民的日常活动就能体现本民族特点，民族文化的"活态传承"特点明显。中西部少数民族村落因为民族文化的独特性、神秘性和原生性吸引了民族文化人类学者和背包客等旅游先锋，并在他们的帮助下形成了初期村民自发的旅游接待。少数民族文化也因学者和旅游先锋的传播和宣传，知名度逐渐提高，进而引起政府和旅游投资者的关注。随着大众游客的进入，来自汉族主流文化地区的游客和导游承载的汉文化和现代元素对当地少数民族产生示范效应，导致民族文化的汉化、西化和同化等问题。随着旅游发展进一步推进，中西部少数民族居民重新认识了本民族文化的价值，使已经汉化、西化的地方文化重归民族化。因此，在旅游影响下，中西部很多少数民族村落文化变迁经历了先汉化、西化和同化，再回归民族化的过程，导游和游客是其民族文化变迁的重要影响因素。

畲族是我国主要分布于东部经济发达地区的少数民族，浙西南是畲族人口的主要聚居区。长期以来，在周边发达经济和强势文化影响下，畲族文化已基本汉化和现代化。在旅游语境下，为了发展民族文化旅游，体现地方旅游特色，地方政府成为东部畲族地区文化变迁最重要的影响因素，在《浙江省"十一五"旅游发展规划》中，畲族文化旅游被确定为旅游新亮点。在《景宁畲族自治县旅游发展总体规划》（2006—2020）中提出，依托畲族唯一性，打造畲族文化展示中心，使"中国畲乡"成为华东地区21世纪少数民族风情旅游第一品牌。为凸显畲乡特色，在政府政策引导和支持下，原已退出畲民日常生产生活的畲族文化被重新挖掘、整理，经过现代建构后进入旅游场域，旅游影响使畲族旅游村落呈现畲族化趋势。在东部浙西南畲族村落文化变迁过程中，政府是文化变迁的最重要影响因素。东部畲族旅游村落的文化变迁在变迁阶段特点和变迁动因上与中西部和边疆地区少数民族村落都存在较大差异。研究旅游对畲族文化变迁影响，对畲族旅游村落旅游可持续发展和文化保护策略的制定具有重要意义。

三　研究基本思路

本课题通过对浙西南畲族村落的考察，揭示东部经济发达地区在强势文化包围下的少数民族聚居区民族文化旅游对民族文化变迁的影响，提出畲族村落文化保护策略。

（一）收集、分析和整理文化变迁理论以及国内外民族旅游地文化变迁研究的相关文献。为把握目前关于民族旅游地文化变迁研究的视角和方法，追踪国内外最新研究动态，课题组通过对清华同方（中国知网CNK）、读秀知识库等电子数据库的学术期刊、学位论文、会议论文等进行相关检索查询，分析综述文化变迁理论、国内外民族旅游地文化变迁研究以及畲族文化研究，为本课题研究提供借鉴和参考，以提高研究效率。

（二）对浙西南已发展旅游产业和未发展旅游产业的两类畲族村落案例地进行实地调研，从文化变迁的动因、内容和路径等方面比较两类畲族村落民族文化变迁的异同，从中析出畲族旅游村落由于旅游影响导致的民族文化变迁成分。文化变迁有纵向变迁和横向变迁，纵向变迁即进化，是从历时的角度表现出的一个地方文化在时间维度上的差异；横向变迁是指两个或两个以上不同文化在长期持续的接触过程之后所导致的原有文化体系大规模变异的社会文化变迁现象。[①] 在文化体系中，不同的文化元素存在纵向变迁速度的差异，往往是有形的物质文化变迁速度快于无形的制度文化和精神文化，如建筑、服饰、环境硬件建设等表层的有形文化可以根据需要在较短的时间产生变化。但人们的思想观念、意识形态、宗教信仰等深层的无形文化变迁需要一定的时间积淀。为了全面分析旅游嵌入对畲族村落文化变迁产生的影响，在畲族村落文化纵向变迁的研究上，主要通过对多年在畲区县、乡镇工作的政府工作人员，畲族文化研究学者进行访谈，以及对村民进行访谈和问卷调查等途径，了解案例地村落文化的历时性变迁。本课题研究重点调查对比了莲都区

---

① 张晓萍、李伟：《旅游人类学》，南开大学出版社 2008 年版，第 183 页。

东西岩国家4A级景区东、西山脚的沙溪畲族村和上塘畈畲族村，景宁畲族自治县中国畲乡之窗国家4A级景区内的大均村和泉坑村。并以周边莲都区的山根畲族村，景宁畲族自治县的东弄村、李宝村、金坵村进行对比参照。除根据资料记载、人物访谈等梳理案例点村落的文化变迁外，还选择宏观、中观环境背景相近的非畲族旅游村落和畲族旅游村落进行对比分析，如莲都区水阁街道的山根村、云和县雾溪畲族乡坪垟岗村等，通过对相关畲族村落村民问卷调查、深度访谈等途径，对比两类村落的畲族文化变迁差异。

（三）为进一步把握旅游对浙西南畲族村落民族文化变迁的影响，以畲族旅游村落民族文化旅游产品形式为切入点，一方面，考察景宁中国畲乡之窗景区、封金山景区、莲都区东西岩景区畲族传统文化在旅游产品中的表现形态和变迁内涵；另一方面，通过对村民的问卷调查和访谈，景宁畲族自治县和莲都区的民宗局、旅游局、文广局、"非遗"中心等政府相关部门工作人员访谈，以及通过对畲族旅游村落和非旅游村落文化变迁的对比分析，了解旅游嵌入对畲族文化变迁产生的影响，以及旅游语境下影响畲族文化变迁的主要因素，在此基础上剥离出由旅游发展引起民族文化变迁成分，建立旅游产业与民族文化变迁的对应关系。

最后，探讨在东部经济发达地区强势文化包围下的民族旅游村落的民族文化变迁途径与模式，寻求东部民族旅游村落旅游产业可持续发展和民族文化保护策略。

第三节 研究方法和基本理论

一 研究方法

本课题以人类学的研究方法为主；辅以社会学、地理学、文化学和统计学等多学科的研究方法进行综合分析，具体主要采取以下几种方法：

（一）参与观察法：这是本课题最基本的研究方法。在本课题研究过程中，课题组成员对丽水市景宁县鹤溪镇、大均村、伏叶村、李宝村、东弄村、深垟村，莲都区沙溪村，温州市文成县培头村、龙麒源景区等畲族文化旅游村落和景区，进行深入的田野调查，参与观察畲族文化在旅游产品中的表现形式，当地居民的社会和经济交往，挖掘其深层次的文化原因，理解其文化本质。并在 2013 年和 2014 年景宁"中国畲乡三月三"期间，全程参与观察了畲族文化元素在畲乡旅游环境氛围营造、畲族文化旅游产品开发和畲乡旅游营销中的运用。从上述畲族村寨和景区看，除了开发最早的畲族婚嫁表演项目，早期主要是将畲族文化运用于畲族旅游环境氛围营造中，其中运用最普遍的是畲族彩带和凤凰图案；随着旅游发展进一步推进，畲族歌舞、畲族"非遗"表演和体验、畲族饮食和具有畲族特色的工艺品逐渐得到开发。对尚未受旅游产业影响的景宁畲族自治县泉坑村（泉坑村 2016 年开始有 1 户村民经营餐饮、5 户村民开始经营民宿）、上寮村，莲都区上塘畈村、道弄源、山根村等畲族村，参与观察其生产性景观、建筑景观、文化景观，以及村民的生产生活，分析畲族文化元素在未受旅游影响畲族村落中的留存及表现。除了上寮村畲族传统文化保护较好，还有做传师学师仪式的传统，泉坑村 2016 年开始发展民宿旅游后，部分畲族文化被挖掘，利用于几家民宿设计中。其他几个畲族村落已基本汉化，与周边汉族村落没有差别，村里了解畲族文化的也主要是部分老年人，文化变迁的总体趋势是去畲族化。

（二）深度访谈法：在课题调研过程中，为更全面和深入了解畲族文化的本源、发展演变和旅游产品转化过程，对当地熟悉畲族文化和畲族文化旅游产品的报道人进行了深度访谈。访谈对象涉及景宁畲族自治县全国畲族文化发展基地办公室，景宁县和莲都区旅游局、民宗局、文广局、统战部、人大、教育局等政府部门工作人员、畲族乡镇和村干部、畲族文化传承人和民间艺人、畲族文化产业负责人、旅游公司和景区负责人、畲族文化旅游景区演员、畲族文化研究者、畲族村民等。

（三）问卷调查法。本课题研究设计半结构性问卷"社区居民民族文化变迁感知和民族文化态度调查问卷"，课题组成员带领学生分别在 2013年 7 月 6—10 日、8 月 22—26 日对景宁县大均村、泉坑村、伏叶村、东弄村、封金山金坑村进行问卷调查，2015 年 1 月 1—9 日，对莲都区沙溪村、上塘畈村、山根村和仁宅村的村民进行随机抽样调查。其中大均村、金坵村、伏叶村和沙溪村属于畲族旅游村落，东弄村、泉坑村、上塘畈村、山根村和仁宅村属于未发展旅游的畲族村落，两种类型畲族村落各发放问卷500份，分别收回有效问卷452份和438份，通过问卷调查来收集较为广泛的资料，以较全面把握浙西南畲族村落文化在旅游影响下的变迁状况。

（四）对比分析法：以浙西南畲族村落为案例点，以景宁县大均村、泉坑村、伏叶村、东弄村和李宝村，莲都区沙溪村、上塘畈村和山根村为研究重点（其中景宁县大均村和莲都区沙溪村分别依托4A级景区"中国畲乡之窗"景区和东西岩景区，旅游发展相对比较成熟；伏叶村、李宝村是近四五年刚发展畲家乐和民宿；泉坑村虽然在"中国畲乡之窗"景区的规划范围内，但多年来基本未受旅游影响，在县农办的政策鼓励下，2016年开始有餐饮和民宿经营户；丽新畲族乡上塘畈村在东西岩景区西侧，也未受旅游影响；莲都区山根村既没有在畲族乡镇也没有受旅游影响）。通过对比分析，把握浙西南地区已发展旅游产业和未发展旅游产业的两类畲族村落文化变迁差异，从影响民族文化变迁的多个复杂因子中剥离出旅游产业因子，从而明确旅游业发展对浙西南畲族旅游村落文化变迁的影响。通过对浙西南畲族旅游村落和中西部民族旅游村落文化变迁的比较分析，探讨在东部经济发达地区强势文化包围下的民族旅游村落文化保护和利用。

（五）文献法：通过综述国内外相关研究成果，把握国内外研究动态并进行对比分析；查阅畲族志和相关畲族文化研究资料，了解畲族社会经济文化发展历史，把握历时态下畲族文化变迁的机制和途径。

二　基本理论

（一）文化再生产理论

再生产理论于20世纪中后期兴起于西方社会科学理论领域，其中以布迪厄（Pierre Bourdieu）的文化再生产理论最具代表性。布迪厄是法国当代著名的人类学家、社会学家和思想家，"文化再生产"是布迪厄教育社会学理论中的核心概念。他试图用"再生产"这一概念表明社会文化的动态过程，认为文化处于一个不断的生产、再生产过程中，并在这一过程中发生变迁。文化再生产是在既定的时空内各种文化力量相互作用的结果。文化通过不断的"再生产"以维持自身平衡和社会延续，推动了社会和文化的进步。文化再生产的结果体现了占支配地位的利益集团的意愿，是他们使社会权威得以中性化、合法化的手段。①

布迪厄认为"文化资本""惯习"和"场"是文化理论的三个核心关键词。文化资本在稳定性、潜在能力和进行自身再生产的潜在能力以及强制性因素等特征的基础上，形成经济资本、文化资本和社会资本三种基本形态。② 文化资本的传承通常是以一种"再生产"方式进行的。"惯习"是指"被构造的和进行构造的意愿所构成的系统——是在实践中形成的，并且总是取向于实践功能"③。它一方面连接了结构的因素，另一方面又连接了个人的主观能动性，是"进行构造"时的指导范式，协调了个人行动者日常的知觉、理解和行动，并以其多样性使改变客观结构的变化得以发生。"场"是布迪厄进行关系分析时使用的一个概念，"由不同位置之间的客观关系构成的一个网络，或一个构造"。从场的角度分析必须考虑三个有内在联系的要素：一是这个场与权力场（政治场）的关系，因为权力场总是能强有力地延伸到其他场中，并对其产生影响；二是场内各种力量间的关系，他们相互作用决定了场的变化发展情况；三是行动者的惯习，这样可以更好地了解他们在场内外的行动，把握场的发展轨迹。④ 文化再生产必须要有一定的"场域"，场域作为中介联结了宏观的社会结构与微观的个体行动，既体现了社会文化对生命个体的决定作用，也体现了个体对文化的反作用

① 宗晓莲：《布迪厄文化再生产理论对文化变迁研究的意义——以旅游开发背景下的民族文化变迁研究为例》，《广西民族学院学报》（哲学社会科学版）2002 年第 2 期。

② 高燕：《布迪厄文化再生产理论解读》，《新疆职业大学学报》2011 年第 3 期。

③ 宗晓莲：《布迪厄文化再生产理论对文化变迁研究的意义——以旅游开发背景下的民族文化变迁研究为例》，《广西民族学院学报》（哲学社会科学版）2002 年第 2 期。

④ 同上。

力。旅游场域就是以旅游现象为中心而形成的非实体性客观关系网络。[①]
在民族旅游场域中，少数民族村寨传统文化正经历着文化再生与重构。[②]
不少学者认为旅游开发后，民族文化和地方文化发生了商品化和异化
现象，旅游场域的文化再生产是浅层次的复兴，和文化再生产的终极
目标背道而驰。旅游场域的逐利性和权力场域的导向，使文化再生产
有违人的自由天性。[③]

（二）舞台真实理论

舞台真实源于舞台艺术中使用的专业名词，最初来源于社会学家戈
夫曼（Erving Goffman）的表演理论。他认为社会是一个舞台，人生是一
场表演。戈夫曼认为舞台有"前台"和"后台"之分，"前台"是演员
演出和观众集聚的地方，是演员和观众交流互动的开放性空间；"后台"
是演员为娱乐表演做准备和日常工作的封闭性场所，为了"前台"表演
的"真实性"和"可信度"，要保持后台的神秘性，因而后台是不能随意
向外人展示的。同时，他也把表演分为自觉的表演和不自觉的表演，自
觉的表演是"玩世不恭"的表演，不自觉的表演是"真诚"的表演。戈
夫曼的舞台理论随后被麦康纳（MacCannell）引用到旅游研究领域，并在
《舞台真实》一文中提出旅游业中的舞台真实。[④] 在旅游研究领域，舞台
真实是指在旅游资源开发过程中，文化旅游产品在保存原生民俗文化精
髓的基础上经过艺术的加工和提炼被当作真实存在向旅游者展示，是舞
台化艺术化的旅游资源，也是将旅游资源市场化商业化的过程。[⑤] 杨振
之[⑥]针对民族文化保护与旅游开发的矛盾问题，借用马康纳的"前台、后

①　石群：《反思旅游场域的文化再生产》，《旅游论坛》2014 年第 5 期。
②　王林：《民族村寨旅游场域中的文化再生产与重构研究——以贵州省西江千户苗寨为
例》，《贵州师范大学学报》2013 年第 5 期。
③　石群：《反思旅游场域的文化再生产》，《旅游论坛》2014 年第 5 期。
④　刘云：《论民族文化旅游中的舞台真实》，《民族论坛》2007 年第 8 期。
⑤　王凤仪、鲁峰：《基于舞台真实理论的寿县古城旅游开发研究》，《皖西学院学报》2011
年第 5 期。
⑥　杨振之：《前台、帷幕、后台——民族文化保护与旅游开发的新模式探索》，《民族研
究》2006 年第 1 期。

台"理论，提出了民族文化保护与旅游开发的"前台、帷幕、后台"模式，并希望通过这一新模式合理地解决民族文化保护与旅游开发之间的矛盾冲突。在"前台、帷幕、后台"模式中，前台是文化实验区，后台是文化核心区，而帷幕是一个文化过渡区，是后台的缓冲空间和保护性空间，是后台的屏障。张晓萍[1]认为，在旅游场域中，"前台"是供旅游者观赏体验、与当地居民交流的平台；"后台"是未经商品化的原生态资源，供当地居民生活，不对游客开放。[2] 为了保证前台表演的"真实性"和"可信度"，就必须保证后台的封闭性和神秘感。现代旅游中的大多数经历都属于"旅游场合中的舞台真实"经历。"真实"有"客观真实"和"象征真实"之分。"客观真实"即是真实文化和传统，亦即原生文化；"象征真实"是通过舞台表演展示给游客的具有一定象征性的内容。"舞台真实"来源于现实生活中的真实，但并不等于原生文化本身的真实，它通过技术加工、提炼，使原生文化显得更加真实。旅游业强化了当地的传统和社会。

舞台真实理论引入旅游人类学之后，就会涉及旅游文化资源开发中出现文化商品化、文化变迁、传统文化的保护和创新等许多现实问题。对于舞台真实对传统文化"真实"产生的影响，西方旅游人类学家大致有两种看法。一是认为舞台表演是对传统文化真实性的"亵渎"，会破坏文化的真实性。格林伍德在其著作《文化能用金钱来衡量吗？》提到"文化商品化必然导致文化内涵的丧失""文化，作为一种具有象征意义的网络，具有复杂的结构，是某种具有独特内涵的东西，概括起来称之为传统"。现在的旅游操作者制造伪传统或伪文化，其目的除了具有经济利益驱使外，更重要的是为了达到某种政治上的目的，获得政治上的权力。这种权力的分配最终会导致当代社会地方特色消解，甚至导致全球文化一体化。另一种观点认为，"舞台真实"是好事。在舞台表演中，经过提炼和加工的歌舞虽然与原来有较大的不同，但却仍保留了它们基本的内

---

[1]　张晓萍：《西方人类学中的"舞台真实"理论》，《思想战线》2003年第4期。
[2]　同上。

容和形式,其真实性并没有丧失,相反得以保持,而且十分吸引游客。[1]
科恩也认为,通过合理进行真实性的设计,不但可以使"真实"获得
"可持续的发展",还可以使真实的传统文化得到保护。

每一个民族、每一个旅游地都会有些文化事项是针对族人的,因而
不会轻易向外人展示,也很难将本族的原生文化"和盘托出"。但为了满
足旅游者需求,我们可以通过舞台表演将一些具有象征性真实的文化事
项进行展示。"舞台真实"还会激发创新,甚至导致"新文化的发明"而
被接受为"传统"和"真实",通过舞台表演,将一些原来不真实的东西
变为真实的。其实,游客追求的不过是具有象征意义的真实,而不是真
正意义上的真实。[2]

(三) 文化适应理论

"文化适应"(acculturation)于 1880 年首次在英文文献中出现。[3] 文
化适应作为一种人类学的理论成果,在不同的社会发展阶段具有不同的
内涵。早期的人类学家将文化适应定义为:"文化适应是一种不同文化模
式之间产生的互相适应的文化现象,这些文化的主体既有个体组成的,
也有具有不同文化的群体组成的,个体与个体之间、个体与群体之间或
者不同群体之间,经常会发生一些持续的、直接的文化接触,这样就导
致一方或双方原有文化模式发生变化。"[4] 1936 年,人类学家雷德菲尔德
等在《文化适应研究备忘录》中将文化适应定义为"由个体所组成,且
具有不同文化的两个群体之间,发生持续的、直接的文化接触,导致一
方或双方原有文化模式发生变化的现象"。[5] 1954 年美国社会科学委员会
(SSRC)将文化适应定义为"因接触两种或多种不同文化而产生的文化
变迁"。

---

① 张晓萍:《西方人类学中的"舞台真实"理论》,《思想战线》2003 年第 4 期。
② 同上。
③ 郗春媛:《人口较少民族文化变迁研究》,博士学位论文,中央民族大学,2011 年。
④ 魏巍:《文化适应理论下的高校民族学生成长环境的养成》,《高教研究与实践》2014 年
第 3 期。
⑤ 郗春媛:《基于文化适应理论的人口较少民族文化变迁与社会发展——以云南布朗族为
个案》,《民族学刊》2014 年第 1 期。

　　文化适应研究一直是人类学家、社会学家和心理学家等关注的热点。① 社会学家和人类学家一般从群体水平对文化适应展开研究，主要关注经济基础、社会结构、政治组织和文化习俗的改变。心理学家则倾向于个体层次视角研究，强调文化适应对各种心理过程产生的影响，侧重研究价值观、态度、认同和行为改变。② 加拿大跨文化心理学家贝瑞（John Berry）指出，完整的文化适应概念应该包括两个层面：一个层面是在群体层面或文化层面上的文化适应，即文化接触之后在经济基础、社会结构、政治组织和风俗习惯等方面发生的变迁；另一个层面是指个体层面或心理层面上的文化适应，也就是文化相互接触之后个体在态度、认同、行为方式以及价值观念等方面发生的变化。贝瑞认为少数民族文化认同过程中将面临两个主要问题：一是是否保留本民族的原有文化特色和民族认同；二是是否愿意发展与主流文化成员密切的关系，并接受他们的价值。通过对这两个维度肯定与否定的不同组合，将会产生整合、同化、分离与边缘化四种文化认同策略。其中"整合"是指既能保持原有传统文化特色也注重采用主流文化；"同化"是完全融入主流文化而放弃自己原有的传统文化；"分离"是个体希望保留原有的文化认同，将自己封闭在自身独特的民族文化之中，限制自己与新文化发生密切的关系；"边缘化"是个体处于两种文化边缘地带，既不能完全认同本民族文化也不能接受主流文化。四种策略中，"边缘化"策略是最不利于文化适应过程的；"整合"策略能够在原有文化与主流文化之间构建一种平衡关系，因而是文化适应过程中的最佳模式。随着研究深入，贝瑞又在原来两个主要问题的基础上，加了"主流文化群体在相互文化适应过程中所扮演的重要角色"。认为"当主流文化群体通过种种手段来促进少数民族的同化时，采取的就是'熔炉'策略；当主流文化群体追求并加强与非主流群体的'分离'时，其采取的就是

① 李晓：《Berry 文化适应理论及其启示》，《湖北函授大学学报》2014 年第 18 期。
② 郤春媛：《基于文化适应理论的人口较少民族文化变迁与社会发展——以云南布朗族为个案》，《民族学刊》2014 年第 1 期。

'种族隔离'的策略；当'边缘化'这种策略是由主流文化群体强加于文化适应中的群体时，就是一种'排斥'的策略；当主流文化群体承认其他文化的对等重要性，追求国家的文化多样性时，就出现了与'整合'相对应的'多元文化'策略"①。

文化适应是一种文化对另一种文化的选择和习得过程，也是建立新文化模式和产生新文化的过程，需要经过时间的积淀，伴随着社会文化变迁历程而不断凸显。在全球一体化和多元文化背景下，多个群体和多种文化共存已成为客观现实，不同的文化在相互接触碰撞过程中，"会从一种文化转移到另一种与其当初生活的文化不同的异质文化中，从理论上来说，文化适应是一个双向的影响过程"②。即相互接触的两种文化体系都会发生变迁。但"在少数民族尤其是人口较少民族的文化适应的现实境况中，更多的是非主流文化去适应主流文化，因而更多的变化会发生在弱势群体一边。在这种情景下，少数民族选择何种策略、社会主体采用何种态度就显得无比关键"③。

（四）文化空间理论

当代空间理论认为，空间既有地理学或物理学意义上的客体属性，也具有社会、历史和文化属性。"文化空间"源于法国都市理论研究专家亨利·列斐伏尔（Henri Lefebvre）等人有关空间的理论，"本指传统的或民间的文化表达方式有规律性进行的地方或一系列地方"④，"主要应用在具体的少数民族传统文化和非物质文化遗产保护之上，如对武术、壮族木喇叭的文化空间以及庙会和节日文化，等等"⑤。也有学者认为

---

① 李萍、孙芳萍：《跨文化适应研究》，《杭州电子科技大学学报》（社会科学版）2008 年第 4 期。

② 邱柏生：《试论思想政治教育生态研究的方法论意义——兼论生态德育研究的方法论指向》，《思想教育研究》2011 年第 8 期。

③ 郗春媛：《基于文化适应理论的人口较少民族文化变迁与社会发展——以云南布朗族为个案》，《民族学刊》2014 年第 1 期。

④ 张晓萍、李鑫：《基于文化空间理论的非物质文化遗产保护与旅游化生存实践》，《学术探讨》2010 年第 6 期。

⑤ 李海娥：《基于文化空间理论的博物馆旅游优化研究——以湖北省博物馆为例》，《武汉科技大学学报》（社会科学版）2015 年第 2 期。

"凡是按照民间约定俗成的古老习惯确定的时间和固定的场所举行传统的大型综合性民族、民间文化活动都是非物质文化的文化空间形式，遍布在我国各地各民族的传统节庆活动、庙会、歌会（或花儿会、歌圩、赶坳之类）、集市（巴扎）等，都是最典型的具有各民族特色的文化空间"①。1998 年，在联合国教科文组织第 155 次大会上，将"文化空间"定义为"具有特殊价值的非物质文化遗产的集中表现（strong con-centration）"，"一个集中举行流行和传统文化活动的场所，也可定义为一段通常定期举行特定活动的时间，这一时间和自然空间是因空间中传统文化表现形式的存在而存在的"②。目前"国内对'文化空间'的理解更多地倾向于'地域空间'，即体现一定文化特征的场所"③。2005 年，我国颁布的《国家级非物质文化遗产代表作申报评定暂行办法》（国办发〔2005〕18 号）中，认为"'文化空间'是定期举行传统文化活动或集中展现传统文化表现形式的场所，兼具空间性和时间性"④。就内涵而言，"文化空间包括物质、精神和社会生活三个维度。其中精神空间是文化空间的核心所在，是文化空间所展现的主体文化；物质空间是精神和价值理念的符号化表征，是文化载体和可视性的客观展现；社会生活空间是精神空间的活化和动态表征，包括当地社区和社会的参与，以及市场运作等"⑤。文化空间是具有核心象征、中心理念和参与主体的系统。

　　文化空间除了应用于遗产保护，在旅游开发方面也逐渐得到应用。当前，文化空间理论与旅游尤其是民族文化旅游的结合日益受到

---

　　①　乌丙安：《民俗文化空间：中国非物质文化遗产保护的重中之重》，《民间文化论坛》2007 年第 1 期。

　　②　侯兵、黄震方、徐海军：《文化旅游的空间形态研究——基于文化空间的综述与启示》，《旅游学刊》2011 年第 3 期。

　　③　张晓萍、李鑫：《基于文化空间理论的非物质文化遗产保护与旅游化生存实践》，《学术探讨》2010 年第 6 期。

　　④　李海娥：《基于文化空间理论的博物馆旅游优化研究——以湖北省博物馆为例》，《武汉科技大学学报》（社会科学版）2015 年第 2 期。

　　⑤　同上。

学者的关注。张晓萍等认为，非物质文化有活态性、综合性、传统性、民族性和地域性等特点，其中，"活态"是基本，实物收藏、书面记录都属静态保护，只依靠外界帮助的非物质文化遗产是难以实现永久"存活"的，必须寻求自身发展以实现可持续。"旅游化生存"是文化发展实现经济、社会、文化多赢，达到传承与发展平衡的最佳方式途径，也是增强文化竞争力和空间生命力的有效途径。① 作为一种积极的"动态保护"手段，"'旅游化生存'能借旅游之力促进非物质文化遗产的传承与发展，将非物质文化遗产作为一种旅游资源进行有效利用，开发成可供游客游览、体验、学习和购买的旅游产品，是非物质文化遗产在现代社会中以一种新的方式进行生存和发展的模式"②。"旅游化生存"有两种具体形态，一是舞台化生存，即通过舞台艺术或景区旅游模式，经过提炼和艺术加工，将传统文化搬上"舞台"，使其转化为舞台表演艺术，定期或不定期向游客展示。如浙西南以畲族文化为主题的《畲山风》《畲家谣》《千年山哈》等都是舞台化了的畲族文化艺术，且随着不断取舍，最终形成旅游版的《印象山哈》，形成了畲族文化旅游演艺业。二是生活化生存，即社区旅游模式，该模式是发挥非物质文化遗产的"活态性"特点，将对非物质文化遗产的使用、展现和保护传承融入当地民众的日常生活，让当地民众成为传统文化的使用者、受益者和传承者。如景宁东弄村等畲族村落的彩带编织、大漈的陶罐制作等由当地村民展示的畲族传统文化工艺等。文化空间的旅游化生存要充分体现时间性、空间性、活态性、文化性和整体性等特点。

"文化空间的活态性、空间性决定它必然与当地生活空间以及特定的

---

① 张晓萍、李鑫：《基于文化空间理论的非物质文化遗产保护与旅游化生存实践》，《学术探索》2010 年第 6 期。

② 王德刚、田芸：《旅游化生存：世界非物质文化遗产的现代生存模式》，《北京第二外国语学院学报》2010 年第 1 期。

物质承载地域水乳交融，是一种实实在在的‘文化景观’。"① 文化景观
既包括一些可以通过视觉感受的物质性景观，也包括一些抽象的、不被
人们直接感知和难以表达的"文化氛围"，包括人们的生产关系、生活方
式、风俗习惯、宗教信仰和思想意识等非物质文化景观。

"少数民族村寨是少数民族文化的承载空间，是集中展现少数民族地
区民俗生活知识和社会生产方式的代表性社区。随着时代变迁，原本作
为文化空间的村寨形态和作为民族地区的民族文化聚集区，其代表性和
典型性也逐渐消失。"② 民族村寨文化空间重构能展示少数民族文化体系
形式和内涵，推进民族文化的保护与传承，实现少数民族社区的可持续
发展。

（五）涵化理论

涵化理论起源于电视暴力研究。20 世纪 70 年代，乔治·格伯纳
（George Gerbner）等传播研究学者在研究电视与社会行为之间的关系时，
提出关于电视媒体的"涵化"理论，其主要观点是：电视内容对观众的
现实观具有潜移默化的效果，那些花费了更多时间"生活"在电视世界
中的人更可能以电视镜头里所呈现的形象、价值观、描述、思想体系来
看待"现实世界"（realworld）。③ 涵化理论不但在关于媒介效果的研究中
成为最常被引用的理论之一，而且也在与其他理论框架的配合中发挥着
重要的作用。涵化研究涉及制度分析、内容分析和涵化分析三个层面，
其中涉及政治学、经济学、社会学、心理学。④

就文化变迁而言，涵化是指同时期的多种文化之间，在长期持续的
相互接触过程中引起的原有文化体系发生大规模变异现象，属于横向过
程的文化变迁。文化接触和文化传播是涵化发生的前提。彼此文化接触

---

① 王星、孙慧民、田克勤：《人类文化的空间组合》，上海人民出版社 1990 年版，第
78 页。

② 吴忠军、代猛、吴思睿：《少数民族村寨文化变迁与空间重构——基于平等侗寨旅游特
色小镇规划设计研究》，《广西民族研究》2017 年第 3 期。

③ 徐翔：《"涵化"理论及其在效果研究应用中的主要矛盾》，《西南民族大学学报》（人
文社会科学版）2010 年第 3 期。

④ 赵世瑾：《中国涵化理论沿革和发展现状综述》，《北京印刷学院学报》2012 年第 5 期。

面的广度和深度，将直接影响到涵化的程度和范围。在互联网和现代传媒时代，文化接触已经变成跨越空间障碍的超空间接触，随着人们之间的接触、交流和了解日益加深，彼此间的文化影响也日益加剧，文化涵化也就越来越普遍，不同文化间的影响可同步进行。涵化的过程和结果会受各文化主体自身文化所具有的限制和内部结构的开放性与灵活性，以及发生文化接触的双方或多方之间所存在的政治经济和军事文化等不平衡状况影响。① 由于不同因素对涵化产生影响，文化涵化可能会出现不同的过程和结果。涵化的过程一般分为采借、适应和抗拒三种情况。对他者文化的采借（Borrowing）是涵化过程中很重要的环节，即涵化双方在彼此接触、传播文化的过程中对他者文化进行借鉴、吸收并逐渐开始对自身文化进行整合、调适和改变。② 适应是指对采借来的文化加以吸纳，内化于自身文化体系中，并使外来文化与自身传统文化相协调，从而完成涵化的过程。在不同文化之间的适应过程中，由于调适方向不一，一般会产生两种结果，即同化和融合。"同化是一种单方面的调适，即一个文化受他文化的影响，逐渐失去其本文化的特点，而成为他文化的一部分的过程，或者产生两者基本趋同的过程。"③ 按照同化动力的来源可分为强制同化和自然同化。"融合是指两种或两种以上的文化在长期的接触、交往过程中，发生双向的调适，产生出与各自原有的文化特征均不同的新的特征、形式、内容或结构，达到难以区别的程度，从而形成一个新的、单一的文化的现象。"④ 文化抗拒是与文化调适相对应的文化涵化行为，"指在涵化过程中，由于政治上处于支配地位的文化压力太大，变迁发生得过猛，即对接受一方的破坏和压迫过于迅猛，以致许多人不能接受这种变迁，从而导致出排斥、拒绝、抵制或反抗的现象"⑤。即产生文化抗拒的主体强调自身文化的价值，重塑自身文化认同的过程。旅

---

① 张晓萍、李伟：《旅游人类学》，南开大学出版社 2008 年版，第 185 页。
② 同上书，第 183—184 页。
③ 石奕龙：《应用人类学》，厦门大学出版社 1996 年版，第 149 页。
④ 同上书，第 150 页。
⑤ 同上。

游活动中的文化抗拒主要表现在对自身文化特质的凸显上，进而强调自身文化特质的独特性和专属性，其突出表现形式就是对自我族群文化的重新建构或称为"传统的发明与再造"，对自身族群认同的重新确立。

在旅游业中，涵化的过程是最引人注目的。当两种文化在某一时期内发生碰撞，其中的一种文化通过借鉴的过程而变得多少像另外一种文化。作为旅游者来说，他们不易从东道主那里借鉴其文化，而东道地区的人却很容易受外来文化的影响，这就促使了东道地区一系列变化的产生。人们在不断地、直接地互相接触的时候，多多少少变得彼此相似，这一点往往容易被忽略，这是由于游客的频繁往来所造成的。① 随着人们旅游方式由观光旅游向深度体验游的转变，游客与东道主、游客与游客之间的接触变得更加广泛而深刻，这些不同文化群体之间的影响会越多，涵化的结果也会越复杂。涵化的发生往往以无形的方式进行，而这种无形的背后既有东道主文化内部为寻求发展而进行的自我突破，也有外部游客所带来文化的强势冲击。② 在旅游场域中，客源市场的需求有时会对东道主文化产生很大影响，为满足客源市场需求，主客双方在不断调适的过程中使传统文化发生变迁。

三　田野点的选择

"田野调查"源自西方的"fieldwork"，或可译为"田野作业""野外工作""田野研究"等，是最早的人类学方法论，也被认为是人类学学科的基本方法。田野调查是指研究者深入某一田野点，通过参与直接观察、交流访谈和生活体验等多种方式，进行长期、细致的考察，从而获取第一手资料的过程。具体来说，就是"参与当地人的生活，在一个有严格定义的空间和时间的范围内，体验人们的日常生活与思想境界，通过记录人的生活的方方面面，来展示不同文化如何满足人的普遍的基本需求、

---

① ［美］瓦伦·L. 史密斯主编：《东道主与游客——旅游人类学研究》（第二版），张晓萍、何昌邑译，云南大学出版社 2002 年版，第 289 页。

② 张晓萍、李伟：《旅游人类学》，南开大学出版社 2008 年版，第 187 页。

社会如何构成"①。田野调查涉猎的范畴和领域相当广泛，除人类学外，还涉及语言学、考古学、民族学、行为学、文学、哲学、艺术和民俗学等。在田野调查中，选好调查点对成功地进行调查具有关键性的意义。选择调查点的基本要求有：一是选择有特色的地区，即该地的社会、经济或文化较为特殊，与其他地区或民族具有较大差异；二是选择有代表性的田野点，即该点在该区域或民族中具有代表性和典型性；三是选择具有特殊关系的地区，如有自己的亲戚或朋友居住在该村；四是选择前人调查研究过的著名社区。② 根据田野点的特色性和代表性要求，本次重点调查田野点选择在浙西南丽水市的景宁畲族自治县和莲都区。景宁畲族自治县为全国唯一的畲族自治县，具有特殊性和典型性，而莲都区和景宁县都属于丽水市管辖下的区（县），具有更多相似的宏观政治、经济和社会环境背景，相比于分属不同地市的区（县），两者更具有可比性。具体的案例点选择，一组对比点是浙西南丽水市景宁畲族自治县的"中国畲乡之窗"国家4A级景区内的大均村和泉坑村；另一组对比点是浙西南丽水市莲都区东西岩国家4A级景区山脚的沙溪畲族村和上塘畈畲族村。"中国畲乡之窗"景区是景宁畲族自治县最早以畲族文化为主题开发的景区；东西岩景区是以丹霞地貌和畲族文化为主要吸引物的景区，也是丽水市和莲都区的传统景区。为了有更充分的论据分析畲族村落文化变迁状况，本研究还选择景宁畲族自治县的伏叶村、东弄村、双后降村、深垟村和邻近的云和县坪垟岗村，以及莲都区的山根村作为主要田野参照点。

本研究以景宁"中国畲乡之窗"景区的大均村、泉坑村和莲都区东西岩景区的上塘畈村、沙溪村作为深度田野个案，既符合人类学可操作的小社区调查范式，也是为了更精准地对旅游场域和非旅游场域中畲族村落文化变迁进行比较分析，从中析出旅游影响因子在文化变迁中的作用。同时，以周边的伏叶村、东弄村、双后降村、深垟村、坪垟岗村、

---

① 罗栋：《旅游田野调查初探》，《旅游论坛》2013年第2期。
② 王铭铭：《人类学是什么》，北京大学出版社2002年版，第93页。

仁宅村和山根村等其他畲族村落为田野参照物，以提高田野调查的信度和效度。

本课题研究的这几年，正是中国旅游业快速发展、与其他产业融合深化的时期，也是我国乡村和旅游发展快速变迁的时期。从新农村建设到美丽乡村建设再到乡村振兴；从智慧旅游建设到旅游厕所革命再到全域旅游发展等，这说明了国家对乡村建设、民族村落发展和旅游业的高度重视。旅游业的高速发展也促进了民族旅游村寨环境的快速变化和民族文化的快速变迁，同时也衍生出一些快餐式文化，这些文化与民族文化碰撞，一定程度上导致部分文化和文化主体的不适应。

四 访谈对象编号说明

在本课题研究过程中，为了获取更多真实的、有针对性的一手资料，课题组成员对与本研究课题相关的人员做了深度访谈。访谈对象涉及普通村民（包括"非遗"传承人）、景区演员、相关企业负责人、民族乡镇和村干部、政府相关部门工作人员等。因在访谈过程中有些访谈对象提出不便公开身份，为了统一起见，本书涉及的访谈对象全部用大写拼音字母编号，编号由访谈对象所在地（包括村、乡镇、景区、单位等）和姓名的第一个大写拼音字母组成。

年龄组划分：青年（18—40 岁）、中年（41—60 岁）、老年（61 岁及以上）。

第 二 章

民族村落文化变迁

第一节　传统村落及复兴

一　传统村落：民族文化的根基

（一）村落和传统村落

村落即乡村聚落，是人类群体生活、居住的一种最基本的社会区域单位，是人类由游牧狩猎社会走向原始农耕畜牧业所产生的一种定居形式，是相对于城市的人类聚落形态，是以地缘关系把一个家族或不同家族、亲族集团组合起来的生活共同体。[①] 在中国，村"是相对完整并且在很大程度上自给自足的社会生活单位。一个村寨，必然包括物质、社会关系、精神、艺术、语言符号、风俗习惯等文化的各个子系统"[②]。在国家行政层面，村落是中国最小的行政单元，也是国家力量自上而下、能够触及的最基层地方。费孝通认为，"无论出于什么原因，村落是中国乡土社区的基本单位，不管是三家村还是几千户的大村"[③]。在文化层面，村落是地缘与血缘的凝聚单元，是传统社会居住最基本的空间，更是有着鲜明文化的聚落丛集。村落特征随

---

① 王秀文、徐晓光：《日本村落社会组织及其传统特征》，《日本学刊》1991 年第 3 期。

② 王雯雯：《广西少数民族村寨旅游开发模式研究》，硕士学位论文，桂林工学院，2006 年。

③ 费孝通：《乡土中国》，北京出版社 2009 年版，第 6 页。

着国家、民族和区域的不同而不同，并随着社会发展和时代变迁而呈现不同的形态。村落的形成与发展经历了巢穴居阶段、原始村落阶段和发展完善阶段。① 在世界上，差不多每一个种族和民族都经历过村落社区阶段。一个完整的村落包含了人口、经济生产方式、社会结构与村落边界四个层面，② 其最明显的特征是原来用于满足村民生产生活的建筑群、街巷、广场等物质环境。③ 在我国，村落主要散布于县城以下的广大地区。相对于城市，村落分布地域广阔，人口密度较低；区位和交通条件使其比较闭塞，与外界的联系弱，流动人口较少，人际关系比较密切，血缘关系较浓厚，属熟人社会；社会组织、社会制度比较简单；居民过着"日出而作，日落而息"的生活，生活节奏缓慢；生产力水平较低，经济相对落后，生产活动对自然生态环境的依存性更强。自然环境、经济特征和民族文化等因素的差异，也使村落表现出多种居住方式、形态特征和规模大小，形成各具特色的村落经济形态，有以一业为主的农村、山村（林业）、牧村和渔村，也有农业、农牧、农渔等兼业村落。如农区和林区的固定村落；江河、湖滨水乡以舟为室的水上渔家；草原牧区则是定居聚落、迁徙性聚落和游牧的帐篷兼而有之。各地村落规模大小不一，既有个别住户的孤村，也有数百甚至上千人口的大村，各村落文化地方特色明显。根据村落行政组织关系不同，有界线明显、依据地理环境所形成的自然村，以及按行政管理要求划分的由一个或多个自然村组成的行政村。在全球化和现代化背景下，现代交通和信息科技由城市延伸到乡村，原先相对封闭的村落逐渐变得开放。虽然人们的流动空间随之不断扩大，信息交流日趋频繁和多

---

① 宋金平：《聚落地理专题》，北京师范大学出版社 2001 年版，第 28—30 页。

② 桂华：《城市化与乡土社会变迁研究路径探析——村落变迁区域类型建构的方法》，《学习与实践》2011 年第 11 期。

③ 程乾、郭静静：《基于类型的古村落旅游竞争力分析》，《经济地理》2011 年第 7 期。

元化，人类的社会关系和活动形式已不像过去那样深刻地基于血缘关系，而更多地依赖农村社区，但村落依旧是人类社会群体生活的重要区域形式。人是社会性的人，人的生理和心理都受周边生存环境影响。共同的生产生活方式和村落居住环境，仍然对维系村落内部共同的文化、情感以及心理等起到重要作用。村落衍生了人类文明的集团化，并推动了文明的互动。

随着现代化进程的推进和乡村社会经济的发展，乡村生产方式不断多样化。村落也并非只是与"农村"、"农民"及"农业"有关，而是广及城市以外的所有聚落，包括大量非"农"村落，比如现在的旅游村、矿业村和工业村，而许许多多的村庄在景观上已很接近城市，城乡一体化特征明显。①

中国传统村落，原名古村落，"是指形成较早，拥有较丰富的文化遗产与自然资源，具有一定历史、文化、经济、社会、科学和艺术价值，应予以保护的村落。2012 年 9 月，经传统村落保护和发展专家委员会第一次会议决定，将习惯称谓'古村落'改为'传统村落'，以突出其文明价值及传承的意义"②。同年，由住房和城乡建设部、文化部、财政部颁布的《关于加强传统村落保护发展工作的指导意见》（建村〔2012〕184号）将传统村落定义为"拥有物质形态和非物质形态文化遗产，具有较高的历史、文化、科学、艺术、社会、经济价值的村落"③。传统村落承载着中华传统文化的精华，是农耕文明的精髓、中华文化的根基和不可再生的文化遗产，村落空间蕴藏着丰富的自然生态景观资源和历史文化信息，是我国乡村自然遗产和历史文化的"活化石""博物馆"，凝聚着中华民族精神，是中华民族的精神家园，以及维系华夏子孙文化认同的纽带。

---

① 宋金平：《聚落地理专题》，北京师范大学出版社 2001 年版，第 18 页。

② 《传统村落》，百度百科，https：//baike. baidu. com/item/% E4% BC% A0% E7% BB% 9F% E6% 9D% 91% E8% 90% BD，2015 年 6 月 10 日。

③ 中国传统村落网，http：//ctv. wodtech. com/，2016 年 5 月 8 日。

（二）传统村落特征和类型

传统村落或具有较好的历史建筑，或选址、格局等有自己的特色和历史，或有极具价值的非物质文化遗产，一般具有以下几个特点："（1）完整性。即村落的格局肌理相对清晰完整，有较完整的村貌、建筑、街道以及庙宇、戏台、桥梁、水井、碑石等，不能是支离破碎的，且传统建筑具有一定的占地规模；（2）历史性。即村落有一定的历史，且这历史还被村落记忆着，具有一定的文化、历史及考古价值，村落建筑有一定的久远度；（3）独特性。即在选址、规划等方面，代表了所在地域、民族及特定历史时期的典型特征，保存一些有特点的地域性建筑，并且承载了一定的非物质文化遗产；（4）活态性。传统村落不同于古建，古建属于过去时，而传统村落的乡土建筑是现在时的，也不是'文保单位'，而是生产和生活的基地，是有居民居住和生活，且传承着独特民风民俗的。"①

村落的生产方式、民居建筑形制和生活习俗受地理环境条件和自然资源条件影响；而不同的民族村落建筑，又折射出不同民族的文化精神与审美情趣。因此，传统村落具有明显的地域性和民族性特征。我国地域辽阔，各地地形、气候等自然环境要素差异大。一方面，由于受气温、湿度、地形、地貌等自然条件和历史、文化、人口、民族、经济等社会因素的影响，人们长期适应利用各地环境创造的传统村落具有不同的特征和性质，各地传统村落的聚落形态、聚落规模和建筑风格等存在较大差异，形成中国丰富的传统村落文化（见表2-1）。另一方面，相似的劳动生产方式和经济社会发展水平，以及相似的历史文化传统，导致一定地域范围内的村落的社会结构具有同构性，村落的性质也具有相似性。②

---

① 《传统村落旅游》，http://www.kchance.com/LandingPage/AncientVillage/AncientVillage1.asp，2015年6月10日。

② 桂华：《城市化与乡土社会变迁研究路径探析——村落变迁区域类型建构的方法》，《学习与实践》2011年第11期。

表 2-1   中国传统村落类型

类型	环境特征	建筑物特征	整体景观特征	代表性村落
江浙水乡	湿润多雨，水网发达，山水清丽	多为坡屋顶、木结构，临水而建，临水面为街面和水巷，水巷两边有石拱桥连接	小桥、流水、人家，给人以恬静、秀丽之美	浙江永嘉县岩头村，江西吴县杨湾村
皖赣徽州	山地为主，山水相间	建筑为传统样式，马头墙厚重规范，防火功能明显	桃花源里人家，给人以"中国山水画"的体验	安徽黟县宏村，江西婺源新叶村
闽粤赣边客家	南岭山区，崎岖多山，森林茂密，丹霞地貌	客家特有建筑，形式独特，有方形、圆形、半圆形、马蹄形、八卦形和不规则形等多种多样	大山里的堡垒，给人以神秘、奇特之感	江西龙南县杨村燕翼围，福建南靖县田螺坑村
闽海	丘陵起伏，山水相映	以宗祠和家祠为特色的聚落建筑风格明显，讲究山水朝向，马头墙呈波浪形，装饰性超过防火功能	田园山水与耕读世家，恰似世外桃源	福建南靖县塔下村，武夷山下的城村
岭南广府	高温多雨，四季不显	宗族建筑、村口大树及庙宇建筑极具特色，陡坡屋顶，马头墙呈圆弧形或水波形，装饰性超过防火功能	亚热带风光与岭南风情，充满浪漫与遐想	广东三水大旗头村，深圳鹏城村，海南文昌十八行村
湘鄂赣	湿润多雨，地貌多样	单层坡屋顶，砖木瓦房居多，主体框架为木结构，外墙有砖结构，山区有少量双层或干栏式，马头墙有一定的流线和动感	集湖光山色于一域，典型的绝色山水风光	湖南岳阳张谷英村，江西乐安流坑村
西南多民族	山地高原，降水较多，垂直变化，景观多样	普遍的干栏式双层结构，多为木结构，个别为石结构，有吊脚楼、蘑菇房、土掌房、一颗印等多种形式	五彩家园，完美的山地文化生态景观	贵州肇兴侗寨，广西龙脊梯田，云南元阳梯田

类型	环境特征	建筑物特征	整体景观特征	代表性村落
晋陕豫黄土	黄土广袤，土质疏松，气候干燥，冷热明显	北方传统合院建筑与下沉式、半下沉式黄土窑洞紧密结合，冬暖夏凉	人融于自然，洋溢着黄土高原雄浑、阳刚和粗犷的气质	豫西康百万窑洞庄园，山西省汾西县师家沟，陕西省米脂县刘家峁姜耀祖宅院
晋冀鲁豫合院	气候干燥，冷暖明显，地形简单	中国传统四合院，大宅院多进组合，砖瓦结构，坡屋顶，饰有雕刻彩画	严实厚重，富于内涵，体现出深厚的华夏文明气质	山西省闻喜县裴柏村，襄汾县丁村
东北内蒙古关外	冷暖明显，冬季严寒，气候偏干	建筑形式多样，既有源自关内的合院建筑，又有本土形式的"地窨子"和"斜仁柱"及蒙古包	灵活多样，因地制宜，体现出人类生存的智慧	黑龙江省同江县街津口村，吉林省吉林市乌拉街
西北塞外	气候干旱，温差明显，冬季寒冷，风力强大	合院式建筑和少数民族建筑兼有，多为土坯建筑，单层或双层拱式平顶，维吾尔族的"密肋地铺"、回族的"燕儿窝"较为典型，清真寺标志性明显	低矮、粗犷、朴实，戈壁、草原上的人间天堂	新疆维吾尔自治区喀纳斯的图瓦村
青藏高原	高原环境，地广人稀	多石质碉房，依山坡而建，村口常有石头"玛尼堆"标志	朴实厚重，充满宗教气息和永恒的神秘感	藏南郎色林庄园，川西丹巴甲居藏寨

资料来源：《传统村落旅游》，http：//www.kchance.com/LandingPage/AncientVillage/AncientVillage1.asp，2016年6月10日。

"五里不同风，十里不同俗"，每一个传统村落都有独特的风土民情。

冯骥才认为，长城是我国最大的物质文化遗产，而村落则是最大的非物质文化遗产。传统村落是我国瑰丽的文化遗产，蕴含着深厚而丰富的历史文化信息，是中华民族优秀传统文化的重要载体和乡村历史文化的"活化石"。中华文明最遥远绵长的根就在村落里，中华文化的灿烂性、多样性、地域性、创造性等在村落里有着生动的体现，大量重要的历史人物和历史事件都跟村落有密切关系，传统村落是农耕文明留下的最大遗产。"村落是农耕文明最小的社区单位，人们在其中生产、生活；村落里同时有物质文化遗产和非物质文化遗产，特别是1300多项国家级'非遗'和7000多项省市县级'非遗'，绝大多数都在村落里，少数民族的'非遗'更是全部都在村落中。"① 正如梁漱溟先生所言，"中国社会是以乡村为基础和主体的，所有文化多半是从乡村而来，又为乡村而设——法制、礼俗、工商业等莫不如是"②。

二　传统村落走向何方

40多年前，法国著名社会学家孟德拉斯在《农民的终结》一书中指出："20亿农民站在工业文明的入口处，这就是在20世纪下半叶当今世界向社会科学提出的主要问题。"③

如今同样的问题摆在了中国的面前。进入21世纪，中国社会经济发展加快了现代化、市场化和城市化的前进步伐，各行各业的快速发展进程给沿袭千年的传统农村社会带来了天翻地覆的变化。作为民族文化的源头、根基和历史信息的载体，中国古村落在全球化、工业化、城市化的大背景下显得独特而又脆弱。④ 一些古村落的古建筑日趋破败，历史文化遗存大量流失，甚至许多古村落正逐渐变迁为新集镇。"很多传统村落

---

① 《传统村落旅游开发模式存争议　如何保得住活起来》，中国旅游新闻网，http://www.cntour2.com/viewnews/2012/06/21/T6Q4gk4jqLDzXWEuJpn90.shtml，2015年6月20日。

② 转引自王先明《"新乡贤"与核心价值观的践行》，公众教育，http://www.offcn.com/shizheng/2014/0820/1875.html，2015年6月20日。

③ ［法］孟德拉斯：《农民的终结》，李培林译，社会科学文献出版社2005年版，第3页。

④ 卢松、陈思屹、潘蕙：《古村落旅游可持续性评估的初步研究》，《旅游学刊》2010年第1期。

就是一本厚厚的古书，只是很多还来不及翻阅，就已经消亡了。"①

　　在乡村工业化、村落城镇化、农民市民化和城乡一体化的大趋势下，随着新村庄的兴起，传统村落大规模消失，传统村落文化也快速衰败。造成我国大量传统村落消失的原因主要有：一是工业发展突飞猛进和城镇建设迅速扩张，提供了大量的就业机会，吸引大批农村青壮年劳动力向城镇转移，导致农村人口结构老弱妇幼化，传统村落的生产体系和生活方式也随之瓦解，村落生态失调，出现了从"空巢"到"弃巢"的景象。二是城市相对优越的生活方式吸引农村一些有能力的人到城市置业定居，村落传统的生活方式、社会规范等因缺乏精英群体的承载，而呈现断裂、失传、瓦解的趋势。② 三是政府行为的城镇化，强大的拆村并点力度，直接导致村落消失。这也是近十年村落急速消亡最主要的原因。③ 四是近年来新农村建设、美丽乡村建设过程中的破坏性建设。在新农村和美丽乡村建设过程中，由于对新农村和美丽乡村内涵的不理解，以及古村落保护意识缺乏，在建设过程中或急功近利，大拆大建；或贪大求洋，以城市标准建设古村落，导致乡村城市化；或忽略地方和乡土特色，"千城一面"的思维定式向农村蔓延，建成"万村一面"的形象工程。五是异地脱贫、下山移民、库区整村搬迁，以及对未纳入新农村规划的村落实行"萎缩"管理，使大量传统村落消失或衰败。④ 众多传统村落在新农村、美丽乡村建设过程中随着新村、新房的崛起而消失。村落是村落文化的重要赋存空间，随着村落的消失，村落文化也因失去赋存的根本而只能成为人们日渐模糊的记忆，直至消失。

　　除了村落的整体性消失外，目前在急剧的社会变迁中，很多村落的传统文化在主流文化、外来文化的冲击下发生着各种变迁。村落传统建

---

① 陈关升：《自然村加速消失一天百个　传统村落保护迫在眉睫》，中国城市低碳经济网，http：//www. cusdn. org. cn，2015 年 6 月 20 日。

② 桂华：《城市化与乡土社会变迁研究路径探析——村落变迁区域类型建构的方法》，《学习与实践》2011 年第 11 期。

③ 冯骥才：《传统村落的困境与出路——兼谈传统村落是另一类文化遗产》，《传统村落》2013 年第 1 期。

④ 王景新：《新农村建设中传统村落及村落文化保护》，《中国乡村发现》2007 年第 5 期。

筑、民族服饰、民族语言、民俗节庆、歌舞艺术、宗教信仰等有形或无
形文化悄悄地消失在社会历史进程中，村寨的个性特点在悄无声息地被
抹平。在不少村落，随着老一辈民间艺术传承人的离去和年青一代"逃
离"世居的乡村，民间艺术传承人青黄不接，民间艺术的薪火相传出现
了中断或濒临中断。村落文化是构成民族文化的基本单元。村落文化能
否得到保护与传承，关系到各民族文化能否可持续发展，也关系到各种
地方的文化品牌能否长久保持魅力，能否如活水源头般输送各类乡土技
艺和艺术人才。

传统村落文化的保护和传承对弘扬有区域特色的传统文化、提高地
方的竞争实力、促进当地经济和社会发展具有不可替代的积极作用。① 为
了保护传统村落及村落文化，近年来，国家出台了系列保护措施。2002
年，《中华人民共和国文物保护法》第 14 条规定：保护文物特别丰富并
且具有重大历史价值或者革命纪念意义的城镇、街道、村庄，并由省、
自治区、直辖市人民政府核定公布为历史文化街区、村镇，并报国务院
备案，使古村落的保护纳入了法制轨道。

2003 年，国家建设部和文物局共同组织，从"历史价值与风貌特色、
原状保存程度、现状规模、规划状况和管理机构设置"等几方面开展评
选，将"保存文物特别丰富且具有重大历史价值或纪念意义，能较完整
地反映一些历史时期的传统风貌和地方民族特色"的村落评为国家历史
文化名村。2003—2014 年分六批共评选产生了 276 个国家历史文化名村，
越来越多的古村落受到重视并进入了国家保护机制。2012 年，国家四部
门联合启动了对全国范围内古村落的总盘点，将习惯称谓"古村落"正
式命名为"传统村落"以突出其文明价值及传承的意义，明确指出这类
村落富有珍贵的历史文化遗产与传统，必须妥善加以保护。

2012 年，党的十八大报告提出，"把生态文明建设放在突出地位，融
入经济建设、政治建设、文化建设、社会建设各方面和全过程，努力建
设美丽中国，实现中华民族永续发展"。美丽中国建设的重点和难点在于

---

① 杨福泉：《让村落成为少数民族文化的"活水之源"》，《中国民族》2008 年第 10 期。

农村。2013 年中央一号文件提出要推进农村生态文明建设，努力建设美丽乡村。

随着新农村和美丽乡村建设在全国各地的推进，古村落及古村落文化保护也引起各级政府和相关人士的关注。《中共中央、国务院关于推进社会主义新农村建设的若干意见》（中发〔2006〕1 号）① 中提出："村庄治理要突出乡村特色、地方特色和民族特色，保护有历史文化价值的古村落和古民宅。"

2012 年开始，住房和城乡建设部、文化部、财政部出台了《关于加强传统村落保护发展工作的指导意见》（建村〔2012〕184 号），从"不断完善传统村落调查；建立国家和地方的传统村落名录；建立保护发展管理制度和技术支撑体系；制定保护发展政策措施；培养保护发展人才队伍；开展宣传教育和培训"等方面保护发展传统古村落。2012 年 12 月至 2016 年 12 月，共有四批 4153 个村落被列入中国传统村落名录名单。2013 年 12 月在中央城镇化工作会议上提出："让居民望得见山、看得见水、记得住乡愁……在促进城乡一体化发展中，要注意保留村庄原始风貌，慎砍树、不填湖、少拆房，尽可能在原有村庄形态上改善居民生活条件"。2014 年 3 月，国务院印发《国家新型城镇化规划（2014—2020年)》明确提出，"在新型城镇化发展中，要提升乡镇村庄规划管理水平，在提升自然村落功能基础上，保持乡村风貌、民族文化和地域文化特色，保护有历史、艺术、科学价值的传统村落、少数民族特色村寨和民居"②。2014 年 6 月，由中国民间文艺家协会、中国文学艺术基金会、中国摄影家协会、中国传统村落保护与发展研究中心共同组织实施中国传统村落立档调查工作。通过对传统古村落立档调查，为文物建筑、乡土建筑的维护和维修提供重要依据，并发现一些新的有价值的传统村落。2015 年由中宣部、住房和城乡建设部、国家新闻出版广电总局、国家文物局组

---

① 《中共中央、国务院关于推进社会主义新农村建设的若干意见》，中华人民共和国政府网站，http：//www.gov.cn/gongbao/content/2006/content_ 254151.htm，2015 年 6 月 20 日。

② 《国家新型城镇化规划（2014—2020 年)》，中央政府门户网站，http：//www.gov.cn/zhengce/2014-03/16/content_ 2640075.htm，2015 年 9 月 10 日。

织实施，中央电视台中文国际频道拍摄的百集大型纪录片《记住乡愁》，以"关注古老村落状态，讲述中国乡土故事，重温世代相传祖训，寻找传统文化基因"为宗旨，聚焦海内外华人记忆中的乡愁，以唤起人们对古村落的保护。在中央层面和相关部委的推动下，中国各地基层政府也逐渐将目光转移到传统村落、民族村寨上，为在快速城镇化进程中保护传统村寨带来了重要机遇。2014 年 4 月浙江省发布了全国首个美丽乡村的地方标准《美丽乡村建设规范》，提出美丽乡村是指"生态、经济、社会、文化与政治协调发展，符合科学规划布局美、村容整洁环境美、创业增收生活美、乡风文明身心美（四美）且宜居、宜业、宜游（三宜）的可持续发展的建制村"。该标准强调以经济、政治、文化、社会、生态"五位一体"为建设内容，以"四美""三宜"为建设目标，并对美丽乡村基本要求、村庄建设、生态环境、经济发展、社会事业发展、社会精神文明建设、乡村组织建设与常态化管理 8 个部分做出了规定。

2015 年 6 月 1 日，《美丽乡村建设指南》（GB32000—2015）国家标准正式实施。该标准以美丽乡村的创建目标为主线确立标准框架，主要内容包括基本条件、村庄规划、村庄建设、生态环境、经济发展、公共服务、基层组织和长效管理。在总结各地区成功经验的基础上，确定了"规划布局科学、村容整洁、生产发展、乡风文明、管理民主，且宜居、宜业的可持续发展的乡村"的内涵。该指南改变了以往美丽乡村建设从方向性概念转化为定性、定量、可操作的工作实践，为全国提供了框架性和方向性技术指导，成为全国首个指导美丽乡村建设的国家标准。

乡村资源是美丽乡村建设的基础，村民是美丽乡村建设的主体。所有的乡村都是为农业生产及乡村生活而出现及存在的，如果失去生产、生活的空间意义，乡村必然随之消失。因此，传统村落既要保护也要发展，农民生活水平要提高，也要享受现代化建设和现代文明的成果。如何在村落文化保护和乡村社会经济发展之间找到平衡点，成为从中央到地方各级政府、专家学者普遍关心的命题。"在目前这一阶段，要让一个古村落在快速城市化进程中存活下来，旅游业是最有效和最简单的方式。

旅游业将外面的人带到这些古老村落，为他们与村民接触创造了机会。旅游业最终将有助于改变村民对文化遗产价值的认识，从希望拆掉老房子到希望保护它们。"① 当地居民确实能通过旅游业发展提高经济收益水平，从而提高居民保护村寨的主动性和积极性。但是，一方面，旅游发展对村落文化资源的利用是引发村落文化变异的一个因素；另一方面，旅游业发展是否都能保证当地居民受益，这是目前一部分传统村落亟须解决的问题。因此，古村落的旅游发展应在保护的前提下，寻求经济发展与地方文化保护的最佳结合点，构建社会文化效益、经济效益和生态效益良性循环的可持续发展模式。

三　旅游：传统村落的复兴

近代社会以来，中国为了实现"国富民强"而有着强大的工业化情结，乡村始终处在一个不断追赶城市的发展意识形态之下，强调以一个单向的城镇化、工业化视角来看待乡村发展问题，并依此来寻找乡村现代化的路径。② 工业化驱动下的乡村转型，发生在 20 世纪 80 年代初期至 90 年代中期，其最终结果是不但难以应对现代工业化的技术、管理与市场竞争，而且造成乡村特色丧失、环境污染严重、经济产权模糊等一系列弊端。城镇化单向主导下的乡村转型，发生在 20 世纪 90 年代中期至 21 世纪初，其结果是乡村迁并的过程导致大量自然村落消失和乡村"拟城化"趋势，大量涌现的新农村建设如同城市聚落形态的翻版，乡村的经济、社会和空间肌理被肢解或扭曲，乡村演变为单项为城市提供廉价土地、劳动力的被动弱势角色。在单向城镇化和工业化成为乡村被动发展驱动力的情形下，中国乡村出现了两类极端却非常普遍的退化路径，即衰败的乡村和异化的乡村。③ 衰败

---

① 袁霓：《旅游业或可遏制中国传统村落衰败》，《经济参考》2015 年第 5 期。

② 申明锐、张京祥：《新型城镇化背景下的中国乡村转型与复兴》，《城市规划》2015 年第 1 期。

③ 张京祥、申明锐、赵晨：《乡村复兴：生产主义和后生产主义下的中国乡村转型》，《国际城市规划》2014 年第 5 期。

的乡村即空心村，是目前中国乡村最为普遍的现象。在城市增长极的极化作用下，乡村的劳动力、资金和土地等生产要素向城市单向流动，村落原有的自组织经济和社会体系被打乱，乡村社会和风俗等乡土文化被瓦解，农田和宅基地被弃耕，村落精英流失，老人、妇女和孩子成为村落的留守者，村落文化失去传承和保护。异化的乡村多为改革开放初期以村办企业起家的"明星"村庄，它们由于优越的区位和乡村能人引领进行产业转型和空间扩张，虽在行政和产权等方面保留着名义上的"乡村"头衔，但土地利用、产业发展和建筑形式与城市相仿，是在工业化驱动下异化了的"超级村庄"。乡村应该是乡村景观、村落格局、农业循环经济特征和传统文化的有效载体，具有承载农业生态和社会文化调节的双重价值。而现今中国乡村的衰败或异化已与乡村文明的原本价值形成强烈的对比。

在经历了较长时间以乡村衰败和异化为代价的激进现代化进程后，中国传统村落的发展和转型日益引起政界、学界和业界的广泛关注。"新常态背景下的中国城镇化要充分考虑历史上城乡互哺、城乡一体社会结构的延续，考虑作为最大社会群体的农民的生存和发展状态。"① 其实，城乡之间要素禀赋存在着差异，其各自价值彰显的渠道也各有不同。2013 年召开的中央城镇化工作会议提出的"'要让居民看得见山，望得见水，记得住乡愁'的城镇化建设，要求新常态下的村落转型和发展，必须从过去乡村工业化、快速城镇化时期一味关注经济量的增长，转变到更加注重乡村社会文化、生态价值的多元视角上来"②。在当前全球化、信息化和生态化背景下，中国乡村发展应该避免因循工业化轨迹的追赶发展模式，而寻求一条超越线性转型的"乡村复兴"之路。

乡村复兴是指在社会整体城镇化语境中，乡村通过有效地积累资金、知识、人力等要素，在保持传统景观特质与文化风情的基础上，扭转凋

---

① 张京祥、申明锐、赵晨：《超越线性转型的乡村复兴》，《经济地理》2015 年第 3 期。
② 同上。

敝的局面，建立与城市互为补充支撑的格局。①乡村复兴对内而言，要通过内部要素的重组和整合，重新恢复乡村的活力与稳定，使乡村内部能在经济、农民生计、人居和治理等方面实现自给与繁荣；对外则形成自己独特的产品或影响，根据自身差异性定位对城市有主动作为的输出与互动，在文化传承、生态功能、食品供应等方面具有不可取代的作用，与城市之间平等互补、互相支持，转变城乡依附关系。近年来，中央连续多年以一号文件形式推进农村的改革与发展。但很多地方施行的新农村建设简化为加大政府财政补贴，过多强调对乡村的纯粹"输血"，并没有真正实现乡村社会的活化进而走向复兴。②

乡村旅游发展使原本相对封闭的村落成为受外界关注的焦点。乡村旅游是以农业生产景观、农村生态环境、农事生产活动和农民生活习俗为主要吸引物开展的旅游活动，目标市场以城市居民为主，是久居城市的游客了解农业和农村环境、体验农村生活、回农村寻根或休闲度假的理想空间。与一般村落相比，少数民族村落除了拥有与农业、农村和农民有关的旅游资源外，还具有独具特色的少数民族风情和习俗。

旅游语境使村落不再是一个仅凭亲缘地缘关系编织起来的封闭整体，业缘关系在村民生活中具有越来越重要的地位。村民交往对象的身份也从普通村民、普通市民拓展到媒体、名人、国内外游客等。城市游客的意识观念、消费方式、言行举止、环境理念在潜移默化中融入村民生产生活。村落开放程度不断提高，不断吸引外界的资本、人口、信息技术等要素流入，为村落发展提供更大的平台，提高了村落的"造血"功能。乡村旅游业通过整合村落的休闲农业、生态环境、村落文化等资源，使传统村落的价值得以重新体现，村落经济、村落空间和村落文化因此得到传承和保护，一些传统村落走上复兴之路。

---

① 赵晨：《要素流动环境的重塑与乡村积极复兴——"国际慢城"高淳县大山村的实证》，《城市规划学刊》2013 年第 3 期。

② 同上。

随着乡村旅游发展，村落经济、村落空间、村落文化等要素也发生变迁。在旅游语境下，村落经济由单一的传统农业向现代休闲农业、景观农业以及二、三产业多元化转变，以乡村旅游为核心的多产业融合使村落经济重新焕发新的活力，曾一度被抛荒的土地流转后得到了规模化开发，传统家庭耕作式农业为规模化的经营式农业所替代，农业生产价值得以多方面体现和提高。按照社会空间统一体的理论，空间是社会物质性实践与社会结构相互作用的产物。① 乡村空间是乡村复兴的重要基础，是其他乡村要素的载体。传统农耕经济时期，乡村空间变迁更多的是属于一种稳态的"自然演替"。旅游语境下，传统村落均质、单一的空间格局被打破。生产性空间的变迁主要变现为：以土地为核心的乡村要素资本化加速了乡村功能的分化，也直接而剧烈地推动了乡村空间的演化。主要农作物从大田作物转向经济作物、景观生态作物；以旅游活动为核心的新型的服务类要素空间嵌入传统乡村空间中。公共性空间的变迁主要表现为：村民原有的公共空间被开发为村民与游客共享的旅游空间，公共空间资源变得更加有限，在空间设计中植入了更多的休闲旅游和地方文化元素。乡村文化的挖掘和活化是乡村复兴的重要内容。如果说产业和空间为乡村复兴"塑形"，那么乡土文化则是为乡村复兴"筑魂"，是乡村永葆其独特魅力、彰显其独特价值的核心所在。② 乡村旅游发展使村落乡土文化的价值以新的视角得以彰显，村落民间手工艺、民风民俗、民间节庆、古民居、民间特色饮食和民间医药等文化被重新挖掘和利用，并赋予新的功能。村民也因传统乡村文化给自己社会经济生活带来的变化认识到其价值，并对自己村落拥有这些文化而产生自豪感，提高了地方认同和乡村文化的保护意识。乡村旅游不但吸引着外地游客，也使一些在外打拼的年轻人和乡村精英"回流"，为乡村复兴、乡村文化的传承和保护提供了人才支撑。

---

① 张京祥、申明锐、赵晨：《超越线性转型的乡村复兴》，《经济地理》2015 年第 3 期。
② 《新型城镇化背景下的中国乡村转型与复兴》，《城市规划》2015 年第 1 期。

第二节　民族村落及旅游发展

一　民族村落：中华文化体系的重要生存空间

民族是在历史上形成的一个具有共同语言、共同地域、共同经济生活以及表现在共同文化上的共同心理素质的稳定的共同体。在我国的各地山水间，散布着众多民族村落。这些民族村落因受自然和人文双重因素影响和制约，在空间分布上呈现出"大分散、小集中"的特点，其中以西南、西北、东北、内蒙古等边远地区或偏远山区分布相对集中。在长期的历史发展过程中，我国各民族都已形成了一定的聚居区，但由于历史上的移民、屯田、戍边、民族迁徙等原因，致使各民族大规模迁移，民族杂居和散居的现象非常普遍，以致少数民族聚居地区严格说来无一是单一民族的居住地区，而是多民族杂居。据统计，全国有 70% 以上的县都有两个以上的民族共同生活，散居的少数民族人口达 1000 多万。[①]少数民族村落是各少数民族聚居的基本物理和社会空间，少数民族文化的集聚区和原住民赖以生存的文化社区，也是具有特色产业导向、景观旅游和居住生活功能的项目集合体。[②]传统少数民族村落保留着民族文化的多样性，记载了特定民族和地域社会、经济和文化的发展历程，是民族文化承载的重要空间，是繁荣发展民族文化的根基[③]和传承民族文化的基础平台。不仅民族文化传承的根基在传统民族村落里，很多民族的文化人才也都是从传统民族村落里成长和培养出来的，如各种民间宗教专家、工艺师、歌手、民间草医等非物质文化遗产传承人，少数民族的"非遗"更是全部都在村落中。传统民族村落的消失，将直接导致一个少

---

① 温军：《试论我国少数民族村落的分布特征》，《西北民族学院学报》（哲学社会科学版）1990 年第 1 期。

② 吴忠军、代猛、吴思睿：《少数民族村寨文化变迁与空间重构——基于平等侗寨旅游特色小镇规划设计研究》，《广西民族研究》2017 年第 3 期。

③ 国家住房和城乡建设部、文化部、财政部：《关于加强传统村落保护发展工作的指导意见》建村〔2012〕184 号，住房和城乡建设部网站，http://www.mohurd.gov.cn/wjfb/201212/t20121219_ 212337.html，2015 年 6 月 20 日。

数民族文脉的断裂。[①] 民族村落所承载的物质文化和非物质文化是各民族和地域的独特文化，这些文化的保护传承和发展，关系到各民族的经济社会发展和文化传承，以及中华民族文化体系的完整性。

畲族村落是畲族民间艺术的土壤，畲族民间艺术和"非遗"项目也在村落里产生和传承。如位于景宁县城东南部敕木山东峡谷的东弄村，一个自然村就拥有国家级非物质文化遗产畲族民歌一项，省级非物质文化遗产畲族婚俗、畲族彩带、畲族祭祀仪式三项，以及县级非物质文化遗产项目手工织布、手工编织、功德舞、草鞋等；并有畲族婚俗国家级非物质文化遗产传承代表一人、畲族彩带编织技艺浙江省非物质文化遗产传承代表一人、畲族"三月三"丽水市非物质文化遗产传承代表一人以及四位县级非物质文化遗产传承代表人。因此，该村也先后被评为县级非物质文化遗产传承基地、县级非物质文化遗产"活态传承"示范村和省级非物质文化遗产旅游景区（民俗文化旅游村）等。

二　民族村落保护的政策支持

从夏、商、周至秦汉时期，当汉族的先民华夏族开发黄河流域的时候，各少数民族先民也同时开发了周围的广大地区。但在中华人民共和国成立之前，由于历代统治阶级推行民族歧视和民族压迫政策，许多历史上早已公认的民族都说成是汉族的宗支，致使许多少数民族隐瞒、更改了自己的族称，中国的民族成分一直处于模糊不清的状态。中华人民共和国成立以后，党和国家实行民族平等政策，保障少数民族当家做主的权力，激发了少数民族的民族意识，许多长期受压迫的少数民族纷纷公开他们的民族成分，提出自己的族名。我国分别在 1949—1954 年、1955—1964 年、1965—1982 年，分三个阶段开展了民族识别工作，认定了我国 56 个民族。我国汉族和少数民族人口呈现出"大杂居、小聚居"的分布特点。东北地区、西北地区和西南地区集中了我国主要的少数民

---

① 彭泺：《留住民族 DNA——聚焦传统村落中的少数民族村寨》，《中国建设》2014 年第 4 期。

族，东南部地区也集中分布畲族、高山族等少量少数民族。在少数民族长期居住的地域空间范围，构成了一个区域范围内的民族村落。民族村落是一定民族人口聚居的自然或行政区域。从文化的角度来说，村寨是民族社会生活的一个基本时空聚落，也是民族文化的一个基本单元，许多民族文化事项和民族文化活动就是以村寨为单位来表现和进行的。[1] 村落里的人是有着共同生活的有组织的民族群体，他们在长期利用当地资源和环境进行生产生活的基础上，创造了各具民族和地方特色的民族村落文化。民族村落文化是在特定的生态环境中形成的由历代村落居民创造的具有民族或区域特点，以血缘或地缘关系维系，能反映村落群体人文意识的一种社会文化。包括民族村落的建筑营造与堪舆规划、生产生活与经济模式、文化教育与道德教化、宗法礼制与村落治理、民族民俗与宗教信仰、民间艺术与手工技能、生存空间与资源环境。[2] 民族村落文化具有历史传承性、乡土性、地域性和民族性特征。[3] 民族的本质特点是文化，而民族村落是民族文化的重要载体和根，因此，保护民族特色村寨的乡土文化，就是保护民族文化的活水之源。由于少数民族村落大多分布在远离当地政治、经济和主流文化中心的山区、偏远和边疆地区，山高路远，对外交通闭塞，自然环境条件差，传统经济转型困难。也因为长期远离经济快速发展的主体区域，经济相对落后，得以较好地保存着村落传统民族文化。但近年来，随着全球一体化和现代化的不断深入，以及我国工业化和城镇化的不断推进，民族文化传承出现断层，许多传统民居被现代建筑或简易建筑所取代，村寨的民族特色和乡村特色渐行渐远。

民族村落是民族文化的发祥地和集聚空间，民族村落如何保护和发展，已成为我国当前社会经济发展和文化建设中的重要命题。2009 年，

---

① 李天翼：《贵州民族村寨旅游开发模式研究》，西南交通大学出版社 2014 年版，第 9 页。

② 胡彬彬、吴灿：《中国村落文化研究现状及发展趋势》，《科学社会主义》2014 年第 6 期。

③ 孙永龙、王生鹏：《民族村落文化的旅游价值及开发利用》，《资源开发与市场》2015 年第 3 期。

国家民委、财政部联合开展了少数民族特色村寨保护与发展试点工作。从 2009 年到 2012 年，中央财政投入少数民族发展资金 2.7 亿元，同时吸引多方面资金，在全国 28 个省区市 370 个村寨开展试点，涌现了一大批"民居特色突出、产业支撑有力、民族文化浓郁、人居环境优美、民族关系和谐"的少数民族特色村寨。经过试点建设，这些村寨在保护少数民族传统民居、弘扬少数民族优秀文化、培育当地特色优势产业、开展民族风情旅游、改善群众生产生活条件、增加群众收入、巩固民族团结等方面取得了显著成效。同时，2012 年，国家民委出台《少数民族特色村寨保护与发展规划纲要（2011—2015 年）》（以下简称《纲要》），《纲要》明确提出，对"少数民族人口比例不低于 30%、总户数不低于 50 户、特色民居不低于 50% 的村寨"进行重点扶持，并且同时要求重点扶持村寨必须具有较浓郁的民族风情和较高的文化保护价值，具有较好的区位条件和一定的工作基础，地方政府和村民的积极性较高。"十二五"期间，在全国重点保护和改造 1000 个少数民族特色村寨，这些村寨少数民族人口相对聚居且具有较高比例，产业结构、民居式样、村寨风貌以及风俗习惯等方面都集中体现了少数民族经济社会发展特点和文化特色，集中反映了少数民族聚落在不同时期、不同地域、不同文化类型中形成和演变的历史过程，相对完整地保留了各少数民族的文化基因，凝聚了各少数民族文化的历史结晶，体现了中华文明多样性，是传承民族文化的有效载体，是少数民族和民族地区加快发展的重要资源。[①] 经过重点保护和改造的少数民族特色村寨达到"人居环境明显改善、群众收入大幅提高、村寨风貌和特色民居得到合理保护、民族文化得到有效保护、村寨基本公共服务体系进一步完善、民族关系更加和谐"的目标。

为更好地推动少数民族特色村寨保护与发展，国家民委组织开展了少数民族特色村寨命名挂牌工作。2014 年 9 月，国家民委将 340 个"民居特色突出、产业支撑有力、民族文化浓郁、人居环境优美、民族关系

---

① 国家民委：《少数民族特色村寨保护与发展规划纲要（2011—2015 年）》，360 百科，http://baike.so.com/doc/7008176-7231058.html，2017 年 1 月 21 日。

和谐"的少数民族村寨命名为全国首批"中国少数民族特色村寨"。在全国 37 个畲族乡镇中，分布于闽、浙、赣、皖、粤五省的 18 个畲族特色村寨被列入首批"中国少数民族特色村寨"名单，其中福建省 9 个、浙江省 5 个、江西省 2 个、安徽省和广东省各 1 个（见表 2 - 2）。

表 2 - 2　　　　入选首批"中国少数民族特色村寨"的畲族村寨

省份	数量	村寨名称
福建省	9	福州市连江县东湖镇天竹村、南平市延平区水南街道岭炳洋村、三明市永安市青水畲族乡沧海村、漳州市漳浦县湖西畲族乡顶坛村、漳州市华安县新圩镇官畲村、宁德市蕉城区金涵畲族乡上金贝村、宁德市蕉城区八都镇猴盾村、宁德市福安市穆云畲族乡溪塔村、宁德市霞浦县溪南镇白露坑村
浙江省	5	丽水市莲都区大港头镇利山村、丽水市景宁畲族自治县东坑镇深垟村、丽水市景宁畲族自治县大均乡李宝村、杭州市桐庐县莪山畲族乡中门民族村、湖州市安吉县章村镇郎村村、温州市平阳县南雁镇堂基村
江西省	2	吉安市青原区东固畲族乡江口民族村蔡家坑自然村、赣州市赤土畲族乡青塘村大岭背组
安徽省	1	宣城市宁国市云梯畲族乡千秋村
广东省	1	汕尾市海丰县鹅埠镇红罗畲族村

2016 年，根据"村寨总户数不低于 50 户，少数民族人口比例不低于 30%、特色民居比例不低于 50%；村寨具有浓郁的民族风情和较高的文化保护价值"的基本条件①，国家民委在全国范围开展第二批"中国少数民族特色村寨"命名工作，共有 717 个少数民族村寨被命名"中国少数民族特色村寨"，浙江省有 14 个畲族村寨列入其中（见表 2 - 3）。这 14 个畲族村寨分布于浙江省的 6 个市 13 个县（市、区），其中丽水市 5 个，

---

① 《国家民委办公厅关于开展第二批中国少数民族特色村寨命名挂牌工作有关事项的通知》（民办发〔2016〕64 号），中华人民共和国国家民族事务委员会，http://www.seac.gov.cn/col/col49/index.html，2017 年 1 月 21 日。

温州市 4 个，杭州市 2 个，衢州市、金华市和湖州市各 1 个。

表 2 - 3　入选第二批"中国少数民族特色村寨"的浙江省畲族村寨

市	数量	村寨名称
丽水市	5	景宁畲族自治县东坑镇马坑民族村、景宁畲族自治县鹤溪街道周湖民族村、丽水市莲都区老竹畲族镇沙溪民族村、龙泉市八都镇署网民族村、松阳县裕溪乡内陈民族村
温州市	4	泰顺县司前畲族镇左溪民族村、泰顺县竹里畲族乡竹里民族村、文成县黄坦镇培头民族村、平阳县青街畲族乡王神洞民族村
杭州市	2	桐庐县莪山畲族乡新丰民族村、建德市大慈岩镇双泉民族村
衢州市	1	龙游县沐尘畲族乡社里民族村、衢江区大洲镇外焦民族村大路自然村
金华市	1	武义县柳城畲族镇江下民族村
湖州市	1	安吉县报福镇中张民族村

浙江省属少数民族散杂居省份，少数民族人口总量不多，但民族成分较多，涵盖了全部 56 个民族。全国第六次人口普查显示，浙江省全省总人口 54426891 人，其中少数民族人口 1214683 人，占全省常住人口的 2.2%。畲族是浙江省的世居民族和人口最多的少数民族，全省畲族常住人口为 16.6 万人（户籍人口为 19.7 万人），比 2000 年的 17.1 万人减少 0.5 万人。畲族人口主要分布在浙南和浙西南山区，其中有 9 个县（市、区）的畲族人口在万人以上。景宁畲族自治县设立于 1984 年，是全国唯一的畲族自治县和华东地区唯一的少数民族自治县。全省有 18 个畲族乡（镇），分布于 5 个市的 13 个县（市、区），其中丽水市和温州市各 7 个、金华市 2 个、衢州市和杭州市各 1 个（见表 2 - 4）。18 个畲族乡（镇）总人口为 162568 人，其中畲族 36368 人。景宁畲族自治县和 18 个畲族乡（镇）的少数民族人口共 5.23 万人，占全省少数民族总人口的 1/4。全省少数民族人口占 30% 以上的行政村有 437 个（回族村 6 个），主要分布在 20 多个县（市、区）。

表 2 - 4　　　　　　　　浙江省畲族自治县和畲族乡镇分布

市	数量	畲族自治县和畲族乡镇
丽水市	1＋7	景宁畲族自治县；莲都区老竹畲族镇、丽新畲族乡、云和县雾溪畲族乡、安溪畲族乡，遂昌县三仁畲族乡、龙泉市竹垟畲族乡、松阳县板桥畲族乡
温州市	7	苍南县凤阳畲族乡、岱岭畲族乡，泰顺县司前畲族镇、竹里畲族乡，文成县西坑畲族镇、周山畲族乡，平阳县青街畲族乡
金华市	2	武义县柳城畲族镇、兰溪市水亭畲族乡
衢州市	1	龙游县沐尘畲族乡
杭州市	1	桐庐县莪山畲族乡

作为我国东部经济发达地区民族成分多样的浙江省，多年重视少数民族地区社会经济发展和村落建设。"十二五"以来，浙江省共对全省 177 个民族村开展了少数民族特色村寨建设（占全省民族村的 40%），累计投入资金 4.68 亿元（其中中央和省少数民族发展资金安排了 2.3 亿元），支持全省各地开展少数民族特色村寨保护与发展工作，促进民族村寨生态环境和人居环境改善，推动经济发展和文化保护，提高民族村寨少数民族群众的幸福感，打造具有影响力的少数民族特色精品村寨。

三　民族村落旅游发展历程

由于民族村落大多处于山区和边疆地区，因此"民族村落"往往成为偏远和落后的代名词。随着国家对民族地区经济发展和文化保护的日益重视，民族村落经济发展和文化保护成为新时期民族地区工作的两大重要任务。在传统产业结构调整、经济发展模式转变和低碳产业兴起的背景下，文化产业已成为多种产业转型升级的途径和国民经济的重要组成部分。民族村落旅游作为民族地区民族文化和旅游业有机结合的普遍方式，具有协调民族村落经济发展和民族村落文化保护的双重作用。旅游是对他性的渴望。[①]"村寨是一定群体的聚落，是其生活的场地，文化

---

① 李天翼：《贵州民族村寨旅游开发模式研究》，西南交通大学出版社 2014 年版，第 7 页。

的生产地,最能体现不同群体本真生活的样态。对于村落群体而言,他们的生活内部有着高度的同质性,而对于'他者',则是异质性的呈现,这种异质性在旅游业的语境下成为重要的旅游资源。"[①] 民族村寨旅游发展起步于 20 世纪 80 年代,其参与旅游发展的主要目的在于"旅游扶贫",即通过发展旅游业来推动当地经济发展,解决少数民族地区的贫困问题。[②] 民族村寨旅游集休闲旅游、生态旅游、民族文化旅游和乡村旅游于一体,在我国是随着乡村旅游的发展而产生的一种旅游形式,其发展大体上经历了三个阶段。

(一) 20 世纪 80 年代初到 90 年代中期的起步阶段

随着我国乡村旅游的兴起,西南地区一些少数民族利用村寨独特的民族文化、较好的区位条件等优势,以乡村社区为依托自发开展民族村寨旅游,从事旅游经营和服务接待,并取得一定的经济效益。贵州是我国发展民族村寨旅游最早、发展体系较为完善的省份。20 世纪 80 年代初,贵州省旅游局首先选择了安顺的布依族石头寨、黔东南的上郎德、青曼、西江苗寨、麻塘革家寨等 8 个村寨对游客开放。1991 年,贵州省率先在全国提出"旅游扶贫"理念,民族村寨旅游成为少数民族地区旅游发展的突破口,之后民族村寨旅游在云南、广西、四川等少数民族地区陆续展开。

这一时期民族村寨旅游发展主要考虑经济效益为主,对村寨生态环境和民族文化的影响考虑较少,可持续发展理念尚未渗透到民族村寨旅游中。

(二) 20 世纪 90 年代中期到 21 世纪初的逐步发展阶段

20 世纪 90 年代中期,全国旅游产业发展全面推进,国家对民族地区扶持和开发的力度不断加大。1999 年,中央经济工作会议部署,抓住时机,着手实施西部大开发战略,加快中西部地区发展,加快基础设施建

---

① 杨筑慧:《传统与现代——西双版纳傣族社会文化研究》,中国社会科学出版社 2009 年版,第 193 页。

② 曹端波、刘希磊:《民族村寨旅游开发存在的问题与发展模式的转型》,《经济问题探索》2008 年第 10 期。

设、生态环境建设和保护，实施天然林资源保护工程，实施退耕还林还草，培育特色产业增长点。并提出，21 世纪头十年，力争使西部地区基础设施和生态环境建设取得突破性进展，特色经济和优势产业有较大发展的任务。在国家西部大开发战略背景下，中西部民族地区旅游景区建设、旅游交通及各项旅游公共服务设施不断完善，民族村落的可进入性不断提高，民族村寨原有单一化的经济类型开始向多元化方向发展，民族文化旅游成为少数民族地区致力于培育的特色产业增长点。民族村寨越来越多的农户自主开办和经营餐饮、家庭旅馆，民族文化旅游正成为许多民族地区民族文化价值体现和民族地区脱贫的有效途径，民族村落旅游开始进入逐步发展阶段。

同时，为了推动民族文化旅游和乡村旅游发展，实现旅游扶贫，国家各部委相继推出有利于民族村落旅游发展的举措。一是国家旅游局多次推出与民族文化旅游和乡村旅游相关的旅游主题年。1995 年，国家旅游局将旅游主题确定为"中国民俗风情游"，以"中国——56 个民族的家"和"众多的民族　各异的风情"为主题口号，推出了包括海南国际椰子节暨"三月三"民族文化节、傣族泼水节等十多项大型民俗节庆和各民族系列民俗旅游活动项目，标志着我国以民族民俗为主题的民族文化旅游开始兴起。之后的 1998 年"中国华夏城乡游"，以"现代城乡，多彩生活"为主题；1999 年"中国生态环境游"，以"返璞归真，怡然自得"为主题以及 2002 年"中国民间艺术游"、2004 年的"中国百姓生活游"等，都是依托于乡土文化和民族文化旅游资源开发，民族村落则成为众多民族文化旅游活动项目开展的重要空间。

这一阶段民族村寨旅游发展虽然还是偏重于对经济效益的追求，但旅游发展中的文化效益、生态效益和社会效益已引起政界和学界的关注。1998 年，中国与挪威联合在贵州省创建亚洲第一座生态博物馆——梭嘎苗族生态博物馆。梭嘎苗族生态博物馆的建设说明我国民族村寨旅游开始探索生态旅游的发展模式。随后，中挪双方又相继在贵州省合作建设了镇山布依族生态博物馆、锦屏隆里古城生态博物馆和黎平堂安侗族生态博物馆 3 座生态博物馆，贵州省成为我国唯一拥有生态博物馆群的省份。其间，云南、四川、广西等少数民族聚集地也相继以民族文化村寨、民族农家乐、民族风情园等多种形式，发展民族村寨旅游，以旅游产业为突破口带动当地经济发展，探索出了一条"越是民族的，就越是世界的"旅游扶贫道路。

（三）21世纪的迅猛发展阶段

进入21世纪后，随着我国西部大开发战略的全面实施，以及之后社会主义新农村建设、美丽乡村建设、民族特色村寨建设和各项扶持西部及少数民族地区发展专项政策的颁布，我国民族村寨旅游发展在政策、资金、人才和技术等方面有了综合保障。

2005年10月8日，党的十六届五中全会通过《国民经济和社会发展第十一个五年规划纲要》，提出要按照"生产发展、生活宽裕、乡风文明、村容整洁、管理民主"的要求，扎实推进社会主义新农村建设。在此背景下，同年12月31日通过了《中共中央国务院关于推进社会主义新农村建设的若干意见》（中发〔2006〕1号），这是2004年以来连续第三个以农业、农村和农民为主题的中央一号文件。文件指出，"十一五"时期（2006—2010年）是社会主义新农村建设打下坚实基础和推进现代农业建设迈出重大步伐的关键时期，必须抓住机遇，加快改变农村社会经济发展滞后的局面，扎实稳步推进社会主义新农村建设。2004—2006年，中央支持新农村建设资金共达8998亿元。生产发展，是新农村建设的中心环节和实现其他目标的物质基础。新农村建设首先必须发展经济。新农村经济发展需要打破传统农业产业的界限，把农业产业与第二、第三产业结合起来，利用村落历史文化资源、乡村田园风光、乡村民俗文化和农林牧副渔业资源，发展乡村旅游。为推进乡村旅游发展，国家旅游局将2006—2007年都定位于与乡村旅游有关的旅游主题。2006年中国乡村游的"新农村、新旅游、新体验、新风尚"，2007年中国和谐城乡游的"魅力乡村，活力城市，和谐中国"，推动了我国乡村旅游全面发展。

2009年国家颁布了《关于做好少数民族特色村寨保护与发展试点工作的指导意见》（以下简称《意见》），《意见》将"特色产业培育"作为民族特色村寨的三大任务之一（三大任务：特色民居保护、特色产业培育、民族团结进步创建）。提出支持培育具有当地自然资源和人文资源比较优势的产业，如特色种养殖、农副产品加工、传统工艺品生产、与民族村寨旅游有关的村级民族文化设施建设等。

2012 年，根据《中共中央国务院关于深入实施西部大开发战略的若干意见》（中发〔2011〕10 号）、《国务院关于进一步繁荣发展少数民族文化事业的若干意见》（国发〔2009〕29 号）、《村庄和集镇规划建设管理条例》《少数民族事业"十二五"规划》，编制颁布了《少数民族特色村寨保护与发展规划纲要（2011—2015）》（以下简称《纲要》）。《纲要》提出："大力发展民族特色旅游业。充分发挥村寨自然风光优美、人文景观独特的优势，把经济发展与特色民居保护、民族文化传承、生态环境保护有机结合起来，培育壮大特色村寨乡村旅游。加强旅游设施建设，完善旅游服务功能，提升旅游接待能力。引导村民重点发展'农家乐'、'牧家乐'、'渔家乐'、'水上乐'，培育和开发少数民族特色餐饮。深入挖掘民族村寨文化，将民族文化元素有机地融入民族村寨旅游产品开发的各个环节中。举办少数民族节日庆典、祭祀活动，集中展示村寨文化，丰富游览内容。加大对特色村寨的包装、推介、宣传力度，发挥少数民族特色旅游在推动民族乡村发展中的引领作用，培育一批特色村寨旅游示范点，形成特色村寨旅游品牌，提升特色村寨影响力。"[1]《纲要》出台，保护和改造了一批少数民族特色村寨，发展民族村落文化旅游则成为村寨保护和改造的重要导向。在旅游景区、村落、城镇，一些原本没有民族特色的建筑和公共设施，通过"穿衣戴帽"等方式进行改造，融入民族文化元素，凸显民族特色。

2014 年 11 月，国家发展和改革委员会、国家旅游局、环境保护部、住房和城乡建设部、农业部、国家林业局、国务院扶贫办七部委

---

[1] 国家民委：《少数民族特色村寨保护与发展规划纲要（2011—2015）》，中华人民共和国中央人民政府网站，http://www.gov.cn/gzdt/2012-12/10/content_ 2287117. htm，2017 年 2 月 4 日。

联合颁布《关于实施乡村旅游富民工程推进旅游扶贫工作的通知》（发改社会〔2014〕2344 号）（以下简称《通知》），《通知》提出了"到 2015 年，扶持约 2000 个贫困村开展乡村旅游，到 2020 年，扶持约 6000 个贫困村开展乡村旅游，带动农村劳动力就业。力争每个重点村乡村旅游年经营收入达到 100 万元。每年通过乡村旅游，直接拉动 10 万贫困人口脱贫致富，间接拉动 50 万贫困人口脱贫致富"的主要目标。"鼓励有条件的重点村建成有历史记忆、地域特色、民族特点的特色景观旅游名镇名村，大力发展休闲度假、养生养老和研学旅行"。

在国家全面推进旅游发展和乡村旅游扶贫的背景下，我国民族村寨旅游发展步入快车道，进入蓬勃发展阶段。民族地区旅游发展投资环境日益向好，民族村寨旅游客源市场不断扩大，少数民族村民利用民族文化资源和生态环境优势实现了社会经济转型，走向了致富之路。

随着民族村寨旅游发展的深入，旅游对接待地社会的影响越来越突出，由于民族地区文化与主流文化之间的较大差异，这种社会影响更为显著。[①] 人们认识到旅游经济发展必须以民族文化旅游资源和生态环境为基础，保持人与自然、人与人之间的和谐关系是旅游业可持续发展的重要保障。在可持续发展理念指导下，民族村寨旅游不能以经济效益为唯一追求，而应考虑以社会、经济、文化和生态综合效益最大化为目标，许多民族村寨旅游发展走向可持续之路。

四 民族村寨旅游发展模式

在各级政府推动及市场需求拉动下，民族村寨旅游成为众多少数民族地区"脱贫致富"的突破口。随着民族村寨旅游推进，旅游发展与民族村落文化传承和保护、旅游发展中的利益均衡等相关问题也随之产生，影响民族村寨旅游的健康发展，旅游对民族社区传统文化的

---

① 李伟：《民族旅游地文化变迁与发展研究》，民族出版社 2005 年版，第 83 页。

影响引起了学界和政界的关注。为寻求民族村落旅游可持续发展道路，各个少数民族村落根据自身地理环境、民族文化特征和村情，探索民族村落文化旅游发展模式。从经营管理角度，我国民族村落旅游发展主要有三种模式，即政府主导型模式、社区自主型模式和公司管理型模式。①

（一）政府主导型模式

政府主导型旅游发展战略是当今世界许多国家政府所采纳的旅游发展战略。② 政府集资金投入、规划开发、经营管理与旅游收益于一体，主导着社区的发展方向。我国多数地处偏远地区的民族村落，大政府、小市场的经济格局决定了民族村落旅游开发在一定程度上需要由政府发起。同时，由于民族村落在发展旅游经济的同时，还具有民族村落文化传承和保护的使命，如果完全实行市场化运作，作为理性经济人的旅游企业对经济效应最大化的追求，会对民族传统文化保护和传承产生诸多负面影响。而以政府为主导的旅游开发管理模式，通过政府的宏观调控，可兼顾经济效益、社会效益和文化保护效益协调发展。如规模较大的西江千户苗寨，分属不同的宗族，社区内部认同度相对较低，村民自组织管理难度较大，其旅游发展是在镇、县、州乃至省等各级政府的推动下，采取政府主导旅游规划、旅游形象建构、旅游开发、旅游管理和旅游收益的政府主导为核心，民间传统力量为辅助，两者共同治理的发展模式。村民通过"村民意见征求会""动员大会"等形式了解西江旅游产业发展，通过旅游就业和商业经营从旅游产业获益，县政府通过制定实施《西江千户苗寨民族文化保护评级奖励办法》提高村民保护村落民族文化的积极性。

旅游产业市场化程度高，在旅游市场竞争中，民族地区居民由于资金、经营管理等方面的劣势，难以进入市场；而他们参与旅游的意识和能力需要有一个较长时期的培育、发展和成熟过程。因此，在旅游发展

① 张静：《论民族村落旅游开发管理新模式》，《资源开发与市场》2015 年第 1 期。
② 王娟：《政府主导型旅游发展战略的经济学解释》，《旅游学刊》2001 年第 3 期。

起步阶段，需要政府的支持和帮助，政府主导型模式一般适合于民族村落旅游发展初期。当旅游业发展到一定阶段时，由于政府的组织特性和功能，无法独立成为旅游市场开发主体，过分依赖政府主导旅游开发，必然给旅游业良性发展带来很多问题，如发展缓慢、缺乏效率、缺少市场特性、产品开发受限、过于强调政绩，甚至带来贪腐等一系列问题。[①]该模式还存在由于社区参与程度低，影响旅游社区居民旅游受益面等问题。

（二）社区自主型模式

社区自主型开发管理模式以社区居民参与旅游开发和受益为核心，以其他主体如政府、非政府组织等引导开发为辅助相结合。社区居民参与旅游决策、规划开发、经营管理、文化保护和旅游受益全过程。社区自主模式通过"赋权增能"措施，赋予民族村落居民更多的权能，并最终获得更多旅游受益。社区主导型分为家庭主导型和集体主导型。家庭主导型以农家乐形式为主，以家庭为单位，自行选择经营管理模式，自发开展民族文化旅游业务，主要为游客提供食住相关的服务，往往不存在租赁和代理。家庭经营也可形成一定的规模，但一般不设立管理机构。村委会只是以间接的利益主体角色出现，对本村的旅游管理是松散的、零碎的，所起的作用也只是更多地为村寨旅游服务，在旅游利益的分成上基本上是处于"缺失"的地位。政府及其旅游管理部门的主体角色也只是宏观上的指导，这种指导更多的是政策性或扶持性的。[②] 利益驱使会使家庭主导型具有较高的积极性，努力提高服务水平以吸引更多客源。但随着经营户增加，追求家庭经济利益会导致竞争加剧，不同经营户之间会竞相压价。家庭主导型往往也存在资金和技术限制问题，影响民族文化旅游进一步发展。

集体主导型模式是村里成立旅游协会或旅游接待办，由村集体自主

---

① 张静：《论民族村落旅游开发管理新模式》，《资源开发与市场》2015 年第 1 期。

② 李天翼：《贵州民族村寨旅游开发模式利益主体诉求及其效度分析》，《贵州民族大学学报》（哲学社会科学版）2016 年第 1 期。

开发。村旅游协会（旅游接待办）负责村寨旅游资源开发利用和管理保护，决定旅游项目开发，组织旅游接待，负责旅游经营管理，制定旅游分配方案，分配旅游收入。村民在旅游决策、经营管理和旅游收益方面都占据了主导地位。村旅游协会（旅游接待办）为全体村民负责，涉及全体村民的重大事项，必须由全体村民参与讨论决定。社区村民既是旅游资源的一部分，又是旅游开发者、经营者和服务者。集体主导型开发模式比较早的民族村落有贵州的上郎德村，该村从 1987 年开始发展民族文化旅游，成立村旅游接待办公室（简称"旅游办"）。旅游接待办共有21 人，由支书、村长、会计、各村民小组组长、村寨卫生委员、防火安全委员、芦笙队队长、歌舞表演队队长组成，所有成员都是通过村民选举产生，任期一般三年，可以连任。采用我国 20 世纪人民公社时期的"工分制"生产和分配制度。"工分制"使村民人人都有参与旅游接待的机会，并向普通群众、妇女、老人、小孩等弱势群体倾斜。村旅游办根据旅游接待中不同的分工和参与的项目，为参与的村民记工分，然后再按每个工分当日的分值进行现金折算，每个月进行一次分配。旅游接待收入中，75% 用来进行工分分红，25% 用作村提留，作为村旅游发展基金和环境保护、日常办公开支等。[①]

社区自主型模式以社区为主体。由于社区居民在旅游产品开发、经营管理、市场的敏锐度和开拓能力等方面存在一定的局限性，所以社区自主型模式往往发展步伐相对比较缓慢，旅游产品缺少创新，市场规模有限。

（三）公司管理型模式

公司管理型模式是以公司制形式进行旅游开发，公司成为民族村落旅游开发经营管理的主体，拥有民族村落景区的开发权和经营权。在民族村落旅游开发和经营管理中，社区居民提供资源及参与旅游产品生产经营活动，政府提供政策支持和开发推动力，公司则提供人力、资金、

---

① 余达忠：《上郎德模式：民族社区参与旅游发展的实践与思考》，《凯里学院学报》2008年第 5 期。

物资及技术的投入和支持，从规划开发到经营管理，公司充分整合民族村落各项资源，以市场化进行运作，从而获得最大的经济效益。[①] 由于专业公司具有资金、技术、人才和管理的优势，旅游发展速度快，市场开发力度大，会在较短时间内达到较大规模和较高规格。但完全市场化往往使经济效益最大化成为公司的最大追求，从而忽视民族村落文化传承、保护和社区参与，社区参与面小，社区居民的利益诉求难以满足，容易产生社区居民、旅游企业等利益相关者的矛盾。对民族村落旅游开发来说，公司管理型模式所产生的负面影响可能是重大甚至不可逆的。[②] 浙江景宁畲族自治县"中国畲乡之窗"景区属于公司管理型模式。政府投入"中国畲乡之窗"景区的前期建设，2009 年完成 4A 级景区申报评审工作，2010 年开始交由浙江某旅游公司承包经营 15 年。由于一开始就没有理顺社区参与机制及相关利益协调机制，导致经营企业与村民的关系不和谐。除了社区居民参与程度低外，旅游企业和社区居民之间还存在因资源补偿费和旅游收益分配问题而产生的矛盾。按照原先协议，景区所涉的 5 个村庄由旅游部门给予一次性共1.5 万元的补贴，但是没有分到社区居民手中。门票和演艺收入全部归承包经营企业所有，为承包经营企业收入的主要来源。由于景区和社区在空间上基本重合，村景合一，企业要收门票，但是社区居民的农家乐、民宿、小卖部等收入因收取门票而影响客流量，这个矛盾一到节假日尤为突出，经常出现经营农家乐的社区居民私下带客避票到农家乐吃饭的问题。而企业不让社区居民私下揽客，认为这样会减少企业的门票收入，损害了企业的利益。因此，经营企业与社区居民对立情绪严重，经常发生"景民"冲突，有时甚至出现微暴力解决问题的情况。[③] 尽管公司管理型模式对民族地区旅游发展和文化保护会产生诸多弊端，但因民族地区往往经济相对落后，地方财政有限，造成

①　张静：《论民族村落旅游开发管理新模式》，《资源开发与市场》2015 年第 1 期。

②　同上。

③　郭献进、叶小青：《民族自治地方乡村旅游发展中的参与机制研究——景宁畲族自治县利益主体的协同》，《贵州民族研究》2015 年第 8 期。

旅游发展投入不足。通过招商引资引进工商资本是地方政府解决民族村落旅游发展资金瓶颈的常用方式。因此，公司管理型模式已成为我国很多民族村落旅游开发的首选方式。①

---

① 石坚：《西南民族村镇旅游模式探究》，《生态经济》（学术版）2011 年第 1 期。

第三章

畲族文化和畲族村落特征

第一节 畲族发展历史

一 畲族——我国东南沿海的山居民族

畲族，自称"山哈"，意即"山里来的客人"。畲族古来多居山地，主要从事狩猎和农耕生产活动，"畲"的族称即源自"刀耕火种"之意。国务院于1956年正式确定畲族为一个独立的民族，并定名为"畲"。畲族是杂、散居在我国南方的一个古老少数民族，该民族只有语言，没有文字，沿用汉字。畲族的发展历史、民族崇拜、服饰、生活习俗及其他文化与我国的壮族、侗族、瑶族等南方多个少数民族具有一定的渊源关系，但也有非常明显的区别。

畲族人口主要分布在我国东南沿海山区，呈现出"大分散，小聚居"的分布特点。根据2010年第六次全国人口普查，共有畲族人口70.96万人，主要分布在闽、浙、赣、粤、黔、皖、湘七省80多个县（市）内的部分山区，其中90%以上的分布在福建和浙江省的广大山区（见表3－1）。

表3－1　　　　　2010年人口普查统计全国畲族人口分布一览

省份	人数（万人）	畲族自治县、畲族乡（镇）
全国	70.96	1个畲族自治县、45个畲族乡（镇）

省份	人数（万人）	畲族自治县、畲族乡（镇）
浙江	17.09	畲族自治县1个：景宁畲族自治县 畲族乡（镇）18个：丽水市老竹畲族镇、丽新畲族乡、云和县雾溪畲族乡、安溪畲族乡，遂昌县三仁畲族乡，龙泉市竹垟畲族乡，松阳县板桥畲族乡；温州市苍南县凤阳畲族乡、岱岭畲族乡，泰顺县司前畲族镇、竹里畲族乡，文成县西坑畲族镇、周山畲族乡，平阳县青街畲族乡；金华市武义县柳城畲族镇、兰溪市水亭畲族乡；衢州市龙游县沐尘畲族乡；杭州市桐庐县莪山畲族乡
福建	37.52	畲族乡（镇）18个：宁德市金涵乡，福安市穆云乡、坂中乡、康厝乡，霞浦县水门乡、盐田乡、崇儒乡，福鼎市硖门乡、佳阳乡，罗源县霍口乡，上杭县庐丰乡、官庄乡，漳浦县赤岭乡、湖西乡，连江县小沧乡，永安市青水乡，龙海市隆教乡，宁化县治平乡
江西	7.65	畲族乡（镇）8个：贵溪市樟坪畲族乡、铅山县太源畲族乡、铅山县篁碧畲族乡、永丰县龙冈畲族乡、南康市赤土畲族乡、青原区东固畲族乡、乐安县金竹畲族乡
广东	2.81	畲族乡（镇）1个：河源市东源县漳溪畲族乡
安徽	1.40	畲族乡（镇）1个：宁国云梯畲族乡
贵州	4.20	未设畲族乡镇，畲族人口主要聚居在黔东南州麻江县、凯里市，黔南州都匀市、福泉市
湖南	0.29	未设畲族乡镇，畲族人口主要分布在株洲市炎陵县和郴州市汝城县

资料来源：根据网络各地方官网资料整理。

　　畲族是浙江省主要世居少数民族，畲族人口主要分布在浙南和浙西南的山区，有9个县（市、区）的畲族人口在万人以上。就行政区划分布而言，浙江景宁畲族自治县是全国唯一的畲族自治县，该县也是浙江和安徽两省畲族的发源地，有畲族人口1.45万人，占全县总人口的13.54%。在浙江的莲都、松阳、云和等13个县（市）集中分布了18个畲族乡（镇）。

　　畲族聚居区气候温暖湿润，四季分明，基本属于亚热带湿润季风气候，年平均温度在14.6—21.3摄氏度。全年平均降雨量在1200—2200毫米，雨量充沛。因地处山区，属山地性河流，到处山环水绕，水量丰富，季节性较强。畲族地区的物产资源十分丰富。山区盛产毛竹及林木。树木种类丰富，木材积蓄量大，其中以杉、松的积蓄量最大。粮食作物以稻谷、麦子、薯类、玉米、豆类、土豆为主。其他经济作物有茶叶、油菜、油茶、烟叶、笋干、花生、芝麻、苎麻、香菇、黑木耳、樟脑、松油和名贵的药材等。特别是畲乡的茶叶，100多年前就已在国外市场上享有盛誉，如浙江景宁畲族自治县的"惠明茶"，早在1915年就在巴拿马万国博览会上获得金奖。其他的如广东"乌龙茶"、福建武夷岩茶和福安的红茶等也都很有名。"畲族所居山区的矿藏也很丰富，有煤、铁、金、铜、石墨、石膏、硫磺、滑石、云母石、瓷土以及其他各种有色金属。"①

二　族称及来源

"'畲'字来历久远，早在至少春秋时就已经出现，但只是到南宋末年才开始被用作民族的族称，距今已有七百多年的历史。元代以来，'畲民'逐渐成为畲族的专有名称，普遍出现在汉文史书上。新中国成立后，国家正式把畲族确定为统一的民族名称。"②

在闽、浙、赣、皖一带，畲民自称 sanha、sankah、sanhak、santah 等，其音译为"山吓""三客""生客""山客"等，现多作"山哈"。其含义有多种。最普通的说法是象征畲族的先祖盘自能、蓝光辉和雷巨佑三兄弟或蓝、雷、钟三姓。其他说法有：他们是外地迁来的，所以称"客"或"生客"；又因为有三姓，故称"三客"或"三宅"；或居住在山上而称"山客"或"山宅"等。③ 在浙江景宁，畲语称"怕"为 hak，他们因此说过去受汉人欺负而住到山上去，所以称 sanhak，音译为"山客"。畲族的族称也有一种流行比较广泛的说法，即他们的祖先最早是在

---

① 中华人民共和国国家民族事务委员会，http://www.seac.gov.cn/col/col493/index.html，2015年8月15日。

② 同上。

③ 谢滨：《从档案资料看60年前福建畲族的社会文化》，《宁德师范学院学报》2012年第1期。

广东凤凰山刀耕火种，刀耕火种开出的田称为"畲田"，并由皇帝敕令子子孙孙不用纳税和完粮。因种"畲田"，所以被称为"畲客"。[①] 在贵州，畲民则自称"哈萌"。明清时一些地方史志又称之为"东苗""佟苗"。"畲族先祖入黔之前居住在江西赣江流域以及赣东北和赣东一带，多是元末、明洪武年间或奉旨征讨、迁徙或避祸而迁入贵州。1996 年 6 月贵州省人民政府批准前，称为'东家'。"[②] 畲族"山哈"自称变化较小，一直延续至今（本课题组成员中有畲族同事，在畲族村寨调研）时，当遇到年纪较大的老人或不太愿意接受我们访谈的畲民时，畲族同事就和对方用畲语沟通，说"我也是'山哈'"时，对方就会很热情地接受我们的访谈）。中华人民共和国成立前，畲族人受到汉族的歧视，被汉人称为"畲客儿""畲客婆""畲客牯""畲客姆""邪客"等，他们则称汉人为"下（福）佬"，男的为"下（福）佬牯"，女的为"下（福）佬姆"[③]。如果汉人友好地称他们为"客家人"，他们就称汉人为"本地人""明家人"（在一些畲族村落调研时，现在还听到一些畲民称汉人为"明家人"）。在 1949 年以前及中华人民共和国成立初期，畲族的民族身份不确定，曾被"误称"为苗民。1956 年，中央统战部正式确定畲族为一个少数民族。证据显示，一些畲民原本就知道自己的民族身份是畲族，但由于长期受到汉族的歧视性称谓，大多数畲民都不愿意接受"畲族"这个民族称谓，而宁可选择称为"苗族"。[④]

三　族源和迁徙

畲族族源问题是我国南方民族史研究中颇有争议的问题。不同的学者分别提出"武陵蛮或苗瑶会同源说""古越人说""'东夷'的'徐夷'

---

① 《中国少数民族社会历史调查资料丛刊》福建省编辑组：《畲族社会历史调查》，福建人民出版社 1986 年版，第 3、269 页。

② 畲族，贵州省民族宗教事务委员会，http：//www. gzmw. gov. cn/index. php？m = content&c = index&a = show&catid =56&id =16，2015 年 8 月 16 日。

③ 谢滨：《从档案资料看 60 年前福建畲族的社会文化》，《宁德师范学院学报》2012 年第 1 期。

④ 同上。

说""'古闽人'说和南蛮说"等。① 共同生活地域是民族形成的基础，也是构成民族关系的重要空间。根据史籍记载、考古学、语言学、民族学以及民间故事传说等资料，加以综合比较研究，施联朱先生认为"武陵蛮或苗瑶会同源说"的说法是比较可信的。② 施先生在《关于畲族来源和迁徙》一文提到，畲、瑶原是一种人，同源于汉晋时代的"武陵蛮"，后来才分为两部分，以南岭山脉为界，以西为"瑶"，以东为"畲"。并提出相应的佐证材料：一是从图腾来看，畲、瑶两族都广泛流传着盘瓠传说，并崇奉盘瓠为本民族的始祖；二是从史籍记载来看，往往畲、瑶并称，甚至说畲族就是瑶族；三是畲、瑶两族具有相同的姓氏，畲族有盘、蓝、雷、钟四姓，瑶族有蓝、雷姓氏，也有盘姓；四是两族至今仍保存的汉文文书《过山榜》（瑶族）与《开山公据》（畲族）内容大同小异，所署年代也十分接近；五是畲族原有的民族语言与苗瑶语言比较接近。施先生认为，畲族不是东南沿海地区的土著居民，而是"起于荆湖之区"，从中原地区或长江中游南迁，他们至少有一部分在广东停留了一个比较长的时期，大概在汉晋以后、隋唐之际已遍布闽、粤、赣三省交界地区。③ 张崇根从先秦民族的神话传说、迁徙、考古资料和文化特点方面进行考证，认为畲族源于"东夷"迁居鄂、湘西部地区后，融合其他民族成分而成"武陵蛮"，把畲族源于"武陵蛮"的看法向前推进一步。"古越人说"的主要论点是畲族和越族的古今地理分布的对照，两者具有共同的盘瓠传说、相同的生产水准、共同的生活方式和共同的风俗习惯等，他们或认为畲族是春秋时期越王勾践或范蠡的子孙，或认为畲族是战国秦、汉时代的越人后裔等。④ 主张"南蛮说"的学者⑤⑥从畲族的盘瓠图腾崇拜入手，以及根据畲族传说广东凤凰山是畲民族发源地，认为

① 胡阳全：《近年国内畲族族源研究综述》，《历史教学》1992 年第 5 期。
② 施联朱：《关于畲族来源与迁徙》，《中央民族学院学报》1983 年第 1 期。
③ 同上。
④ 岳雪莲、王真慧：《畲族族源探析》，《兰台世界》2012 年第 28 期。
⑤ 王克旺、雷耀铨、吕锡生：《关于畲族来源》，《中央民族学院学报》1980 年第 1 期。
⑥ 王克旺、吕锡生：《再谈畲族族源》，《丽水学院学报》1985 年第 2 期。

畲族是东汉时久居广东的"南蛮"的一支，是广东的土著民族。东南沿海尚未开发之际，就早已在粤东一带劳动、生息、繁衍。"南蛮说"的其他相关佐证材料还有：畲族史诗《高皇歌》记载"蓝雷钟姓出广东，广东原来住祖宗""广东路上有祖坟，世出盘蓝雷祖宗""盘蓝雷钟一宗亲，都是广东一路人"；此外，各地的族谱也记载了这一历史。如浙江松阳《雷氏家谱》载有"前朝上祖是广东潮州底海洋（阳，今潮安县）县会稽山内居住"，江西畲族宗谱《重建盘瓠祠铁书》记载"盘瓠总祠在广东潮州凤凰山"。① 浙江丽水畲族流行的《高皇歌》在综合分析《高皇歌》记载、各地族谱，以及近来的考古、调查资料基础上，雷弯山认为：广东潮州市畲族的发源地还是一个"停靠站"，史学界众说纷纭，莫衷一是，但共同的一点是畲族早期曾在潮州居住，后才向东北方向迁徙。②

畲族从广东向闽、浙迁徙，10—12 世纪迁往福建漳州、福安，14 世纪后期在浙江温州地区丽水地区、金华地区定居。畲族的迁移可分为三个历史阶段③：第一阶段在唐朝时期，畲族大迁移的开端，从潮州向北迁，最远抵达江西的贵溪、铅山；第二阶段在宋、元时期，由于统治阶级的压迫和歧视，大量生活在泉、潮、汀、赣的畲族，一部分被元统治者强迫迁入闽北一带山区，其他部分自发从闽南向北迁移，福州附近的罗源、连江和福安地区便成为畲族的主要迁入地区；第三阶段在明清时期，一部分畲族逐渐在闽北山区定居下来，另一部分仍在继续迁移，其中大量向浙南山区移动。向浙江迁移分两条路线，一路从福安经福鼎迁入浙江平阳、温州等地区，另一路从福安经泰顺迁入浙江景宁，并继续向丽水、遂昌、衢县等地迁移，最远的迁到安徽宁国。

根据传说、族谱和地方志的记载，大约在明正德（1506—1521）至万历年间（1573—1619），畲民由福建省迁到浙江省丽水市，其中以万历

---

① 雷弯山：《原始生产力是畲族迁徙的根本原因》，《丽水师专学报》（社会科学版）1991年第 1 期。

② 同上。

③ 姜永兴：《畲族族源、迁徙及盘瓠的新探索》，《韩山师专学报》（社会科学版）1987年，第 109—114 页。

年间迁来的最多。在畲民迁徙过程中，大规模的迁移极少，基本上是一家一户或几家几户，同时也没有什么固定迁移路线。他们首先到达云和县的景宁（旧景宁县）一带。后来，由于人口的繁衍增多和生活所迫，子孙后代又星散四移至丽水各县及邻近地区的平阳县等地。正如《高皇歌》唱道：

> 古田罗源侬连江，都是山哈好住场；
> 乃因官差难做食，思量再搬掌浙江。
> 福建官差欺侮多，搬掌景宁侬云和；
> 景宁云和浙江管，也是掌在山头多。
> 景宁云和来开基，官府皂老也相欺；
> 又搬泰顺平阳掌，丽水宣平也搬去。
> 蓝雷钟姓分遂昌，松阳也是好田场；
> 龙游兰溪都何掌，大细男女都安康。

　　畲族历经了上千年的迁徙历史。在历史上的很长一段时期内，畲族人民一直活跃在我国闽、粤、赣交界一带，但该区域现在却是畲族人口分布较少的地区之一，其主干部分则转移至数百里之遥的闽东和浙南地区，并且在闽、浙、赣、粤和皖等省形成了"大分散、小聚居"的分布格局。此时，畲族生产力水平基本接近当地汉族，适应封建生产关系而定居下来。

　　关于畲族迁徙的原因，有"外因说"和"内因说"。"外因说"认为畲族迁徙主要是外部封建力量施压的结果，是为逃避封建徭役、赋税剥削以及民族压迫，而被迫向外迁徙。[①] 历史上畲族的迁徙活动时常存在，但大多是在聚居区内进行。"至宋元时期，由于武装起义被镇压，统治者采用各种压迫和歧视政策，分散和瓦解畲族内部的团结力量，畲族人民

---

　　① 魏爱棠：《畲族迁徙"外因说"质疑》，《中南民族学院学报》（哲学社会科学版）1999年第3期。

被迫向外迁徙。到明清时期，畲族的聚居区已经转移到闽东、浙南。"①
由于畲族的向外迁徙、被迫同化和畲汉融合，畲民居住非常分散，不论
是聚居或散居的畲族村都比较小，一般都在几户至几十户，周围是汉族
村，也有的村落是畲、汉杂居在一起。②"内因说"则认为，畲族内部长
期保留着原始的经济生产方式是其迁移的根本原因。早在唐朝时期，畲
族先民就已从事"可耕乃火田"的刀耕火种农业兼以"狩猎为生"。元宋
时期，在周围汉族影响下，封建经济有了一定发展，但从事的主要还是
粗放的原始农业生产和狩猎经济活动。明清时期，一些居于深山僻野的
畲民，仍然是"巢居崖处，涉猎其业，耕山而食，卒二三岁一徙"，过着
游耕为主、狩猎为辅的生活。一直到中华人民共和国成立前，也仍有畲
民保留着少量"刀耕火种""轮歇抛荒"的原始耕作方式，开垦耕种二至
三年后，即行抛荒，或载上杉木。③"易迁徙"的生活方式适应了畲民狩
猎经济和"刀耕火种"的游耕生产方式。同时，由于原始的刀耕火种生
产方式，产量极低，同一地域无法承载较多人口的长期生存需求，一部
分畲民不得不离开原来的居住地，迁徙他处寻求适合生存的新家园。寻
求生存新家园的迁徙动力使畲族迁徙具有自发性的特点，且在长期的迁
徙过程中始终保持着一家一户、缓步前进的迁徙规律。④"迁迁往往，徐
徐而行"，因而才形成如此"大散小聚"的分布格局。⑤明清时期，畲族
在周围先进的汉文化影响下，学会了汉族先进的农耕技术，相继使用了
铁锄和犁耕，逐渐发展起以梯田水稻耕作和定耕型旱地杂粮耕作为核心
的生计模式，原有的经济生产方式发生了深刻变化，刀耕火种的游耕生
产方式虽未完全退出历史舞台，但其在畲族生产经营中的比重大大降低。

---

　　① 蒋炳钊：《畲族文化研究（畲族从聚居民族变成散居民族的历史考察）》，民族出版社
2007年版，第21页。

　　② 同上书，第22页。

　　③ 魏爱棠：《畲族迁徙"外因说"质疑》，《中南民族学院学报》（哲学社会科学版）1999
年第3期。

　　④ 同上。

　　⑤ 蒋炳钊：《畲族文化研究（畲族从聚居民族变成散居民族的历史考察）》，民族出版社
2007年版，第25页。

随着生产方式的变革，畲族的生活方式和社会形态也发生根本性的变化，逐渐接受了定居的生活方式，最终结束了持续上千年的迁徙生活而成为东南沿海山居农业民族。

其实，畲族迁徙应该是内外因共同作用的结果。既有在长期的封建社会历史时期，由于历代封建统治者的民族压迫和民族剥削，使畲民不堪迫害而不得不离乡他徙，也有因为畲族自身游耕生产的游动要求等因素而去寻求新家园。可以说，畲族的形成和发展历史，是一个不断地在与自然和社会的变迁中寻找适应生存契机的过程。为了生存，他们形成了一套与自然环境相适应的生存方式。如游耕阶段的刀耕火种文化，适应山区猎耕经济的民族技艺，茶叶、毛竹等山地作物的种植经验。为了发展，他们学习吸收周边汉族的生产经验、耕种技术等。随着全球化和现代化进程的推进，畲族不断适应社会变迁与调适，畲族文化也在不断创新和发展，失去原有文化的一些特质，同时再创生一些新的特质，使畲族文化不断向前发展。

第二节　畲族主要文化事项

畲族村落是畲族文化的发源地和承载空间，畲族非物质文化遗产和传承人几乎都分布在畲族村落。在畲族文化事项中，具有较高旅游价值或传承较好的主要有畲族音乐、畲族舞蹈、畲族服饰、畲族婚俗、畲族传统节庆、畲族工艺、畲族饮食、畲族医药、畲族体育、畲族语言等。

一　畲族民间音乐

畲族传统民间音乐包括民歌和器乐。民歌体现了本民族特色，器乐则主要是学习汉族的结果。[①] 民歌是以口头歌唱形式流传和保存的传统韵文。民歌一般由口头创作，口头流传，并在流传过程中不断经过集体加工成篇幅短小随口而唱的浅近之歌，其内容以抒情为主，通俗简易、真

---

① 雷先根：《杜鹃声——雷先根畲族研究论文集》，2002年，第63页。

情朴素。中国民歌的主要形式有劳动号子、山歌、小调等。畲族虽然没有本民族文字，但民间文学很发达，而民歌是畲族民间文学的主要载体，也是畲族音乐的主要形式，是畲族文化中最具有代表性的民族艺术，正如畲歌所唱："水连云来云连天，畲家唱歌几千年"、"歌是山哈传家宝，千古万年世上轮""山上山歌何其多，山客山歌上万箩（山客，畲族人民自称）"。畲族历来有"以歌代言""歌以养神"之说，民歌十分普及，畲族人人善歌、喜歌，男男女女都以歌为乐，爱歌为荣，有"肚中歌饱人相敬，肚中无歌出门难"的说法，唱山歌在畲乡成了乡风。优秀的民歌手深受畲民敬重，畲族婚嫁时的"赤郎"一般都由最优秀的歌手担任。畲族民歌内容丰富，题材广泛，有历史传说歌、风俗歌、情歌、生活歌、劳动歌、故事歌、杂歌以及时代歌等多种。民歌内容反映了畲族人民各个历史阶段的经济、政治、意识形态、风土人情和与其他民族的关系。有"畲族史歌"之称的《高皇歌》是历史传说歌的代表；风俗歌有婚俗、丧俗和礼仪等，其中婚俗的对歌最为热闹有趣；在畲族山歌中，情歌和生活歌所占比例较高。畲族山歌曲调一般固定，其音阶一般只有1、3、5、6四个，装饰音较少，纯朴而真挚。歌词的基本格律为七言绝句，除特定内容和一些特定场合外，畲族山歌歌词一般现编现唱，比兴、排比、夸张等手法应用较为普遍。畲族山歌的对歌形式多样，有对唱、独唱、齐唱和独特的"双条落"二声部盘唱形式，其中以对唱较多。演唱方法有真声、假声和真假声结合三种，其中假声的唱法最具民族特色。传统发声法用的是"假嗓"，音尖高而能远送，这与畲族传统山居耕猎生活有关。

畲族居住分散，为了维护民族共同心理感情，团结求生存，以歌的形式传说本民族历史，并以学师传师、做功德等形式加强灌输；在生活中，嫁女、来客必对歌，死人必哭歌，使畲歌得到了发展，这也是畲歌得以普及的重要原因。在这种需要之下，产生了不少民间歌手①。

传统畲族民歌传承方式主要有活动传承、家庭传承和媒介传承。畲

_____

① 雷先根：《杜鹃声——雷先根畲族研究论文集》，2002 年，第 41 页。

族民歌的歌场主要是节庆活动和仪式活动。"三月三"是畲族传统的歌会，作为畲族盛大的节庆，畲族人会举行全国性的歌会联欢。节庆期间，十里八乡畲族自发集聚，全民参与对歌、赛歌，互相学习，使畲歌代代相传。除"三月三"外，歌会也是福建畲民在"二月二""招兵节"的主要活动内容。畲族的仪式活动主要有祭祖仪式、传师学师、婚嫁仪式。在这些仪式礼俗中，对歌也是其主要活动内容。"浙江括苍畲族保留着一种古老的结婚仪式，淳朴、简单，富于诗意。在婚礼中，对唱山歌基本贯穿仪式始终，是十分重要的活动内容。结婚那天，新郎经过一番打扮后，步行到新娘家迎亲……开始时桌子上空无一物，大家静等新郎唱山歌，要什么唱什么。如要筷子，则唱《筷子歌》；要酒，则唱《酒歌》。每样东西都有它的歌……新郎唱一首，厨师和一首，一唱一和，新郎所要的东西就应声而来，摆满一桌，这叫作'调新郎'，又称为'答歌'。吃完酒饭，新郎又得一首一首地唱，把桌上的东西一件一件地唱回去。厨师也唱着歌来收席……一路上，新郎、新娘还不停地对唱山歌，以歌当话，互相对答，或抒发感情，或互相倾诉爱慕之情。"①

家庭是血亲种族的基本单位，是人类多种活动和功能的主要空间。在畲族，家庭是孩子民歌启蒙场所，父母亲对畲歌的爱好和唱畲歌的技艺对子女往往产生潜移默化的作用。在调研中发现，目前畲族村落的歌手往往与年纪大小关系不大，更主要的是受家庭传唱畲歌环境的影响。如村里有很多六七十岁的畲族老人不会唱畲歌，但有些四五十岁，甚至更小年纪的却很擅长。会唱畲歌的基本都是祖父母或父母亲会唱畲歌，从小受家庭畲歌环境影响的结果。如景宁东弄村的市级"非遗"传承人蓝仙兰（1963年出生）家被称为"民歌之家"，她的奶奶、妈妈（1938年出生）、两个女儿（分别生于1978年、1987年）、孙女（2005年出生）都是村里有名的歌手。蓝仙兰自己8岁开始跟随母亲学唱畲族民歌，被当地人称为畲族"歌王"。她的孙女5岁开始跟她学唱畲歌，小小年纪已

---

① 施联朱：《古老有趣的畲族婚俗（1981年）》，《民族识别与民族研究文集》，中央民族大学出版社2009年版，第330页。

多次参演畲族节日活动并录制畲歌。莲都区沙溪村的蓝彩莲（1955 年出生）因为母亲会唱畲歌，因此，她和哥哥、弟弟也是当地小有知名度的畲族歌手，现在周边一些畲民家中举办婚礼、丧葬等仪式，经常会请他们去唱。由此可见，家庭是畲歌的重要传承场。畲族是一个只有语言没有文字的民族，因此，借用汉字和生造字来记录歌词的畲族山歌本是畲族民歌得以代代传承的重要媒介。在与汉族的长期交往中，一些畲民学习了汉文。用汉字的音记录了大量的畲族山歌，以及"做功德""传师学师"活动内容。一般而言，歌词中的汉字代表词意，发音遵循畲语。由于各地的畲歌都有本地特色的调式，歌者只要参照歌词便能唱出民歌来。

解放初期，会唱山歌的畲民还是比较普遍的。1953 年，畲民调查小组对景宁东衕村的调查记载："山歌是畲民最喜爱的一种文娱活动。主要的唱歌时节是在嫁娶、接新客（男女对唱、赛歌）、春节、元宵、出丧（挽歌），东弄仅女人会，其他地区男女都会。平时劳动生产时亦唱歌。"[①] 丽水县龙江乡（现莲都区水阁街道）山根村的女歌手蓝宝兰，50年代作为畲族优秀歌手，省里选派她到北京怀仁堂演唱，得到毛主席、刘主席、周总理等中央领导接见。[②] 改革开放以后，随着社会的发展，居住环境的改变和现代文化的渗透，电影、电视、网络的逐步普及，以及其他文化娱乐项目和社交活动的多样化，年轻畲民娱乐方式也发生变化，学唱畲族民歌的人越来越少。同时，随着文化教育水平提高和市场经济日益发达，相当部分畲族群众走出山门，移居到经济较发达的平原地区或城镇谋生，尤其是畲族村寨的年轻人走出村寨、县城，走向全国甚至世界，或求学，或经商，畲族原生态文化格局发生变化，传承畲族原生态文化的自觉和自信大大弱化，乡村的畲族歌手也就日益缺乏。在畲族村寨调查中，能唱畲族民歌的一般都是六七十岁以上的老人，有很多四五十岁的畲民都不会唱，甚至大部分畲民已经听不懂歌词内容唱的是什

---

① 施联朱、黄淑娉、陈凤贤等：《浙江景宁东衕村畲民情况调查》，《畲族社会历史调查》，福建人民出版社 1986 年版，第 19 页。

② 吴刚载：《一九八四年三月三丽水县畲族歌舞会》，《括苍史志》，http：//www. lian-du. gov. cn/lsld/kcsz/2011/1/t20110322_ 735703. htm，2015 年 7 月 8 日。

么了，畲族歌言文化面临消亡的危机。在2006年和2009年，景宁畲族民歌先后被列入浙江省非物质文化遗产和国家非物质文化遗产。畲族没有自己民族的特色乐器，民族乐器缺乏，能发出声响的"龙角"只能发出滑奏的单音而不能演奏出有固定音高的旋律，响铃和灵刀为节奏乐器，这在一定程度上给畲族民歌音乐的演绎表现和传承发展带来了局限。

为传承和发展畲族音乐，近年来丽水的音乐工作者在畲族传统音乐基础上，通过整合畲族文化素材，并运用现代创作手法，先后创作了大型风情歌舞剧《畲山风》、畲族音乐舞蹈诗《畲家谣》、大型畲族风情歌舞《千年山哈》以及旅游版畲族歌舞《印象山哈》。其中《畲山风》《畲山谣》和《千年山哈》代表浙江省分别参加了全国第二、第三、第四届少数民族文艺会演，并荣获多个奖项。《印象山哈》通过将文化与艺术巧妙融合，历史与内涵完美呈现，利用立体环幕投影和声光电等现代科技手段，填补了华东地区旅游市场畲族风情演绎剧的空白，使畲族音乐走向市场，扩大了畲族音乐的宣传范围和力度，对提升民族音乐创新发展起到了积极作用，也为古老的畲族音乐接轨现代社会探索出一条成功的路子。[1] 我国畲族历史上第一部音乐剧《畲娘》将畲族传统音乐、建筑、舞蹈、民俗等民族文化元素与西洋音乐和现代音乐剧艺术相结合，以诗化风格呈现畲族人民的朴实性格与畲乡风情。景宁畲族山歌分别于2006年、2009年被列入浙江省非物质文化遗产和国家非物质文化遗产。

二　畲族舞蹈

畲族不但能歌，而且善舞。虽然畲舞没有畲歌普及，但畲族舞蹈内容丰富，别具一格。畲族舞蹈主要有宗教祭祀舞蹈、劳动生活风俗舞蹈、体育舞蹈和艺术舞蹈等。早期畲族舞蹈主要蕴藏在祭祀活动中。"传师学师"（也称奏鸣学法）和"做功德"集中了畲族民间舞蹈的精华。按规

---

[1]　丽水市莲都区文化馆：《发展丽水畲族民歌音乐》，浙江省民族宗教事务委员会，http://www.zjsmzw.gov.cn/Public/NewsInfo.aspx? id = b8a5b9d3-d2d3-4b00-b63e-20d7bb3b72ed，2015年12月23日。

定畲族男子十六岁开始可以学师，故有的学者将其称为"成人礼"。传师学师舞蹈的内容是象征性反映学过师的人要带领学师的人上闾山学法克服重重困难的故事情节，可以说是畲族民间流传了700多年的大型歌舞剧①。学过师的人死后要"做功德"，据说这样亡魂到阴间会受到优待，可骑马带兵。但传师学师和做功德都要三天三夜，开支较大，穷苦农民开支不起，故"传师学师"没有全民族铺开。中华人民共和国成立后基本上停止活动。1987年搞民间舞蹈集成时，浙江省已把"传师学师""做功德"两部畲族舞蹈载入《中国民间舞蹈集成·浙江卷》。景宁县在渤海镇安亭村建立了传师学师传承基地。2013年8月9日以"体验畲村风情、传承畲族文化"为主题，在安亭村上寮自然村举行了奏鸣学法开堂仪式，并进行全程录像，笔者有幸观看了仪式过程。

劳动生活舞蹈源于畲民日常生产劳动，比较著名的有"猎步舞"和"栽竹舞"。畲族是一个山居民族，长期依山而居，狩猎经济是古代畲族的主要经济形式，一直到明清时期，狩猎经济在人们的生产生活中仍具有重要意义。"猎步舞"（也叫《踏步舞》）表现了畲族祖先狩猎时与野兽勇敢搏斗的情景，舞蹈中的"猎步"就是模拟畲族祖先狩猎时忽快忽慢忽躲忽闪的情景而形成的动作，富有生活气息。"栽竹舞"则是反映畲族人民种竹和用竹造纸过程的舞蹈。畲族聚居的东南沿海山区遍长毛竹，畲民的生活从住宅建造、生活生产用具，到肴食都离不开竹。舞蹈中表演者按锣、鼓、钹的打击节奏，边舞边唱。舞步以"小跳步"和"踏步蹲"为基本步伐，手脚同时顺着左右进退的韵律不断转圈。动作轻快明朗。歌词叙述栽竹、砍竹、浸竹、裂浆，直至制成纸的全过程，每个环节都反映着畲民劳动的艰辛和洋溢着喜悦的心情。

畲族的民间舞蹈与传统体育也有着密切的联系。畲民"依山而处，狩猎为生"，长期居住在山林中并受汉人排斥，自然地理环境恶劣，生产生活艰难，需要练就一副健壮的体格。因此，畲民在春秋战国就开始学

---

① 潘丽敏：《畲族民间歌舞传承保护的思考》，中国民族宗教网，http：//www.mzb.com.cn/html/report/170726974-1.htm，2018年5月1日。

习拳术①，就地取材运用劳动生活工具进行娱乐健身，形成了具有浓郁民族特色的传统体育。畲族舞蹈和体育都是从生产劳动、生活实践中形成和发展起来的。从其形成及演变历史看，主要有四种类型：一是为适应生存环境而练就的生存本领，如打铳、射弩、打枪担、登山、赛海马、石担、石锁等；二是畲民自卫强身的功夫，如腹顶棍、操杠、盘柴槌、推八字步、武术、舞铃刀等；三是风俗习惯和文化娱乐的游戏，如蹴石磉、舞龙舞狮、虎抓羊、荡秋千、竹林竞技、捉迷藏等；四是民族宗教信仰的产物，如传师学师、打尺寸、稳凳等。畲族传统体育不但内容丰富、形式多样、民族特色浓郁，而且常与音乐、舞蹈融为一体。随着社会的进步和发展，畲族传统体育也不断地得到改进，其原始功能已逐渐消退，而健身娱乐功能、表演功能、参与功能等逐渐增强，经历了一个从自娱的方式到游戏与竞技，比赛与舞台表演的过程，表现出极高的观赏性和体验性。

中华人民共和国成立后，随着我国民族政策的落实，少数民族文艺得到空前重视。畲族文艺工作者投入到畲族舞蹈的调查研究和艺术创作中，将畲族的宗教信仰、生产劳动和生活习俗进行整合、艺术加工搬上舞台，形成畲族现代艺术舞蹈。《畲山风》是畲族第一个现代经典歌舞风情剧，它通过对畲族人民的劳动、生活、爱情和婚俗等的描画，较为系统、完整、全面地反映了畲族的特色文化，剧目使用了许多畲族传统经典山歌曲调和歌词，结合畲族传统舞步如"坐蹲步""悠荡步"及生活化的动作，服装达四十余种。随着旅游业的发展，现在畲族舞蹈不但从传统祭祀活动走向舞台，而且又从舞台走入游客参与的表演中，在舞步、节奏和配乐上又有了不少新的发展。如景宁山哈寨畲族风情旅游区编排的猎俗表演就是展示畲族传统狩猎文化，将现代人类回归自然的健身活动需求与畲族传统文化主题相结合，适合游客全程参与的旅游表演项目；祭祖表演也是挖掘畲族传统祖先崇拜文化推出的游客全程参与的民族风

---

① 郑雨桐、黄銮婷：《畲族武术：民族瑰宝 畲韵流长》，宁德网，http://www.ndwww.cn/xspd/jcxw/2017/0209/40327.shtml，2018年5月1日。

情旅游表演项目。此外，像畲族"同心舞""打米果儿"等参与型集体舞蹈也以其节奏强、动作简单有特色受到大家的喜爱。

三 畲族服饰

服饰是一个民族区别于其他民族的一个重要标志。畲族服饰历史悠久、品种繁多，有服装、头饰（如凤冠等）、花鞋、织带、彩带、绣花、银手镯、银耳环、银项链等，造型独特、做工精美，具有鲜明的民族特色和丰富的美学内涵。畲族服饰最大的特点是强烈表现对凤凰的尊崇意识，妇女服饰突出表现在花边衫、凤冠头饰、彩带和花鞋上，这种特殊的服饰被称为"凤凰装"。随着年龄的变化，可以分为"小凤凰装"、"大凤凰装"和"老凤凰装"。畲族男子服饰过去有两种：一种是带大襟的无领青色麻布短衫；一种是结婚礼服，红顶黑缎官帽，青色长衫，襟和胸前有一方绣龙花纹，黑布鞋。男子大襟长衫按传师学师规定，有红、青、蓝等颜色，花纹较少。

> 畲族服装有三个元素是必须做成的。一个是凤凰，我们畲族本身就是凤凰之乡，每一件服装都有凤凰在这里的，要么绣这里，要么绣那里，哪里都有，凤尾都可以代替。还有一个水滴纹，我们都是住在山上的，水滴都是吉祥的。还有一个老鼠牙，等一下一看就知道了，老鼠牙是怎么样的。那么三个都是离不开的。①

畲族服饰也因地域不同而呈现出地方特色。浙江畲族喜欢穿青、蓝色的衣服。男子除有蘸名的举行宗教仪式或做功德时穿红衣外，平时的衣着基本上与当地汉族相同。但妇女却有民族服装。头上梳发髻、戴银冠（是用一个小竹筒，长3余寸。在竹筒两边镶有银片，并有两条珠链子连着，顶上用一块红布包裹着，但也有不用红布的），穿花边衣，裹三

---

① LFFS—LXY，女，中年，景宁畲族自治县龙凤民族服饰有限公司董事长，访谈时间：2014年2月23日。

角令旗式的绑腿和穿高鼻绣花鞋。夏天则穿自织的粗麻布衣服。① 而在福建霞浦、罗源、宁德等地，"畲民的服饰，男子受汉族影响，几乎全部汉化，没有什么差别"，妇女则"喜穿蓝、黑两色的衣服，多半系自织的麻布缝缀红边。其式样各县并不尽同……妇女的发饰，各县亦有不同"②。

　　服饰是民族文化中变化较快的内容，随着社会发展和畲汉文化的交流融合，畲族平时服饰已与汉族同步发展，坚实耐磨、保暖为主的畲族传统服饰已不被新生代畲民们所接受，取而代之的是简洁、明快、具有时代美感的服饰。畲民对传统衣装的感情逐渐淡化，平时都着汉装，重大节日或婚庆礼仪时，少数畲民才穿着民族服饰，也较随便。畲族姑娘用自己编织彩带作订婚礼物的传统习俗几乎消失，一个村里会织彩带的人寥寥无几，仅少数人在表演活动中作特色示范③。作为畲族标志的民族服饰，只能在 20 世纪 50 年代前的样式中找其根基④。

　　为传承和保护畲族传统服饰，政府部门出台一系列政策。如在一些畲族乡镇、村寨和旅游景区，由政府出资给畲民制作畲族服饰，鼓励他们穿着以营造畲乡环境氛围。但平时很少有人穿，对一些旅游经营户即使穿畲族服饰能带来更多的客源，也不愿意穿戴。只有在接待领导或表演时村干部和演员才会穿戴。笔者调查时问他们不穿戴的原因，主要有两种情况：一是"因为没有其他人穿戴，平时穿戴怕被人笑话，所以不敢穿"；二是"面料不舒适，夏天很热，而且就那么一套也不好天天穿"。景宁畲族自治县 2008 年开展"畲族干部服饰日"活动。按照畲族服饰日工作制度，机关单位副科级以上畲族干部，每周一及重要节日都应穿戴畲族服饰上班，但

---

① 雷关贤提供（原作者不详）：《浙江省畲族的风俗习惯资料》，《畲族社会历史调查》，福建人民出版社 1986 年版，第 295 页。

② 谢滨：《从档案资料看 60 年前福建畲族的社会文化》，《宁德师范学院学报》2012 年第 1 期。

③ 雷敏霞、雷冰帆：《畲族民族服饰的传承与发展探析》，《丽水学院学报》2012 年第 6 期。

④ 雷先根：《畲族风俗》，2003 年，第 30 页。

现在已经很少有人能坚持，大部分人都只是到每年"三月三"的时候才会穿戴。县城服务行业和没有制式服装的行政事业单位服务窗口工作人员，在工作时间穿戴畲族服饰的制度，也没有得到很好的实行。只有几家较大酒店按制度穿戴，很多服务业和单位都没有很好落实①。笔者 2012 年 8 月在景宁县民宗局调研时，工作人员介绍："（畲族服饰日工作制度执行）2008 年、2009 年还好，现在周一穿服饰是比较少的，应该是窗口行业，像旅游、餐饮可能会穿（畲族）服饰，像机关大院里这段时间除了重大会议一般很少穿。"服饰日制度难以执行的原因"冬天的衣服太薄，只有一件，穿来穿去要去换洗，要自己的钱拿出来做，这个事情就没法执行了。那一套可能要七八百块钱，自己出三百块，其他政府出，像我们民宗局这么多民宗干部，每年拿出几十万做服饰也不现实，比较大的开销，窗口行业也是一种自觉行为，我觉得也是必要的"。

传统畲族服饰不受畲民欢迎的主要原因是其用料、色彩和样式不符合现代人对服饰的审美和舒适度需求。为使畲族服饰得以传承和发展，景宁县已举办了多届"中华畲族服饰设计大赛"和"中国（浙江）畲族服饰设计大赛"。通过服饰设计大赛，将传统与现代元素相结合，使畲族服饰在用料、颜色、样式等方面有了诸多变化，增强了其美观性、实用性以及民族特性。同时，也出现了一批专门从事畲族服饰设计和生产的民族企业，生产单位企业的畲族工装、校服、表演服、畲族凤冠、首饰、彩带、畲族包等特需产品，以及畲族代表参加民族会议和重大会议的服装定制，产品远销福建、广东、江西、北京和上海等地。"景宁畲族自治县龙凤民族服饰有限公司"2007 年被国家民委等部门确定为"十一五"期间少数民族特需商品定点生产企业，2011 年被列为浙江省非物质文化遗产生产性保护基地。总体而言，现在畲族服饰主要还是运用于舞台上，更多的是一种符号功能。

---

① 景宁畲族自治县人民法院课题组：《关于畲族传统文化的现代传承和法律保护的调研——以景宁畲族自治县的实践为样本》，景宁畲族自治县人民法院网站，http://jn.zjlscourt.com/fxyj/dcyj/2013-01-14/15395.html，2015 年 7 月 8 日。

四　畲族婚俗

民俗即民间流行的风尚和习俗，是一个民族或一个社会群体在长期的生产实践和社会生活中逐渐形成并世代相传、较为稳定的文化事项。是人们长期利用环境、适应环境的结果。它起源于人类社会群体生活的需要，并在各个民族、地域和时代中不断形成、扩大和变迁，同时服务于人民的日常生活，丰富人们的生活内容。民俗由人民创造和传承，也规范着人民，是深藏于民间的行为、语言和心理中的基本力量，能增强民族凝聚力。畲族具有民族特色的民俗有大年初一摇毛竹、新年唠歌、上八日祭祖，除夕夜"焐年猪"；婚嫁中的农具陪嫁、拦路戏赤郎、借镬杀鸡、长夜对歌；丧事中①的请娘家"讨位数"、执竹鞭甀炊孝饭，以歌代哭祭亡人；以及狩猎习俗、做阳和做阴中的仪式习俗、拜树和拜石等。随着畲汉融合，许多畲族民俗已失传，有些民俗则与当地汉族无异。

畲族婚姻实行一夫一妻制。在长期的民族发展历史中，畲族奉行族内婚，畲汉两族严禁通婚。族内婚是畲族内部的一条族规。在畲族长篇历史叙事诗歌《高皇歌》中唱道："蓝雷三姓好结亲，都是南京一路人"，"千万男女莫作钱，莫给阜老（指汉人）做妻人，蓝雷三姓好结亲，女大莫去嫁阜老"，"高辛皇帝曾叮咛，蓝雷钟姓好结亲；莫嫁阜老与财主，锄头底下有黄金"②。"婚姻惟四姓相同，居室不乱"，"结庐深山，聚族而处，有盘、雷、蓝三姓，自相匹配，不与平民通婚姻"，"姓惟三：曰雷、曰蓝、曰钟，同姓远房祖即为婚"。中华人民共和国成立后，畲汉通婚，但族内婚现象现阶段在闽东、闽北、浙西南等地的畲族乡村仍然存在。据 1990 年第四次人口普查资料统计，福建福安坂中畲族乡 18 个村民委员会累计，1608 对夫妇中，畲族族内婚 1523 对，占 94.71%③。

---

① MZJ—LYL，男，青年，访谈时间：2013 年 8 月 2 日。

② 施联朱、宇晓：《畲族传统文化的基本特征》，《福建论坛》（文史哲版）1991 年第 1 期。

③ 蓝炯熹：《畲民家族文化》，福建人民出版社 2002 年版，第 11 页。

畲族婚嫁习俗和礼仪，与汉族及其他民族互有异同，富有本民族的特色。婚嫁方式有女嫁男方、男嫁女方、做两头家和子媳缘亲四种。"跟汉族人相比，我们比较好的是有嫁男这个习俗，就是女方留在自己家，男的进来等于把自己家的香火留下来了，男的进来改姓，小孩也随母姓。其实也有原因是当时这边很穷，讨老婆很难，但是嫁男要的彩礼没有嫁女要的彩礼多，穷人就会考虑把儿子嫁出去。另外还有儿子到女方那边，也可以减少婆媳矛盾。"① "男嫁女方"在畲族非常普遍，至今还保留有这种婚嫁仪式。我们在调研中了解到，莲都区上塘畈村就有一户畲民有两个20多岁的女儿，两个女儿都娶了上门女婿。畲族每一种婚嫁方式都有相应的礼俗。"女嫁男方"有相亲、送结婚日子单、办酒嫁女几个阶段，最热闹有趣和特色的是办酒嫁女阶段。"办酒嫁女"由选亲、拦路、关门迎亲、杀鸡洒红、火笼暖轿、查亲举礼、奉宝塔茶、借镬、请祖公、长夜对歌十个环节。② "男嫁女方"是男到女方落户，改姓女方的姓，不受家庭和村坊歧视，女方要付给男方家庭一定彩礼，婚礼仪式与娶媳妇基本相同，只是新郎多步行来新娘家，嫁妆也较少。"做两头家"是夫妻俩要种两家的田，赡养双方父母。这种婚嫁方式往往是夫妇双方都是独生子女。举行婚礼时不要赤郎、行郎，也没有嫁妆，分别在双方摆酒席，仪式较简单。"子媳缘亲"就是养童养媳到婚龄进行婚配。到了婚龄时办一些新家具，置新房择吉日，和娶媳妇一样办"缘亲"酒席，但没有嫁娶婚礼仪式，亲戚、村邻同样来吃酒。③

各地的畲族婚俗大同小异。浙江丽水畲族有同姓不婚的习惯。较早的时候，青年男女通过对唱山歌，建立感情和恋爱关系。后来由于受到汉族影响，婚姻关系的建立是靠父母之命、媒妁之言，讲彩礼，坐花轿。

---

① PYGC—LXG，男，老年，云和县雾溪畲族乡坪垟岗村人，访谈时间：2015 年 8 月 18 日。

② 颜澄、王真慧：《论婚俗文化在民俗旅游开发中的利用——以浙江省景宁畲族为例》，《经济论坛》2011 年第 7 期。

③ 雷先根：《畲族风俗》，2003 年，第 42—54 页。

但一些传统习惯还保留着，尤其是唱歌。① 在畲民当中有个传统，畲汉通婚后，如果男女双方有一方不是畲族，就不举行畲族婚礼。由于畲汉通婚，加快了畲族婚俗变迁的速度。现在，畲族青年娶汉族姑娘或畲族姑娘嫁汉族小伙，男女双方家庭为了办好婚事要相互协调，一般是畲族按照汉族婚俗仪式来办理。在语言交流沟通上，必须都讲当地汉语方言才能使双方进行思想沟通和感情交流。畲族娶汉族姑娘，由于习惯和语言差异，往往会免去许多传统的程序。② 在 20 世纪 80 年代以前，很多畲族村寨如果男女双方都是畲族，基本举行畲族传统婚俗。笔者在调研中，几位 20 世纪 80 年代结婚的畲族村民，他们的对象也是畲族，都举行了畲族传统婚礼。如景宁县东弄村的 DNC—LYL（83 年结婚）、DNC—LJP（87 年结婚）结婚对象都是同村的畲族人，都举行了畲族传统婚礼。泉坑村的 LXD 说道"畲族传统婚俗好像保持到八几年就结束了。我是家里老大，娶了邻村的畲族媳妇，1982 年结婚的时候举行了传统婚礼，我弟弟妹妹结婚的时候已经没有对歌了，但是其他的一些仪式还是有的，但都简化了。现在畲汉通婚，基本没什么畲汉之分了。"③ 现在即使在景宁畲族自治县，也只有部分居住在深山区畲村的部分畲族家庭，在老人坚持下，会依传统婚俗举办婚礼仪式，传统畲族婚俗在多数畲区已退出畲民的生活。2012 年 10 月 31 日，景宁畲族自治县非遗中心联合县电视台在鹤溪街道东弄村将浙江省非遗项目畲族婚俗拍摄成纪录片，用以宣传普及非遗知识，动员群众参与非遗保护。

1998 年以来，随着旅游业的发展，在景宁畲族自治县双后岗村、大均中国"畲乡之窗"和封金山景区，以及云和县雾溪坪垟岗村、莲都区东西岩景区等地，选择畲族传统婚礼仪式中，具有趣味性和民族特色的部分环节，设计成旅游活动项目进行婚俗表演展示。婚俗表演活动

---

① 《中国少数民族社会历史调查资料丛刊》福建省编辑组：《畲族社会历史调查》，福建人民出版社 1986 年版，第 278—281 页。

② 钟发品：《浅谈浙江畲族婚俗演变》，《中南民族学院学报》（哲学社会科学版）1991 年第 3 期。

③ QKC—LXD，男，景宁泉坑村人，中年，访谈时间：2017 年 5 月 13 日。

一般从男方迎亲队伍出发开始，主要环节有女方杉刺拦路对歌、相互作揖奉茶、赤郎借锅杀鸡罚酒抹锅底灰、双方对歌、新娘留箸、吃千金饭、留风水、行嫁或上轿、传袋进门到合卺（交杯酒）或灶下传火种等。畲族婚俗表演是浙西南开发最早、最成熟的畲族文化旅游项目。该项目由于诙谐风趣且又喜庆吉祥，参与性较强，深受海内外游客喜爱。

五　畲族节庆文化

畲族人民因受汉族影响较深，所以在风俗习惯方面大多与当地汉族相同，尤其是物质生活等方面与当地汉族没有什么太大区别，只是一些封建迷信有些不同[1]。目前畲族的节日也与汉族大致相同，主要有春节、元宵、清明、端午、中秋、重阳、冬至等，但各地畲族节日也有差异。根据蒋炳钊等1958年对福建罗源县八井村畲族社会情况调查："每年的节日与汉族大致相同，有正月十五、清明节、五月初五、七月十五、八月十五、九月初九、冬至日、过年等节日，正月十五和过年是畲族最隆重的节日。"[2] 而《景宁畲族自治县畲族志》记载："有本民族的节日，如过去几乎一年四季都有祭祖活动，各地有所差异，大致在正月初一、三月初三、五月初五、七月十五、十二月十五等这几个日子举行。尤以三月三为主要，这天要染乌饭祭祖先。"[3] 在浙西南，农历"三月三"是畲族最有特色的节日，主要内容是全村或邻近同宗的畲民祭祀、对歌和一起炊食乌饭，因此，也称为"唠歌会""乌饭节"。相传这一节庆风俗始于唐代。唐总章二年（669年），唐高宗任命朝议大夫陈政"靖边方"率大军来南方征服畲民。畲族先民被迫起义反抗，被困荒野深山，粮草断绝，义军就地觅食一种叫"乌稔"的野生果子充饥而重振军威，趁敌

---

① 李近春、李宗一、丁学云等：《广东省畲族社会历史概况》，《畲族社会历史调查》，福建人民出版社1986年版，第231页。

② 《中国少数民族社会历史调查资料丛刊》福建省编辑组：《畲族社会历史调查》，福建人民出版社1986年版，第131页。

③ 景宁畲族自治县民族事务委员会：《景宁畲族自治县畲族志》，内部发行，1991年，第86页。

不备，杀出重围，取得大胜，恰逢三月三日，就祭祀庆贺，取乌稔叶绞汁拌米炊成乌饭，供祖先和给众人分食，对歌欢庆。[①]"三月三"至今已逾 1300 多年，成为畲族传统节庆。"现时此俗浙江大部分畲村已失传"（《浙江省少数民族志》），在景宁，许多畲村保留吃乌饭的节庆习俗。山哈寨、封金山等畲族风情景区和双后岗、东弄等畲族文化村都曾先后挖掘这一民族节庆，成为与游客同欢共乐的盛节，展示畲族"祭祖"、畲族山歌与舞蹈、吃乌饭与畲族特色饮食等，场面非常热闹。自 1984 年景宁畲族自治县成立以来，为凸显民族特色，发展旅游经济，"三月三"由民间自发过节到官方办节，畲族"三月三"成为景宁畲乡畲汉同胞的"嘉年华"，成为景宁畲族的一个标志性节日，以及景宁对外形象展示的一张文化金名片。为打造畲族"三月三"品牌，景宁畲族自治县确定统一名称"中国畲乡三月三"。2012 年，"中国畲乡三月三"节庆荣获"最佳特色民族节庆"称号，2016 年、2017 年，景宁畲族自治县分别被授予"中国品牌节庆示范基地"和"最具魅力节庆城市（地区）"奖。

同在浙西南莲（莲都区）松（松阳县）武（武义县）三区县邻近的老竹、丽新、板桥、柳城四个畲族乡镇，自 1994 年以来，轮流举办"竹柳新桥"畲族"三月三"歌会。温州市畲族人口相对集聚的苍南县、平阳县、泰顺县和文成县，自 2010 年开始，四个县轮流举办瓯越"三月三"畲族风情节。2010 年，首届瓯越"三月三"畲族风情节在泰顺县司前畲族镇举办；2011 年第二届畲族"三月三"在文成举办，改名为"瓯越'三月三'畲族风情旅游节"，并一直沿用至今。2014 年，浙江省旅游局将畲族"三月三"命名为"浙江省畲族风情文化旅游节"。如今畲族"三月三"已成为浙江省保护和开发畲族文化的品牌，促进了地方旅游业的发展。2009 年畲族"三月三"被列入国家非物质文化遗产名录。

六 畲族工艺文化

作为一种意识形态，工艺文化具有深厚的文化内涵，反映了一个民

---

① 《传统节日——畲族三月三》，浙江省非物质文化遗产网，http://www.zjfeiyi.cn/zaiti/detail/13-56.html，2016 年 10 月 9 日。

族的经济、历史和文化状况。对工艺文化的了解和研究，有利于优秀民族文化的开发利用和传承，对促进民族文化的发展和繁荣具有重要意义。畲族传统工艺文化内容丰富，民族特色浓郁，是畲族文化的主要组成部分，主要表现形式有刺绣、编制、剪纸、雕刻等。畲族刺绣是古代畲族女子多具有的技能，她们会在畲族服饰的衣领、衣襟、衣袖和围裙上，以及床上用品中，绣上各种精致的几何图案和花纹。由于竹林在畲族地区十分普遍，竹产品是畲民生活重要经济来源，畲民对竹子具有特殊的情感，因此，在畲族刺绣题材中，竹花是使用比较多的花纹。近年来，畲民充分利用周边环境中的竹林资源，就地取材，经过选料、破竹、破篾、拉丝、编织、染色、插花、喷漆等上百道生产工序，编织出枕、席、笠、屏风及挂帘等各种生活和艺术竹编手工艺品，形式多样、色泽古朴、造型新颖、图案花纹丰富多彩。剪纸是畲族妇女用来刺绣帽、烟袋、鞋、包袱等生活日用品的图案花纹时，作底图的图形。畲族剪纸形态流畅挺拔、线条秀丽，题材多为畲民喜爱的花鸟、人物、走兽以及意寓吉祥的图案。

在畲族工艺文化中，最具特色的要数畲族彩带。彩带又称带子、丝带、花带、字带，既是畲族工艺也是畲族服饰文化的重要组成部分。传统畲族彩带的主要功能有：一是束衣功能，当作裤带、拦腰带、扎腰带、刀鞘带等生活实用品；二是装饰功能，主要用于服饰衣领、袖口等的装饰；三是作为定情信物，女方用作定亲回礼及祝福的吉祥物；四是民族发展历史的载体，传统畲族彩带上的纹样符号具有一定的含义，记录着民族历史和生活环境特征。畲族彩带编织技术由母传女世代传承，是过去畲族姑娘必学的手艺，并逐渐演化成为显示一个畲族女子灵巧程度的标志。畲族女子勤劳能干，白天和男人一起去地里干活，饭前茶后晚上捻麻、织带。畲族彩带编织工具简单，没有特制的织带机，屋内屋外甚至田间地头都可以编织。在屋内，只要把丝线一端拴在屋柱、桌档或凳脚上，另一端系在自己腰间，就能坐在凳子上编织；若在野外，则可将丝线的一端拴在小树干或树桩上，另一端系在腰间，或坐或跪在地上均可编织。在景宁有"男儿成年去学师，女子七八学'耕'（织）带，九岁学捻'曲'（麻）"① 的说法，畲家女孩到了七八岁就开始跟着母亲学习编织彩带。传统畲族彩带在浙江景宁、莲都和福建闽东等不同地区，其材料、长宽、颜色、纹样等结构方面有所区别。如浙江景宁的畲族传统彩带以棉麻为主材料，彩带宽 3—5 厘米，纹样宽 1—2 厘米，长 100 厘米左右，彩带周边用白色线织，在白底上用黑色线织成纹样。浙江莲都的彩带以丝绸为主材料，比景宁的更窄更长，宽度 2.5—3.5 厘米，长度 180—228 厘米，白底黑纹，纹样织在彩带正中央，宽度 1—1.5 厘米。福建闽东彩带一般宽 2.5—6 厘米，纹样宽 1 厘米，长度 30—130 厘米。尽管畲族传统彩带的结构在不同地区会有所差异，但各个地区畲民赋予其的功能是一致的。

随着社会的发展，畲族彩带的传统功能已逐渐退出畲民的生产生活。近年随着畲族文化旅游发展，畲族彩带文化符号的功能开始受到政府层面的关注。畲族彩带的装饰功能被不断强化，传统畲族彩带的纹饰符号成为营造畲乡文化旅游环境氛围、塑造旅游目的地形象的重要元素。在政府推行的畲族服饰上，彩带作为服装配饰被镶在服饰的领头、袖口和口袋等部位作贴边，或做裙子的飘带等，以凸显服饰的畲族特征。同时，原来只用于服装配饰的彩带也被移植到其他公共场所和空间，成为营造畲乡文化旅游环境氛围的元素。如在各种场合的畲族歌舞表演中，彩带是使用最频繁的道具；在传统畲族体育的器械设施、城市沿街的灯柱、公交站点亭子、宣传广告、旅游景区解说牌等诸多公共基础设施和旅游设施上，以及畲族村寨的民居上，都可以看到彩带的纹饰和符号。东弄村省级非遗畲族彩带编织技艺传承人，通过对编织材料和彩带的规格改进后，编织了更具有实用功能的"彩带围巾"。同时，彩带编织的内容也有新的发展，为适应旅游发展需要，编织彩带的材料、彩带内涵、编织技艺和形式等都出现变迁，畲族彩带的旅游商品功能逐渐增强，畲族彩带元素已成为畲族文化旅游体系的重要组成部分。

---

① 雷光振：《景宁畲族彩带》，《东方博物》2008 年第 4 期。

七　畲族饮食文化

大约在明清时期，经过长期迁徙后的畲族先民逐渐形成了在浙南山区、闽东等地与汉族杂居的局面。畲族聚居区旱地多水田少，他们缘山近水而居，沿山建梯田，属于山地农耕经济。中华人民共和国成立前有些畲家人甚至无田种只好以种山过活，以旱地作物番薯、玉米为主食，缺少食油，普遍采用辣椒调味，所以"火笼当棉袄，辣椒当油炒，火篾当灯草，番薯丝吃到老"是旧社会畲民穷苦生活的真实写照。

就食材、口味和制作方式而言，畲族传统饮食文化有以下几个特点[①]：一是以杂粮为主的主食结构。在千年的迁徙过程中，畲族先民随山而耕，过着山地游耕生活，虽然也租种当地汉区地主的水田种植水稻，但因为收获稻谷基本用于交租，所以番薯、玉米等杂粮基本是畲民一年四季的主食。1929 年，德国学者史图博在景宁敕木山调查时，对当地畲民饮食进行了如下描述"吃的非常简单，只有富裕的人家才吃得起大米饭，以甘薯为主食。每天吃两餐，很少吃三餐"。二是嗜辣重咸，善腌制食品，喜食野味、河鲜。旧社会畲民贫困，缺油，以辣椒当油炒；深山居住环境地阴气寒，吃辣能祛湿驱寒有利于健康。腌制和腊制有利于食品保存。畲民散居深山，平时除耕山而作外，也狩猎、捕鱼，因而喜食河鲜、野味，加辣调味能去腥。畲谚有云：食最好是咸腌货，穿最好是蓝青色。三是善饮酒、喜热食。畲家家家户户在餐桌之上会常年备有一只类似于今日火锅的小风炉。小风炉一般为泥炉，也有条件好的家庭讲究一些会用铁炉，现在有些畲民家里用陶瓷炉（2014 年 12 月在景宁泉坑村调研时，雷晓东夫妇留笔者在他们家用餐，当时用的就是陶瓷烧制的小风炉）。风炉置于桌中间，以木炭作燃料，架上小铜锅或小铁锅，等汤料水沸腾时，将青菜、豆腐等烫菜倒入锅中现煮现吃，作为该桌的主菜。畲民热情好客，善饮酒，以自家酿制的美酒待客。四是重食疗。畲族先民自古以来大多在山区生产生活，长期在恶

---

① 雷国强：《畲族传统饮食文化特点》，中国潮州网，http：//wscz. chaozhou. gov. cn/whcz/ whcz_ detail. aspx？id＝431，2015 年 7 月 8 日。

劣的自然环境条件下生产生活，为了谋求生存和发展，他们根据长期适应当地环境条件的实践经验，充分利用山区丰富的药材资源，将药材与食材配伍，创造了具有山区环境和民族特色的畲族民间饮食文化——食疗，在畲区有"九药不如一补"的民谚。

从食物结构来看，畲族食物有主食、副食和节日食品。畲族乡村山清水秀，生态环境良好，美食取自天然，健康营养，延年益寿。主食有番薯、大米，以及麦、南瓜、马铃薯、芋头、玉米等杂粮。副食有竹笋、野菇、蔬菜、野菜、鱼、肉、蛋等。畲族节日食品主要有乌米饭、糍粑和菅叶粽等。乌米饭主要在农历"三月三"食用。乌米饭，乌色清香，香软爽口，兼具健胃、开脾、驱湿、排毒、养颜等功效；菅叶粽，用芦叶或菅叶包裹，糯米经黄碱水泡数小时，粽成矩形，约20厘米长，煮熟的芦叶粽为浅黄色，芳香而不腻，别有风味；糍粑，畲族过年、"七月半"和冬节时都食用，取义时（糍）来运转，色香味俱佳。

畲族饮食文化中，最负盛名的是惠明茶。惠明茶是历史名茶，曾是清代的贡品。其原产地在景宁敕木山上惠明寺村一带的畲村。早在唐咸通二年（861年），惠明和尚建寺中已有种植。茶因村名，村因寺名，寺因僧名。1915年在巴拿马万国博览会上荣获金奖而享誉中外。据说选去巴拿马万国博览会展出的茶叶，是由畲族妇女雷承女制作的。在长期的种茶、采茶、制茶和饮茶等茶事活动过程中，逐渐形成了独具民族特色的畲族茶文化。可是国民党统治时期，惠明茶却濒于灭绝的境地。到中华人民共和国成立前不仅茶园荒芜，工艺失传，而且鲜为人知了。以至于1929年德人史图博在敕木山上的畲民调查和1953年施联朱等人组成的畲民成分识别调查小组在景宁张村东衕畲村的调查中，都没有有关惠明茶的调查记录。1964年，张村畲族青年雷石才开始精心研究惠明茶，经过努力，当地政府在1973年恢复惠明茶生产。1979年，在浙江名茶评比会上，惠明茶被命名为"金奖惠明茶"，并被列为全国十大名茶之一①。

---

① 施联朱：《面向21世纪畲族历史文化研究的几个问题》，《畲族文化研究论丛》，中央民族大学出版社2007年版，第6—7页。

之后惠明茶也多次被评为浙江和全国名茶。2005 年被国务院机关事务管理局确定为特供专用茶，2008 年"惠明茶"商标被认定为中国驰名商标。现在惠明茶被确定为景宁县农业龙头产业，茶园面积达 5 万多亩，已成为当地"富民"产业。2015 年景宁将"中国畲乡三月三"的主题定位为"兴百年金奖惠明·扬千年畲族文化"，通过"三月三"平台宣传惠明茶，并安排了"畲乡茶礼茗香福溢"祭茶大典、"千年惠明百年名茶"民族茶艺大赛、微茶楼走进"中国畲乡三月三"、茶博馆开工典礼和"千年惠明百年荣耀"茶成果展等系列活动。

　　"食"为旅游六要素之一，特色美食也会成为重要旅游吸引物。随着畲族文化旅游发展，畲族民间传统饮食开发引起关注。2011 年，浙江秤心网络有限公司、浙江商业职业技术学院和丽水云水旅游公司合作开发旅游餐饮品牌"畲家大菜"。"畲家大菜"由大漈马兰头、大均水豆腐、山哈青饺、绿草山豆腐、乌米饭、雷家黑猪脚等五冷、十热、五点心共 20 道菜组成，食材均取自具有畲族特色的山区野生山珍和生产的农产品。2017 年，景宁畲族自治县开展中国好畲"味"——"畲家十大碗"厨艺大赛，评选出"畲家干菜""豆腐酿""金针富足""黄精凤鸟""畲娘熬笋""酒糟畲参""工头大肉""千峡鱼头""贡品畲菇""畲药鹅汗"在内的"畲家十大碗"特色菜系（见表 3 - 2）。

表 3 - 2　　　　　　　　　"畲家十大碗"菜系及寓意

序号	菜名	寓意
1	畲药鹅汗	采用家养大鹅与畲药同蒸，具有祛风湿、强肝脾的功效。畲药"鹅汗"至少有 500 多年历史。相传，秦汉时期儒家学者浮丘伯曾携双鹤隐居于景，因沐鹤于溪，故有鹤溪之名。据《景宁县志》记载及历代县志序文阐述，应为鹤溪文明之有历史记载之始。多年以后，从鹤溪边走出去的潘琴写了《招鹤辞》，虽没招回鹤，鹤溪却意外飘来一对大白鹅，由此畲乡就有了生态大鹅，民间还研究出很多吃法，以中药蒸鹅汗的吃法，就是为人所熟悉的一种。据县志记载，潘琴为鹤溪人，明朝天顺元年殿试赐进士身，为官 29 年，终年 90 岁。《四库全书》称潘琴，齿德俱尊，为东南众望

序号	菜名	寓意
2	千峡鱼头	千峡鱼头汤汁奶白，味道鲜美，营养丰富，益智健脑，食材为千峡湖里的野生鱼。由于高山峡谷大荒流，水质绝佳，鱼儿自由驰骋，以及漫山遍野的花粉滋润，因此千峡湖的鱼，肉质细腻鲜嫩、大补。在民间，千峡鱼头有个美丽的传说。相传马夫人十分孝顺，有一次，婆婆想喝羹汤，马夫人发挥神奇脚力，来去百余里，从县城雇主家捧回热热的羹汤，回来孝敬婆婆。婆婆见汤还是热的，认定马夫人说谎，生气将汤打翻在地上，汤水流进溪里，水中的鲢鱼喝了马夫人羹汤，就变了鲜美无比的大头鱼
3	工头大肉	工头大肉是景宁民间特有的犒赏雇用工工头的滋补佳品，选用养一年以上的农家大猪五花大块肉，文火烹制，汤至浓稠，肉泽红亮，入口肥而不腻，醇香滋补无与伦比。 在明代，景宁采矿业发达，尤其白银的开采和冶炼，矿头陈銎以大量白银资助朝廷抗击倭寇有功，被授予"赈边承事郎"。宅心仁厚的陈銎每餐给工头烹制大块肉，工头大块肉此后形成传统。早先在景宁民间，婚娶喜庆宴请，参与宴席的每人均有两块大肉，寿丧祭祀造房子等宴席则每人一块大肉。肉块大块有分量，表示主家富裕豪爽
4	黄精凤鸟	畲族人称大公鸡为凤鸟，是最主要的生活、祭祀、喜庆用品。黄精凤鸡的制作，选取两三斤重左右的土鸡，放入大漈灌中，加入中药黄精，炖制而成。黄精具有养阴、健脾、润肺、益肾的功效；土鸡升阳大补，与黄精相得益彰。而制作美食的器具大漈灌能很好保持菜品的营养。"凤鸣之地可歇肩"。传说畲民迁徙到景宁，经过毛垟的一个山坳，小四妹抱着的大公鸡啼鸣阵阵，畲民认为是风水宝地，就在这里搭寮居住。大公鸡也就一起繁衍发展，并传授畲民编织彩带技艺
5	畲娘熬笋	大笋块是畲乡一道别具特色的农家菜，用料讲究。专取深山特有的"白肉笋"中下部分，肉质呈雪嫩乳白状、生翠、碱性含量少，口味鲜甜爽口，具有清热除火、化痰止咳、消食利尿、明目健脾、减肥去脂等功效。据景宁县志记载，炉西峡有一种竹子无风自动，叫卢竹，竹笋非常鲜美，是长寿食品。这卢竹与秦始皇的炼丹博士卢敖有关。据传秦始皇焚书坑儒时，与徐福一同炼丹的卢敖逃出了咸阳长安，来到景宁，继续炼丹成就长生之药，而卢竹就是卢敖培育的"长生"之物

序号	菜名	寓意
6	酒糟畲参	美食大补泥鳅汤。泥鳅有"水中人参"之说,脂肪成分较低,胆固醇少,有补中益气、滋阴壮阳、利水解毒消渴之功效。酒糟泥鳅,采用本地特有的高山梯田泥鳅,肉质滑嫩,采用酒糟焖烧,有浓浓的农家糟香,风味独特,还具有暖胃的功效,是普通百姓餐桌上常见的一道美食
7	金针富足	猪脚是百姓日常最喜爱的美食之一。在祝寿、贺岁时,许多民众都会送一只大猪的前足,既是美好的祝愿,也是生活富足的象征。"金针富足"选用传统农家饲养一年以上的大猪脚,骨健、筋多、肉强,用农家大锅文火烹制1.5小时,出锅后再加入黄花菜干翻滚入味,既有清新野菜香,又有醇浓肉香。黄花菜利尿、平肝,猪蹄富含胶原蛋白,利咽、发奶、强身健体。民间说法,最好的猪脚出自云中大漈,相传是跟马天仙有关。为此,在每年秋收时节,该乡都会选吉日举行"抢猪节",感谢马天仙
8	豆腐酿	古时畲家,磨起豆腐娘、炊起赤豆饭、炖起土猪脚,端出糯米酒,是接待贵宾的最高规格。豆腐娘有"豆腐之母"之意,在大豆做成豆腐之前,以石磨成浆后直接进锅煎煮而成,嫩而不滑,糊而不腻,鲜香扑鼻。相传很久以前,一畲村里来了一位饿得奄奄一息的过路老人。好心的雷大嫂拿将家里仅有的一捧毛豆送给老人,可老人无法下咽。老人指点雷大嫂用石头将毛豆捣碎,连汤带汁煮了喝,并对喝过的豆汤连声称好。这位老者原来是仙人,他此行就是指化畲民因陋就简做豆腐娘。自此,"豆腐娘"便在民间流行开来,成为畲乡群众最喜欢的美食
9	畲家干菜	勤劳的畲家妇女习惯将时令菜蔬和各式山野菜果制成干菜,以便在非时令季节能吃到美味。常见品种包括苦槠干、蒲瓜干、笋干、菜干、各式豆干等。其中,苦槠干是特殊的野果菜。以苦槠树果实经磨粉蒸糕切片晒干而成。据《本草纲目》介绍,苦槠干主治阳痿、水肿,有益气明目、壮筋助阳、补虚健腰、美容之功效;蒲瓜干有抗病毒、降糖防癌的功效。景宁民间有《畲王汉将蒲瓜兵》的传说,让蒲瓜的来历更有一层神奇色彩

续表

序号	菜名	寓意
10	贡品畲菇	香菇，又名香蕈，是著名的抗癌防老长寿佳品。特别是段木花菇有"菇中之王""蘑菇皇后"之美誉，有健体益智、润肤美容、益气安神之效，是民间名菜。香菇起源于龙庆景三县。据传，明初大旱，民不聊生，国师刘基向朱元璋进献龙庆景生产的香菇，朱元璋龙颜大悦，特许三县民众栽培香菇并封为朝廷贡品。景宁生态环境优越，温暖湿润，昼夜温差大，最适宜香菇等菌类生长，产出的香菇肉质肥厚，口感脆爽，深受游客喜爱

八 畲族医药文化

新中国成立前，畲民长期居住在偏远闭塞、村落分散的山区，交通不便，经济落后，缺医少药是对他们生存的最大威胁。畲民一旦患病，无钱请医治疗、购药。即使大病、重病也难以请到好医生进山看病。生病成了当时畲民生存的最大威胁，因而在畲区流行着"不怕天气变，就怕人生病"的俗话。在特定的历史条件和地理环境中，畲族同胞长期与疾病抗争，为求生存与繁衍，他们掌握了丰富的医疗保健经验，积累了许多功效独特的偏方和秘方，创造了具有民族和地方特色的畲医药文化。畲民各家各户都掌握有一定数量的单方验方，以备应急。同时，在长期的民族大迁移过程中，畲族吸收了苗、瑶、壮等少数民族的医药理论精华，以丰富完善本民族医药文化，形成了独具民族特色的畲医畲药理论体系。畲族医药专科性强，传艺方式、疾病观和治疗方法独特，擅长用捏、抓、挑、刮和针刺疗法治痧症，盛行食物疗法。注重食物疗法是畲族医药的一大特征，既有用来增强体质、预防疾病、延年益寿的，也有用于治疗急慢性疾病的，使用面广，涉及内、儿、外、妇、眼、五官、肛肠、骨伤等诸科疾患，且普及率极高，几乎家家户户都在应用。平时食用家禽家畜配用中草药，逢年过节炖鸡煮鸭也加入中草药，故在畲村有"九药不如一补"（一补即食补）的说法。畲族食物疗法强调以脏补脏；以运用草药为主，药源丰富，用药方便，费用低，疗效好，丰富了民族医药学的宝库。①

　　畲族医药主要分布在浙江省丽水市景宁畲族自治县、莲都、遂昌、云和、龙泉、松阳等7个畲族乡镇，并辐射到温州市的泰顺、文成、平阳、苍南，金华、武义及福建省的部分乡镇。畲医世家有个不成文的规定，祖传医术"传男不传女、传媳不传女"的传统，这在一定程度上造成了许多畲族医术的失传。同时，由于没有文字的记录，其医术也靠祖传，现大多数民间畲医均年事已高，个别名畲医已仙逝，畲族医药将濒临失传。② 也正因如此，近几年政府开始重视挖掘和保护畲医药。2005年和2008年，丽水市分别成立畲族医药研究会和畲族医药研究所。2006年，景宁畲族自治县本着"挽救畲族文化，传承畲族历史"的宗旨，组织力量，走访调查了40多个畲村畲寨，200多名畲族名医、传人，收集单方验方220多个，可治病种98个，收集整理了畲族药材500多种。现已有畲医药2000多味。2008年，浙江省"畲族医药"项目被列入了第二批国家级非物质文化遗产名录。2012年，景宁畲族自治县"黄山头畲族祖传骨伤科"第五代传人雷建光被确定为畲医畲药"非遗"项目省级代表性传承人，并在村里成立了畲医畲药陈列馆。

　　2012年，丽水市政府发布的《丽水市生态休闲养生（养老）经济发展规划》对景宁畲族自治县的功能定位为"依托民族习俗、生态资源优势，加快发展具有民族特色的养生（养老）产业和休闲旅游产业，研发畲医畲药药品及保健品，挖掘、推广畲族传统体育健身项目和畲族传统民间美食，提升开发畲族传统养生产品，创建集养身、养心、养颜、养老、休闲为一体的畲乡风情养生度假基地，建设'美丽乡村·魅力畲寨'"③。2016年，中国民族医药学会畲医药分会在丽水成立。依托畲族

　　① 鄢连和、雷后兴、吴婷等：《浙江畲族民间用药特点研究》，《中国民间医药杂志》2007年第6期。

　　② 畲族医药：《浙江省非物质文化遗产》，浙江省非物资文化遗产网，http://www.zjfeiyi.cn/xiangmu_jb/detail/13-785.html，2015年12月9日。

　　③ 丽水市发改委：《丽水市生态休闲养生（养老）经济发展规划》，中国丽水政府网，http://www.lishui.gov.cn/zwgk/fzgh/t20120511_810752.html，2015年8月10日。

医药文化，按国家三级乙等综合医院标准建设的景宁县民族医院被确定为2015年浙江省重点建设项目。2015年，首届"中国畲乡·景宁深垟畲族药膳养生节"在畲药之源、养生石寨东坑镇深垟村举办。在2017"中国畲乡三月三"暨东坑镇深垟第三届畲族药膳养生文化节上，以文化节搭台，畲族、非遗文化唱戏的方式，开展了"传承人拜师收徒仪式""畲族非遗文化展演""畲药膳大师赛""网红走进深垟""畲族传统手工制作技艺'咸菜'展示""探秘畲医畲药馆"等活动；研发展示了畲医药产品5个、畲药膳菜品40余个。通过深度挖掘畲医畲药文化资源，研发畲医药养生药膳，促进了畲族医药与休闲养生旅游产业的融合，推进畲族医药养生产业发展，打响畲寨养生乡村旅游品牌。

九　畲族传统体育

在漫长的历史发展过程中，畲族人民在生产、劳动、自卫、战争、娱乐、原始宗教等社会活动中形成了丰富多彩的运动娱乐方式。经过时代的演变，这些运动娱乐方式逐渐演变成了畲族的传统体育运动项目。畲族传统体育种类繁多、内涵丰富。从其形成及演变历史看，主要有4种类型：一是为适应生存环境而练就的生存本领，如打铳、射弩、打枪担、登山、赛海马、石担、石锁等；二是畲民自卫强身的功夫，如腹顶棍、操杠、盘柴槌、推八字步、武术、舞铃刀等；三是风俗习惯和文化娱乐的游戏，如蹴石磉、舞龙舞狮、虎抓羊、荡秋千、竹林竞技、捉迷藏等；四是民族宗教信仰的产物，传师学师、打尺寸、稳凳等。畲族传统体育具有浓郁的民族特色，不但内容丰富、形式多样，而且经常与音乐、舞蹈融为一体。随着社会发展和多元文化交流，畲族传统体育也不断改进和创新，其原始功能已逐渐消退，而健身娱乐功能、表演功能、参与功能等逐渐增强，并且还表现出极高的观赏性。

十　畲族语言

语言是一个民族文化的重要特征。畲族语言属于汉藏语系。畲语和汉语的客家方言很接近，但在广东的海丰、增城、惠阳、博罗等极少数畲族使用接近瑶族"布努"语（属苗语支）。畲族没有本民族文字，通用汉文。在日常生活中，很多畲民都能掌握双语或三语，即畲语、当地的汉语方言和普通话。畲民在本族内，会用畲语进行交流。尽管畲族人口分布呈现出"大分散、小聚居"的格局，在我国南方有多个省份分布，但由于畲民讲"双语"传统的存在，使畲语能够得到很好的保留，即使分布在不同省份的畲民，也不存在使用畲语交流的障碍。畲民对外一般讲当地方言或普通话。历史上，由于畲民没有本民族的商人，也没有墟市，副业产品和土特产品都要挑到汉族的墟市交易，所以多数人都同时会讲本地方言。对内操畲语，对外讲当地方言，这是畲民在生产实践中形成的语言传统，并在大多数畲民中保留至今。但近年来，随着畲汉通婚的增多和人们传统观念的变化，会讲畲语的人口比例越来越低，一些畲民家的孩子已经不会讲畲语，有的甚至连听都有困难。[①]

根据相关研究，现代畲族语言传承存在一定的区域差异，有些村落会畲语的畲民日渐减少，有些则仍保持较好的畲语习得传统。如根据周晓景在福建福安穆云畲族乡溪塔村的抽样调查表明，73% 的畲民"大致会听得懂畲话但不大会讲"，6% 的畲民"完全不会讲"，21% 的群众"只会一点"，在一些畲汉杂居特别是汉民占多数的村庄，畲话基本绝迹，调查还表明，80% 的畲族青少年不懂畲话，也没有兴趣学畲话。[②] 而根据陈丽冰对闽东福安、蕉城、霞浦 3 个县市的 12 个畲族聚居村落（福安市甘棠镇山头庄 30 份，穆云乡南山村 11 份、虎头村 20 份、溪塔村 61 份，康厝乡竹兜园 30 份；蕉城区七都镇北山村 31 份，城南镇后山村 32 份，金涵乡上金贝村 28 份、亭坪村 6 份、麒麟村 19 份，霍童镇八斗村 49 份；霞浦县溪南镇半月里村 54 份）的畲族语言使用现状调查，在所调查的

---

① 谢滨：《从档案资料看 60 年前福建畲族的社会文化》，《宁德师范学院学报》2012 年第 1 期。

② 雷艳萍：《浙江畲族村落语言生活现状个案调查——以武义县柳城畲族镇下湖源村为例》，《丽水学院学报》2012 年第 6 期。

371 份有效样本中，92.5% 的人会说畲语，只有 7.5% 的人不会说畲语。[①]根据对浙江省武义县柳城畲族镇下湖源村 159 位畲民的畲话能力调查统计，"尽管下湖源的畲民由于长期与汉族接触，其日常服饰、生活习惯及习俗已与当地汉族没有很大差别，但他们的语言——畲话，却完整地保留着，被调查对象中，共有 88.1% 的畲民能熟练地说畲话"[②]。根据对景宁畲族学生的调查，有 58% 的学生将畲语作为第一习得语言。[③] 通常认为，家庭场域是语言或方言最牢固也是最传统的使用场所，对于保存和使用母语来说，具有根本的指标意义。[④] 就畲语的传承途径而言，家庭环境中长辈的口耳相传，以及本族人形成的社团语言环境是习得畲语的主要途径。[⑤] 在"宁卖祖宗田，不忘祖宗言"的畲族古训下，相比于其他畲族文化，畲族语言是相对保存较好的。

景宁畲族自治县畲语的传承，除畲民家庭使用畲语交流的传统之外，也得益于该县政府推行的一些民族政策。如为了弘扬畲族传统文化，凸显民族特色，充分展现畲乡景宁独特魅力和营造景宁畲族自治县的畲乡环境氛围，县电视台开辟了畲乡文化频道。2006 年初，畲乡文化频道推出了《畲语新闻》栏目，该栏目用畲族语言播报，每周一期，每期 10 分钟。《畲语新闻》不仅有助于一些年纪较大不懂普通话的畲民收视新闻，也以现代媒体的形式营造了良好的畲话氛围，并对畲话的传承起到了一定的推动作用。该栏目是华东地区电视媒体中唯一用民族语言播报的新闻栏目，地方民族特色浓厚。继《畲语新闻》栏目后，又相继推出《我要学畲语》《欢乐畲乡快乐歌》等以畲语为载体的民族特色栏目。

---

① 陈丽冰：《闽东畲族语言使用现状调查》，《福州大学学报》（哲学社会科学版）2016 年第 6 期。

② 雷艳萍：《浙江畲族村落语言生活现状个案调查——以武义县柳城畲族镇下湖源村为例》，《丽水学院学报》2012 年第 6 期。

③ 雷艳萍：《畲族学生的语言生活状况研究——基于景宁小学生与高中生语言使用情况的同期调查》，《宁波大学学报》（人文科学版）2013 年第 2 期。

④ 俞玮奇：《普通话的推广与苏州方言的保持——苏州市中小学生语言生活状况调查》，《语言文字应用》2012 年第 8 期。

⑤ 陈丽冰：《闽东畲族语言使用现状调查》，《福州大学学报》（哲学社会科学版）2016 年第 6 期。

第三节　畲族村落特征

一　依山就势的村落布局

"八山一水半分田，半分道路和庄园"是畲民生存自然环境的形象概括。为躲避东南沿海风暴的侵害，畲族的村落多数分布在远离公路或行政村的山区或半山区的山脚围弯、山腰的坞壑凹地或丘陵中的小谷地①，极少建于突起的山垅山冈。畲村周围多四面环山，村落依山而建，随势造间。背山面田，村后有山可狩猎，村前有可耕之田，村落居中，方便耕猎生活。因为山区平地少，畲族村落发展受地形制约明显，往往规模小布局分散，如景宁县泉坑村 199 户 627 人分散在 14 个自然村。对于初来乍到的畲族先民来说，开垦田地非常不易，"故峭壁之巅，平常攀越维艰者，畲客皆开辟之。"② 经常是每迁一处，就在荆棘丛生的丘陵开山辟地，田地是畲族村落极为金贵的农业生产资源。为充分利用能耕的土地，畲民把有水源的坡地开为梯田，把山地辟为旱地。为节约土地，畲族村落布局时极少改变地貌形态，尽量避免占用田地。民居建筑随着田边山势寻隙而建，且尽量靠在山边建筑，后来者逐级往后升高，将屋舍集中错落布局。由于村落所处的地形地势不同，畲族村落形态有阶梯式布局、团块状布局、带状布局和核心式布局。

村落道路由没有定式的山石堆砌而成，曲折蜿蜒。如景宁东弄村的民居建筑基本坐落于同一坡坳，依山纵向层叠错落。村落中没有明显的街道设置，主要干道是青石板铺成的蜿蜒而上的小路，其他小路基本由碎石铺成，在阡陌纵横间甚至低处人家的后墙顶都成了村民穿梭的小径。德国学者史图博（H. Stubel）（1929）在《浙江景宁敕木山畲民调查记》中描述："……简朴的农舍，在陡峭的悬崖旁密密麻麻地挤在一起……道

---

① 阮仪三：《国家历史文化名城研究中心历史街区调研——浙江景宁东弄畲族村》，《城市规划》2008 年第 5 期。

② 蓝法勤：《社会变迁中的浙西南畲族村落的保护与开发》，《新视觉艺术》2011 年第 1 期。

路是陡峭的，几乎像阶梯那样上升，偶尔形成盘旋的山路……"① 由于受地形限制，畲族传统村落民居没有统一朝向，各种朝向都有，但为了增加山区的日照时间和利于取暖，便于收获季节翻晒稻谷、番薯丝、油菜、小麦等农作物，民居布局时尽量选择日照条件好的方向。

广东的畲族人口主要分布在3个山区7个县，畲村与其他村庄相距一般在十里以上，有的甚至远达三四十里，畲民地区山路狭窄，迂回曲折，交通不便。因受山岭地势条件制约，畲族自然村落住户不多，少则几户或独户，多则也就几十户（见表3-3）。广东最大的畲族村庄，不超过50户人家，最大的畲民村落数凤凰山区潮安山犁村，共有45户。②

表3-3　　　　20世纪50年代畲民情况调查部分自然村落户数

村别	浙江景宁县 （53年）		浙江温州平阳县 （58年）			福建宁德 （58年）			广东潮安县 （55年）		
	东弄村	岗石村	王神洞村	章家山村	李家旺	漈头中队7个自然村	高山中队3个自然村	猪姆石中队6个自然村	十一区滨美乡岭脚	十一区凤西乡碗窑	三区东社乡黄竹洋
户数	61	17	71	23	8	135	80	68	6	35	16

资料来源：《中国少数民族社会历史调查资料丛刊》福建省编辑组：《畲族社会历史调查》，福建人民出版社1986年版。

随着社会经济发展，现代畲族村落布局呈现出多样化形态。以浙江景宁畲族自治县为例，现存的畲族村落类型大致分为三种：一是封闭自给型，这类村落面积较小，地处深山，交通不便，村中建筑保存完好，建筑类型较为简单，村落的基础设施比较简陋；二是半迁移型，这是畲族村落的主要类型，村落组成完善，建筑保存完好，仍有少数的农耕村民，也有部分居民近年来下山参与城区工作，不常回老宅，有的受乡镇

---

① ［德］史图博（H. Stubel）、李化民：《浙江景宁敕木山畲民调查记》，豆丁网，http://www.docin.com/p-102453828.html，2015年12月23日。

② 《中国少数民族社会历史调查资料丛刊》福建省编辑组：《畲族社会历史调查》，福建人民出版社1986年版，第22页。

政府鼓励迁徙下山定居安置，山村中多半房屋空置，这类建筑有一定的艺术观赏价值；三是半开发型，村落一般距城镇或景区较近，对外交通便利，经济情况相对较好。村中建筑形式和功能多样，新旧建筑交错，生活性建筑和生产性建筑混合，受现代化影响较深。村民对于通过开发旅游获得收入的愿望十分强烈，有些村民已经在自发地开展旅游运营，也取得了一定的效益。①

二　天人合一的环境营造

畲族世代深居山野，具有较强的利用环境资源和适应山区环境的能力。为适应地形复杂多变、崎岖不平，坡地多，平地少，发展空间有限的生存环境，畲民垦殖山田，以种植旱地作物为主，部分谷地低平地带间种水稻，并辅以狩猎，创造了独特的山地猎耕文化。畲民一方面充分利用山地地形条件，修筑梯田种植水稻、发展番薯等旱地作物。为了达到自给自足，除了生产粮食之外，也种植经济作物和饲养家畜。在 20 世纪 70 年代，很多畲区村寨的生活还主要靠种番薯和养猪两样，番薯当饭吃，番薯藤用来喂猪，正如畲族山歌中唱的"出了门楼种番薯，三餐都是番薯丝，尾里割来好养猪"。在村边地脚种植毛竹、茶叶、油茶、金竹、石竹、乌桂林等食用经济林木。另一方面，为减少山区地形遭受滑坡、泥石流等地质灾害影响，以及东南沿海风暴台风的侵害，创建稳定的生产生活环境，历代畲民重视山林和生物的保护，生态环境保护意识强，并形成了保护环境的自觉行为。畲民谚语云："造成风水画成龙。"畲民认为家居环境也许有先天的不足，但是，人的身体和精神都有权力拥有自己的家园，而"建筑必须能够提供这两方面的功能，既为人提供栖身之所，也使精神得到栖息"。一种极为有效的方法是在房前屋后植树，在村落周围造林，既可以阻挡山野之风，又可以增添家园之气。② 因

---

① 汪梅、段然：《景宁畲族传统村落旅游资源开发的研究》，《浙江理工大学学报》2009 年第 5 期。

② 蓝炯熹：《畲民家族文化》，福建人民出版社 2002 年版，第 285 页。

而，畲民在村庄周围凡有条件或不影响农作物日照的后山与田间地头，见缝插针，选择树种绿化。如，在村庄和民居周边种植乌桕、枫等落叶树，夏可遮阴纳凉，冬可增加日照取暖；在村头村尾种植樟树、松树等风水树。树木山林涵养水源、保持水土的功能，使原来一些贫瘠的山头坡地焕发生机，提高了生产能力，也减少地质灾害的发生，为畲民的生产生活提供了水源。繁茂的植被也使整个村庄掩映于竹树环抱中，常年葱翠，自然生态环境优越，构成了一幅人地和谐的田园山居图。畲民深切感受到山林树木给予的恩惠，因而对一草一木存有敬畏之心，并有了山神、树神、水神等崇拜，平时对村落周边的树木爱护有加，日常使用的薪柴也要舍近求远，到离村落较远的地方砍伐。有的畲民家族将封山规约写进族谱中，好让子孙后代永远守护"一乡气脉之所关"的林木。①

随着时代变迁，畲族民居也发生了变化，如浙西南畲族传统民居经历了草棚、草寮、泥寮（泥间）、瓦寮、砖寮的发展演变过程。但不管在哪个阶段，畲族村落民居建筑朴实无华，极少装饰品，建筑外观简洁自然，使用材料就地取材。初期的草棚、草寮以竹子、树木、茅草、树皮等搭建而成，泥寮、瓦寮的墙角以石砌，墙体以泥土夯筑而成，墙体不粉饰，梁、柱等使用木材不油漆，村落建筑与周边山川田野形成一个有机整体。

传统畲族村落大多分布于远离当地政治中心的山区和半山区，布局和环境相对隐蔽，畲民自给自足的经济能力使其在兵荒马乱的动荡社会得以保存。但在城乡建设和市场经济迅猛发展的新形势下，封闭的地理环境成为畲族村落融入现代社会和经济发展的障碍。在全面建成小康社会的背景下，各级政府针对畲族村落的具体情况，通过"下山脱贫"措施，因地制宜，将一些原本分散在山头和半山腰的畲族集体搬迁到山脚，建立现代畲族村寨。如浙江省丽水市的景宁畲族自治县、松阳县和莲都区，温州的文成县、泰顺县等都搬迁了一批畲村。

---

① 蓝炯熹：《畲民家族文化》，福建人民出版社2002年版，第286页。

三 村落形态影响家族文化

民族是在家族象征结构和家族符号资本的基础上而形成的超族群的政治—文化体。[①] 村落是家族文化的承载空间，畲族村落富有民族特色的民俗事象展示，几乎都与畲族家族文化有关。畲民家族文化主要指畲族村落家族文化，由于畲族村落的不同类型，家族文化也呈现出不同的侧面。[②] 在悠远的农业社会历史发展过程中，畲族人民充分利用当地环境资源，发展生产，繁衍生息。由于环境条件的差异，形成畲族村落的不同类型，而村落类型的不同引起家族文化的差异。从空间形态来看，畲族村落分为"散村"和"集村"[③]。"散村"是散漫型居民点，规模小，人口规模从几人到一二百人不等。闽东畲民将"散村"称为"单座寮"或"几栋厝"。因畲族多属山地聚落，大多居于低山、丘陵和山麓，畲族传统聚落特点为"丛菁中一舍，少比屋而居者"。同时，由于战争迁徙以及嫁娶等原因，也导致了一些原本群居的村落渐渐分散，使许多传统的畲族社区成为"散村"。如据1989年统计，福建宁德地区有畲族分布的自然村共2014个，其中人口在100—199人的自然村386个，99人以下的自然村1475个。[④] 浙江畲民"窜居山坳缚莽以处，不谋萃聚，不杂土著"；福建畲民"所居在丛菁邃谷"，或三四里或七八里始见一舍，无比屋而居者"。至今闽东北、闽西北、浙西南、赣东北等地的畲族村落多为这种"散村"。畲族散村的家族关系，往往是由若干个具有血缘关系的散村围绕一个相同血缘而人口较多的主村而建立的，散村居民要依赖和借助同族主村或邻村的家族力量，以维持村落与家庭的存在与安全，但因空间距离影响，这种家族力量的影响十分有限。因此，散村的家族关系比较松散，居民仅参与家族重要的活动，散村的家族关系很难发展成成熟的宗法性组织。"集村"是积聚型居民点。集村的形成，既有明清时期

---

① 蓝炯熹：《畲民家族文化》，福建人民出版社2002年版，第8页。
② 同上。
③ 同上书，第7页。
④ 《闽东畲族志》编撰委员会：《闽东畲族志》，民族出版社2000年版，第77—78页。

里甲制度深入施行的政治原因，也是千人集村畲族单姓家族为了自身利益而顽强竞争的直接后果。为了对抗外姓的压力和抵御盗匪侵犯，处于汉人聚居区的畲民聚族而居，结寨而守，形成规模较大的集村。集村家族伦理化程度较高，以宗族化的极端严明的营寨和家族纪律来规范族众，家族力量能够得以充分显示，因而能凭依家族的势力进行生存和自卫。祠庙作为承载村落宗教精神和民俗文化生活的空间，具有宗教祭祀、集会议事、文化娱乐和商业贸易的多元化功能。[①] 在集村一般都有保存或修建较好的宗祠。时至今日，一村一姓的畲族千人集村仍然在闽南和闽西随处可见[②]。如惠安县涂寨镇新亭村有蓝姓畲民 4000 多人。[③]

---

① 武静、杨麟：《鄂西传统商业聚落纳水溪古村落研究初探》，《小城镇建设》2008 年第 7 期。

② 蓝炯熹：《畲民家族文化》，福建人民出版社 2002 年版，第 7—9 页。

③ 闽南畲族分布详情，都市种畲的博客，http：//blog. sina. com. cn/s/blog_ 4d85a05a0 100ggn6. html，2015 年 12 月 23 日。

第 四 章

民族自治县畲族村落文化变迁

第一节　景宁畲族自治县旅游发展

一　景宁畲族自治县概况

景宁县是全国唯一的畲族自治县，现隶属浙江省丽水市，位于浙江西南部、洞宫山脉中段，属浙南中山区，位于北纬 27°58′，东经 119°38′，总面积 1949.98 平方公里。景宁县东邻青田县、文成县，南衔泰顺县和福建省寿宁县，西接庆元县、龙泉市，北毗云和县，东北连莲都区。全县辖鹤溪街道、红星街道、沙湾镇、渤海镇、东坑镇、英川镇、梧桐乡、大均乡、澄照乡、大漈乡、大地乡、家地乡、标溪乡、毛垟乡、秋炉乡、郑坑乡、九龙乡、鸬鹚乡、雁溪乡、梅岐乡和景南乡 2 街道 4 镇 15 乡。据 2010 年全国第六次人口普查，全县总人口 17.31 万人，其中畲族人口 1.91 万人，占全县总人口的 11%。全县常住人口 10.71 万人①。

历史上，景宁县境西周属越。春秋仍属越地。三国是属临海郡，隋开皇九年（589 年）废永嘉、临海二郡，置处州设立括苍县（含景宁地域）。明景泰三年（1452 年）巡抚孙原员以"山谷险远，矿徒啸聚"为由始置景宁县，属处州府。1949 年景宁城解放，建立景宁县人民政府，

---

① 与第五次全国人口普查 2000 年 11 月 1 日零时的 15.30 万人相比，十年共减少 4.59 万人，下降 30.0%，平均每年减少 0.46 万人，年平均下降 3.50%。

属丽水专区。1952 年丽水专区撤销，改属温州专区。1960 年并入丽水县。1962 年划丽水县原云和县、景宁县辖地置云和县，属温州专区。1963 年丽水地区复设，辖云和县（含景宁）。1984 年 6 月 30 日经国务院批准以原景宁县地域建立景宁畲族自治县，同年 10 月，析云和县原景宁地域建立景宁畲族自治县，是全国唯一的畲族自治县。1985 年 4 月 22 日，在畲族传统的"三月三"节，景宁畲族自治县政府在驻地鹤溪镇举行盛会，庆祝中国第一个畲族自治县正式成立。[①]

景宁县地形复杂，地貌形态以深切割山地为主。全境地势由西南向东北倾斜，发源于洞宫山脉的瓯江支流小溪，自西南向东北贯穿全境，将县境分为南、北两部分，形成两岸宽约 124.6 公里的狭长带，构成了"九山半水半分田"和"两山夹一水，众壑闹飞流"的地貌格局。境内相对高差大，最高峰大漈上山头海拔 1689.1 米，最高的大漈乡海拔 1020 米，最低的陈村乡海拔 80 米。海拔千米以上的山峰 779 座，其中 1500 米以上的山峰有十座。海拔 500 米以上的中低山合占 70%，坡度在 25°以上的占 91.72%。若从高空俯视，整个地面千皱万褶，峰峦簇拥。景宁县属中亚热带季风气候，温暖湿润，雨量充沛，四季分明，冬夏长，春秋短，热量资源丰富，年平均降水量为 1542.7 毫米，年日照时数 1774.4 小时。因地形复杂，海拔高度悬殊，山地小气候明显，县城年平均气温 17.5℃，800—1000 米以上的地区年平均气温 14—12℃。[②]

景宁县传统的产业类型有以丰富的水力资源及钼矿、铁矿为主的资源型产业，以及以惠明茶、香菇、黑木耳、油料、药材、高山果蔬等经济作物为主的特色农林产业。景宁畲族自治县曾被列为国家和省重点扶持的贫困县之一，享受民族自治区域的特殊待遇、贫困山区、革命老区

---

① 根据百度百科，http：//baike. baidu. com/link? url = IE2vfAlJaDuNQBXbhaD0_ E0gzeDoyBW dBSg76p7v20YehU6DMBO6VjPADF3GnA6-Nb1RDD_ gFA1q8e3mV2xCa-i6VYmYxPiErNAYNclYGxpU JlOhqHUaTvLtFfnfhPCg6-SqIo-4M1pI60QzKxJrpgzh_ e-ZkrVhltuRmbKBDdS 整理，2016 年 5 月 15 日。

② 中国畲乡景宁，景宁畲族自治县人民政府办公室，http：//www. jingning. gov. cn/col/ col3960/index. html，2016 年 3 月 2 日。

等一系列优惠政策，近年来经济文化发展较快，已于 1997 年实现基本脱贫。[①] 2016 年 9 月 28 日发布的《国务院关于同意新增部分县（市、区、旗）纳入国家重点生态功能区的批复》（国函〔2016〕161 号）中，景宁县被纳入国家重点生态功能区。作为全国唯一的畲族自治县，多年来，当地政府对畲族文化的挖掘、传承、保护和开发利用都非常重视，当地一些畲族村落的文化得到较好的保护，景宁畲族村落文化在全国具有一定的代表性。

二　景宁畲族自治县旅游发展历程

我国旅游产业发展始于改革开放之初。改革开放之前，我国旅游部门属于事业单位，旅游的主要职能为政治接待、文化交流和民间外交。在改革开放政策的推动下，尤其是在中共十一届三中全会以后邓小平指出"旅游事业大有文章可做，要突出地搞，加快地搞"。中国旅游业从 20 世纪 70 年代末开始起步，由事业型旅游向产业型旅游转变。进入 80 年代，随着经济体制改革推行，从计划经济向市场经济转变，中央提出自力更生与利用外资一齐上，国家、地方、部门、集体和个人一齐上的旅游发展方针，揭开了多主体、全方位发展旅游产业的序幕。1986 年，国务院决定将旅游业纳入国民经济与社会发展计划，正式确立旅游业的国民经济地位；1992 年，中央明确提出旅游业是第三产业中的重点产业；在之后的《关于制定经济和社会发展"九五"计划和 2010 年远景目标纲要的建议》中，旅游业被列为第三产业积极发展新兴产业序列的第一位。1998 年，中央经济工作会议又提出将旅游业作为国民经济新的增长点。在国家将旅游业作为国民经济新的增长点的大背景下，少数民族地区因其民族文化的民族性、地域性和神秘性，能满足游客求新、求异、求奇的需求，对游客具有强大的吸引力，旅游业也因此成为民族地区脱贫致富和产业转型的重要途径。20 世纪 80 年代末 90 年代初，我国西部很多

[①]　麻益军、麻益兵：《景宁畲乡的特色旅游与开发思路》，《金华职业技术学院学报》2002年第 1 期。

少数民族地区利用民族文化发展旅游业实现脱贫致富。

相比于西部少数民族地区民族文化旅游发展，景宁旅游发展相对滞后。1998 年 10 月，景宁畲族自治县旅游局成立标志其旅游发展开始起步，同年游客接待量仅为 0.3 万人次。① 到 2016 年，景宁畲族自治县旅游接待达 598.31 万人次，旅游业总收入 30.11 亿元。景宁畲族文化旅游发展从无到有不断壮大，从最初的单一化婚俗表演到目前民族文化节庆、民族文化演艺、民俗文化体验等多样化旅游产品，从畲族村寨单一空间到现在的畲族村寨、畲族文化旅游景区、演艺中心、畲族文化博物馆、畲族文化旅游特色小镇、民俗节庆项目展示街区等多样化体验空间，让国内外游客从多方位了解到我国东部地区有一个神秘的畲族，有一个畲乡景宁。从时间维度考察景宁畲族文化旅游发展变迁，可将其划分为三个阶段，即起步阶段、思路成熟和品牌推广阶段、旅游空间多元化和畲族文化全面融合发展阶段。

（一）起步阶段（1998—2001 年）

这一阶段是景宁旅游的起步阶段。主要旅游活动项目是双后降村的婚俗表演和大均的漂流。

为促进景宁县旅游业发展，1998 年 10 月，景宁畲族自治县在丽水地区的 9 个县市中率先成立了风景旅游管理局。风景旅游管理局为全额拨款事业单位，隶属于县政府，授权行使行政职能。同年开发建设了景宁县第一个旅游项目——大均漂流。大均漂流是景宁县重点旅游项目和中国畲乡之窗景区的重要旅游项目，曾被省航道漂流专家组评为浙江省十大漂流航道中最为惊险的一条漂流道。1999 年，在双后降村开发了畲族婚俗表演旅游项目，该项目是浙西南地区第一个面向游客的畲族文化旅游项目。演员全部是双后降村畲民，没有游客参与。新娘家房子布置在村支书家里，新郎家放在有"畲族歌王"之称的蓝陈启家。每场表演收费 300 元，其中 100 元上交村集体，其余 200 元作为表演所用道具的成本

---

① 麻益军、麻益兵：《景宁畲乡的特色旅游与开发思路》，《金华职业技术学院学报》2002年第 1 期。

和演员工资开销。当时表演需要的道具有牛、新郎和新娘家房子、火炮、鸡和米酒等。演员工资按场计算，根据角色不同有差异，分为 8 元、10 元和 15 元三个档次。

2000 年，景宁县委、县政府从时代要求出发，适时兴起一场全民性的"县情再认识，优势再明确，思路再深化""三再"大讨论，而"畲乡的特色，生态的特点，后发的特征"成为讨论的焦点，最后确定"创畲乡生态优势，建风情旅游名城"的发展战略，成为景宁县指导社会经济文化发展工作的一个主流思想。同年 3 月，编制并出台了景宁县第一个旅游规划——《景宁畲族自治县旅游发展总体规划》（2000—2010），并成立了旅行社，开发建设了畲族文化旅游村。根据"畲族风情主导"的规划原则，该规划提出了"把景宁畲族自治县建成一个以传统畲族民俗和风情为特色，辅以观光游览、避暑疗养、休闲度假、宗教朝拜等多功能山地旅游区"的发展目标，"重点突出畲族民俗特色，塑造畲城、畲产、畲乡山水风情的总体形象"，确定了包括"双后岗畲族风情村（主题定位：畲族风情、民俗文化）、惠明寺文化旅游区（主题定位：宗教朝拜、畲族风情、品茶）、畲族博物馆（主题定位：了解畲族、科学旅游）、大均度假区（主题定位：畲族风情、漂流、度假）在内的共 10 个重点旅游项目，重点开发畲族风情系列产品（畲乡风情游、畲族村寨游、畲族文化游、畲民生活一日游）。提出了畲族环境氛围营造方案，以及"主打'畲乡'品牌，可以'浙江的西双版纳'来宣传，提炼原汁原味的少数民族风情特色吸引游客"的营销战略。可以说，这是一个围绕畲族文化展开编制的旅游规划。在"畲族风情主导"开发原则指导下，同年 4 月 29 日至 5 月 8 日期间，举办了"2000 景宁畲乡风情旅游节"，5 月 1 日在景宁县城人民中路举行开幕式。4 月 11 日的《钱江晚报》对本次活动进行了如下报道：

　　　　为了发展畲乡风情旅游，促进民族经济发展。景宁畲族自治县将于 4 月 29 日至 5 月 8 日，举办 2000 年畲乡风情旅游节。据悉，本次畲乡风情旅游节活动内容有：畲乡风情旅游节开幕式、畲族文艺精品会演、省武警艺术团专场演出、篝火晚会、畲寨风俗游、瓯江漂流、景南竹海游、茗源山里人家和草鱼塘森林公园等真山真水生态游。届时，游客们可领略到'听一曲畲族山歌、品一杯惠明清茶、欢一场畲族婚俗、漂一漂瓯江小溪、喝一碗畲家米酒'的浓郁畲族风情。①

旅游机构设置和旅游发展总体规划编制，为景宁县旅游后续发展奠定了基础、确定了主题，畲族风情旅游节举办一定程度上扩大了畲乡景宁的知名度。这一阶段景宁旅游发展主要是对畲族村寨原生态的畲族风情挖掘和利用，以畲族婚俗表演旅游项目为主，旅游发展规模小，以散客旅游和民族系统的政府接待考察为主，旅游配套设施很不完善。旅游接待设施主要集中在鹤溪镇，缺乏对客源市场的合理预测，床位数量和等级设置缺乏统一规划，标准床位主要集中在景宁宾馆、金鹤宾馆等少数几家，加上其他小旅馆，总计床位数只有500多张；只有一家旅游局直属的国内旅行社，业务也仅限于一些旅游局联系的团体接待。旅游宣传主要靠节庆和当地少量媒体。2000年的旅游接待和旅游收入分别为8.8万人次和0.26亿元。

（二）思路成熟和品牌推广阶段（2002—2007年）

为深入实施"八八战略"，充分发挥浙江省旅游资源优势，加快发展旅游经济，建设旅游经济强省，2004年11月，中共浙江省委发布了《中共浙江省委、浙江省人民政府关于建设旅游经济强省的若干意见》（浙委〔2004〕23号）（以下简称《意见》）。《意见》提出"整合资源，着力打造旅游精品……重点建设丽水绿谷风情旅游区等十大旅游区"。为全面贯彻落实省委、省政府提出的"建设旅游经济强省"发展战略，加快建设"丽水绿谷风情旅游区"，2005年，丽水市发布《关于进一步加快旅游产业发展的意见》（丽委〔2005〕3号），提出"把旅游业培育成丽水市第

---

① 景宁举办畲乡风情旅游节，上海环境热线，http：//www.envir.gov.cn/info/2000/4/411202.htm，2016年6月3日。

三产业的龙头行业"，"将东西岩、仙都、凤阳山、百山祖和畲乡风情为近期开发建设重点"。景宁县贯彻省、市《关于建设旅游经济强省的若干意见》和《关于进一步加快旅游产业发展的若干意见》的精神，为充分发挥景宁畲族自治县旅游资源优势，加快旅游产业发展建设步伐，2006年发布了《关于建设民族风情旅游名县的若干意见》（景委〔2006〕37号），提出"打造'中国畲乡'，创建民族风情旅游名县的总目标"，"要通过挖掘、改造、嫁接、创新等各种手段，博采各地畲族风情，在畲族饮食、建筑、服饰、歌舞、娱乐、工艺品等方面加强科研、开发和推广，形成吃、住、行、娱、购等产业配套。在'吃'上，结合畲族风情表演，以山哈大餐、畲族喜宴、祭祖乌饭和农耕饭为主题，推出色、香、味、形俱佳，具有明显畲乡特征的系列绿色食品菜系。在'住'上，县城适时发展中高档星级宾馆，景区要突出畲族和山区特征，建设别墅型宾馆，旅游线路和旅游服务区范围内则发展畲民家庭旅馆……在'购'上，大力发展绿色食品、畲族工艺品和地方特产三大主产品，重点是抓好包装和创意设计，同时大量引进各地特色旅游工艺品，形成一定的集散规模"，"加大旅游宣传营销力度……重点办好三年一届的中国畲乡风情节和每年一度的'三月三'畲族民间歌会活动，进一步提升畲乡旅游的文化品位。积极建好"畲乡景宁旅游网"，建设具有畲乡特色的旅游产业信息平台"①。编制了《浙江省景宁畲族自治县旅游发展总体规划（2006—2020)》，确定了"一环两沿三区"的旅游发展格局，提出了景宁旅游产品开发方向，即依托畲族唯一性，打造中国畲族文化展示中心，使"中国畲乡"成为华东地区21世纪少数民族风情旅游第一品牌，集中主要力量建设"中国畲乡风情游"主品牌产品。把《畲山风》及类似重点品牌风情歌舞剧作为拳头表演项目进行培育，结合畲族山歌表演，畲族婚俗表演，畲族祭祖表演，畲族茶道表演，畲族猎俗表演，畲寨欢乐夜表演，

①　中共景宁畲族自治县委、宁畲族自治县人民政府：《关于建设民族风情旅游名县的若干意见》（景委〔2006〕37号），中国畲乡景宁，http：//www.jingning.gov.cn/art/2010/7/9/art_4064_120640.html，2015年6月15日。

畲家乐表演，传师学师表演等，以丰富的表演项目来留住游客。

2007 年，景宁加快民族特色旅游发展，在完成全县旅游发展总体规划的基础上，启动滩坑库区、云中大漈省级风景名胜区等景区景点规划。签订炉西峡景区开发意向书，大均"畲乡之窗"通过 3A 级旅游景区评定，望东垟高山湿地被批准设立为省级自然保护区。成立了旅游发展委员会和旅游开发有限公司，召开了"三月三"旅游推介会。完成主要交通路口和景区标识牌的建设，旅游配套设施逐步改善。

为扩大"中国畲乡"少数民族风情旅游品牌影响力，加大品牌推广力度，自 2001 年开始，景宁畲族"三月三"活动开始实行政府主导、企业支持的组织模式。"2001—2004 年，大手笔成功举办了两届中国畲乡风情节，举行一系列畲乡风情展示活动、旅游活动、文艺活动、畲族文化研讨和商贸活动，使畲乡风情品牌广为人知，特别是邀请中央民族歌舞团前来慰问演出，中华畲族服饰风格设计大赛等活动将风情节的民族性和地方特色推向极致。中央民族歌舞团两次阵容强大的慰问演出，是丽水市各县市区花钱最少，影响最好的广场演出，其节目丰富多彩，艺术水准高、编排完整，观赏性和演出效果其出无二，为中国畲乡风情节增色不少。"① 2005 年，景宁县畲族"三月三"活动已上升至县级层面举办，以旅游为节庆活动核心内容，活动组织由宣传部总牵头并负责来宾邀请和对外宣传，其他部门分块负责，具体活动由县旅游局、文化局和民宗局分头进行策划和实施。2007 年，按照县委、县政府提出的品牌化、档次化要求，对景宁原有的文化节、风情节和畲族"三月三"进行整合，推出"中国畲乡三月三"节事品牌，并统一节徽和节旗。在该年"三月三"期间，邀请央视《乡村大世界》栏目走进畲乡景宁拍摄专题片，并在央视七频道连续播出，使"中国畲乡"旅游品牌在国内形成一定的知名度和影响力。2009 年，景宁畲族自治县新设立"建设全国畲族文化发展基地办公室"（简称"基地办"，科级单位），"基地办"挂景宁畲族自

---

① 《景宁畲族自治县立足民族特色打造旅游品牌》，新华网浙江频道，http：//www. zj. xinhuanet. com/zjgov/2006-10/23/content_ 8326877. htm，2015 年 8 月 16 日。

治县"中国畲乡三月三"节庆办公室牌子，其中一项重要工作就是负责组织"中国畲乡三月三"等大型节庆活动，负责"三月三"节庆活动的总体策划并牵头进行具体实施工作，努力发展节日经济。在政府主导、多方参与下，"中国畲乡三月三"在国内已具有一定的知名度和影响力，2012 年被评为"中国最具特色民族节庆"①。

随着旅游机构及相关配套完善，景宁旅游得到进一步发展，专业旅游企业从无到有，游客数量逐渐增多，团队游客接待比例不断提高。2007 年旅游接待量达到 67 万人次，旅游总收入 2.73 亿元。作为长三角唯一的少数民族自治县和全国唯一的畲族自治县，畲族风情旅游产品成为浙江和长三角旅游的亮点，独特的畲族文化吸引着杭州、上海等游客探秘，都市游客数量迅速增加。2004 年，在上海举办的浙江省旅游目的地选择游客抽样调查中，景宁县畲乡风情游选择率达 41.4%，高居全省各类景区之首。

这一阶段是景宁县旅游发展的定调定盘、旅游思路成熟和旅游品牌推广期，厘清了景宁旅游发展思路，明确了旅游发展定位，搭建了全县旅游发展的整体框架。畲族风情旅游从村寨扩展到景区，并成为全县旅游发展主题，旅游知名度不断提高，旅游规模不断扩大。

（三）旅游空间多元化和畲族文化全面融合发展阶段（2008 年至今）

这一阶段，对景宁县旅游发展产生直接重大影响的宏观环境条件主要有：一是 2009 年国务院颁布的《国务院关于加快发展旅游业的意见》（国发〔2009〕41 号）；二是 2008 年，浙江省委、省政府发布《关于扶持景宁畲族自治县加快发展的若干意见》（浙委〔2008〕53 号文件），提出"到 2012 年将景宁建设成为全国畲族文化发展基地"的目标；三是2007 年，丽水市政府将"加大景区开发建设力度，加快发展旅游业"作为当年重点工作，并明确提出把旅游景区景点的开发建设作为旅游工作的重中之重，各县（市、区）要贯彻落实"一批大景区开发"任务；四

---

① 邱云美：《旅游经济影响下传统民族节庆变迁研究——以浙江景宁畲族"三月三"为例》，《黑龙江民族丛刊》2014 年第 4 期。

是 2013 年 4 月 10 日，云景高速公路正式开通，景宁畲族自治县进入"高速时代"。

1. 高等级旅游景区建设成效显著

在全市旅游大景区建设工程背景下，为促进景宁畲族文化旅游发展，2008 年，景宁县委、县政府全面启动大景区建设。2009 年，在景宁地方财政收入仅 1.62 亿元的情况下，投入 8000 多万元创建中国畲乡之窗和云中大漈两个国家 4A 级旅游景区。仅用 3 个多月时间就完成了中国畲乡之窗景区的景区山门、接待中心、演艺中心、游步道、广场和停车场等 19 个项目的建设。在加强硬件建设的同时，地方政府也注重软件建设，提高景宁旅游产品质量和服务水平。中国畲乡之窗景区和云中大漈景区分别于 2009 年和 2010 年顺利通过国家 4A 级旅游景区评审验收。为进一步提升景宁畲族风情旅游品牌及景区运营管理工作，2010 年，县政府常务会议研究决定，将景区对外承包，采取政府主导、企业经营的管理模式。2010 年 6 月，浙江某旅游投资公司承包经营中国畲乡之窗景区。但浙江某旅游投资公司自经营该景区始一直处于亏损状况。据统计，2010 年 7 月至 2013 年 6 月，景区共接待游客 61 万人次，经营总收入 658.93 万元，亏损 218 万元；由于连续亏损致使旅游公司没能履行合同协议，拖欠县旅游开发公司 3 年承包款 100 多万元；景区一些硬件设施破损严重，被红牌警告。畲乡之窗景区的经营现状与创建国家 4A 级旅游景区以推动景宁县旅游产业大发展和经济发展的初衷却事与愿违。[①] 2016 年，景宁县政府收回中国畲乡之窗景区，转由县一家旅游公司承包开发。除了成功升格的两家国家 4A 级景区外，2011 年，浙江省人民政府发文（浙政函〔2011〕309 号）批准设立"景宁畲族风情省级旅游度假区"。畲族风情度假区东至东弄村、双后岗村一线，南至大张坑村，西至县城与金丘村一线，北至西汇村，规划面积约 43.77 平方公里。整个度假区规划空间布局为"一心一轴三区十寨"，即畲族文化体验中心，畲族人文山水景观轴，畲

① 郭献进、叶小青：《民族自治地方乡村旅游发展中的参与机制研究——景宁畲族自治县利益主体的协同》，《贵州民族研究》2015 年第 8 期。

族山水人居景观区、环敕木山畲族生活体验区、草鱼塘森林公园生态体验区，以及旱塔、周湖、东弄、惠明寺、敕木山、大张坑、金丘、漈头、包凤、双后岗 10 个畲族村寨。

在加快景区和度假区建设的同时，为建设"全国畲族文化发展基地"，2013 年，根据景宁畲族自治县城市发展的战略，"神奇畲乡、秀美山水、休闲胜地"的总体定位，"绿谷畲乡、景致山城"的形象策划，以及"民族生态旅游城市"的城市发展目标，编制了《景宁县外舍古城概念性规划》，致力于将外舍古城（凤凰古镇）新区打造成"民族经济总部"和"畲族文化总部"集聚区、新兴城市综合体和独具畲族特色的"风情小镇"①。在外舍新区控规和城市设计规划下，吸收原有外舍古城概念性规划及各重点项目建设规划内容，完成畲乡小镇概念性规划。畲乡小镇规划面积 3.9 平方公里，建设面积 1 平方公里，五年（2015—2019年）计划完成投资 55 亿元。畲乡小镇规划畲族风情展示体验区、休闲养生（养老）区、生态农业观光区和现代商业服务区，以山哈凤凰古镇、外舍大酒店、"三月三"广场、山哈剧院、民族经济总部等特色项目为主体，按照国家 5A 级旅游景区标准建设。打造"旅游服务产业、文化创意产业、民族总部经济、生态特色农业"为重点的多产联动发展的宜居、宜业、宜游的旅游小镇、文化小镇和绿色小镇。凤凰古镇是畲乡小镇的主体项目，占地 261 亩，总投资预计达 24.9 亿元，2014 年入选浙江省重大产业项目库，同年开工建设，2016 年 12 月底全部工程竣工。凤凰古镇以千峡湖和畲族传统建筑为载体，融入传统工艺、曲艺、美食等多种民俗文化元素，将建设成为景宁畲族传统文化展示窗口和城市会客厅，以及全国知名畲族文化街区。2015 年，畲乡小镇入选浙江省首批特色小镇名单。

2. 从《畲山风》到《印象山哈》

《景宁县旅游业"十二五"发展规划》提出："大力发展旅游业。建设专业旅游演艺舞台，以《畲山风》《诗画畲山》为基础，培育畲族风情为主题的夜间一台戏的演艺品牌，实行产业化经营……借鉴《印象刘

---

①　景宁：《"新四区"接轨高速时代》，《浙江日报》2013 年 4 月 8 日第 7 版。

三姐》成功经验，把《畲山风》打造成固定场地、定期表演的旅游项目。把畲族婚嫁、习俗、农耕、体育、杂技等特色节目融入景区中，挖掘文化内涵，改进表演套路，提升节目质量，加强与游客互动，活跃文化氛围。"为建设"全国畲族文化发展基地"，景宁县委、县政府在出台《畲族原生态文化保护区实施方案》《关于进一步加强农村文化建设推动畲乡文化大发展大繁荣的实施意见》《全国畲族文化发展基地建设纲要（2008—2012)》等相关政策法规，成立畲族文化研究中心、畲族文化发展基地建设办公室等相关职能机构的同时，开始筹备一幕能够代表畲族，作为精品剧目代代流传的大戏。2009 年，在"中国畲乡三月三"开幕式上，景宁县推出投资 300 万元打造的畲乡有史以来最具震撼力的畲族风情舞蹈诗《诗画·畲山》（广场版）。全剧由序、传师、耕山、盘歌、礼嫁、尾声六部分组成，集聚了畲族最具文化内涵和影响力的历史传说、茶织耕猎、节事婚恋和宗教文化等内容，以舞蹈诗的手法荟萃畲族山歌、舞蹈、服饰茶艺、体育竞技和工艺建筑等文化艺术精华，以及畲乡山水家园风貌，将畲族历史民俗、文化艺术和民族性格中最具美感和震撼感的内容串织在一起，展示畲族坚韧不拔、忠厚热诚、和谐奋进的民族性格。通过不断提炼、整合、创新，《诗画·畲山》（广场版）经历了《千年山哈》（舞台版）、《印象山哈》（旅游版）等不同版本的变迁，最终于 2014年"三月三"期间，一部大型畲族风情歌舞史诗剧《印象山哈》（旅游版）首次推出，并与丽水某旅行社有限公司签订市场化促销协议，实现了每周六晚在县文化中心剧院面向游客的常态化演出。《印象山哈》大型畲族风情歌舞史诗剧，是历经打磨历练之后，顺应旅游发展而推出的舞台艺术精品。它将文化与艺术巧妙地融合，将历史与内涵完美地呈现，通过现代高科技手段，使观众充分体验身临其境的三维立体视听感受。《印象山哈》（旅游版）推出不仅填补了丽水市旅游夜市的空白，还填补了华东地区旅游市场民族风情演艺剧的空白。①

---

① 陈莹莹：《畲族风情舞蹈诗〈千年山哈〉推出首场商演》，中国景宁新闻网，http：//jn-news. zjol. com. cn/jnnews/system/2014/04/04/017856413. shtml，2015 年 8 月 15 日。

这一阶段是景宁畲族自治县旅游发展空间多元化和畲族文化旅游全面融合开发时期，旅游发展空间从畲族村落、景区走向畲族村落、景区、省级风情旅游度假区、畲族文化中心、演艺舞台、畲乡特色小镇等多元化空间；根据"畲族文化有形化、文化载体项目化、文化成果精品化"的思路，畲族文化旅游逐步走向与文化、农业、交通以及社会资源等的融合，开始进入全域旅游发展阶段。2016年，景宁畲族自治县旅游接待达598.31万人次，旅游业总收入30.11亿元，先后被评为"中国国际旅游文化目的地""中国最佳民族风情旅游名县"等。

第二节 畲族文化展示窗口——"中国畲乡之窗"景区

一 中国畲乡之窗景区概况

大均乡位于景宁畲族自治县城西南约13公里处，东经119°33′，北纬27°57′。大均乡清属三都，民国20年（1931）建乡属第一区，中华人民共和国成立后，仍称大均乡，乡人民政府驻大均村。大均乡平均海拔170米，面积81.7平方公里，东倚鹤溪镇，东南连澄照乡，西南接梧桐乡，西界云和县境，北靠外舍管理区与云和县为界。全乡辖大均、洋坑、泉坑、伏叶、大赤坑、梅山、三格、新亭、李宝9个行政村，84个自然村，全乡人口共4249人，其中畲族人口占总人口的35%，是畲族人口比例较高的乡。① 大均乡地处瓯江最大支流小溪溪谷地带，地势由西北和东南向中部溪谷倾斜，形成"两山夹一水"的地势格局，乡域内重峦叠嶂。林地多耕地少是大均乡的最大特点。全乡耕地3935亩，人均0.9亩。林地11.2万亩，其中毛竹林1.2万亩，人均分别为25亩和2.7亩。属于景宁县中部低山粮、菜、果、畜、药综合农业区，出产竹、木、毛棕、茶叶、香菇、药材和柑橘，其中树木类盛产杉、松、杂木。2013年，农村居民人均纯收入9560元。

---

① 《大均乡概况》，中国景宁新闻网，http://jnnews.zjol.com.cn/jnnews/system/2010/03/18/011936932.shtml，2015年9月15日。

中国畲乡之窗景区主体位于大均乡政府所在地大均村，是个"村景合一"的景区和景宁畲族自治县开发的第一个景区。景区规划范围包括大均、泉坑、大赤坑、伏叶、新庄 5 个村，其中泉坑、伏叶为民族村，畲族人口分别达到 56% 和 50%。大均村和泉坑村是中国畲乡之窗景区的核心区块。景区主要旅游活动项目有三种类型：一是畲族风情表演观赏和体验，主要以畲族婚俗表演为主；二是镇龙古街休闲，主要景点有古街风貌、畲族风情馆、千年古樟、龙岗叠翠和浮伞祠等自然和人文景观；三是漂流体验，大均浮伞漂流有"浙江第一漂"之称。其中以"畲族风情表演"最具特色，该表演项目以畲族文化为主题，包括"畲寨迎宾大礼""畲乡新娘茶""畲族婚俗""畲寨欢乐夜"等。

中国畲乡之窗景区开创于中国 20 世纪 90 年代中后期的全国旅游开发的热潮期。1998 年在小溪上开发了第一个旅游项目——大均浮伞漂流；2000 年，开发畲族婚俗表演项目，该项目是景区多年最有畲族特色的旅游项目。2007 年创建国家 3A 级景区，2009 年升格为国家 4A 级景区。从 1998 年开发的大均浮伞漂流第一个旅游项目到现在已有近 20 年的发展历史，其间经营主体出现多次变更，各个时期旅游发展变化不是很大，景区的主要建设投入在 2009 年创建国家 4A 级景区。多年来，景区的主要旅游项目是畲族婚俗表演、大均浮伞漂流和大均古街。近年来，增加了洗井泼水节（7—9 月）、火把狂欢节（10 月—次年 2 月）和浪漫对歌节（3—6 月）。

二 中国畲乡之窗景区的经典项目——畲族婚俗表演

婚俗是指围绕着人们的恋爱和嫁娶所形成的文化现象。[①] 少数民族婚俗表演旅游因其神秘性和参与性而吸引众多游客的关注，因而也成为许多地区民俗文化旅游开发的重点。目前，对少数民族婚俗的旅游开发方式主要有三：一是以博物馆的形式展示，主要展示婚俗相关的物品、图片等，如贵州民族婚俗博物馆的《贵州少数民族婚俗展览》；二是以婚俗表演的方式，许多景点都采取了这种方式，如海南黎族民俗村、深圳锦

---

① 徐春茂：《中国婚俗文化》，《中国地名》2008 年第 10 期。

绣中华民俗村、九寨沟晚会、大理洱海游船等；三是开展婚庆旅游市场，组织新人到少数民族地区参加具有当地特色的婚礼。①

畲族四种婚嫁方式，每一种方式的婚礼仪式都有所不同，如女嫁男方婚礼仪式包括相亲、送结婚日子单和办嫁女酒（又称请嫁女酒），其中办嫁女酒仪式的环节有落脚酒、请大酒、选亲、杉刺拦路、捉田螺、脱鞋礼、借锅、生火、杀鸡、举盘宣酒、盘歌、请祖公爷、拨风水、牛踏路、传代、拜堂成亲等。新娘和迎亲队伍一般要赶在天亮前到夫家，走后忌回头看。如果有两个新娘同一天出嫁要走同一条路，或同走其中一段路，先协商好，让远的先行，以免发生抢先。后走的新娘，就得用一头角系红布，插着红花的黄牛在前面踏路，表示牛踏过的路是新路。家境好的娘家，还有踏路牛做嫁妆。②

20世纪90年代后期，随着浙西南旅游发展起步，畲族文化旅游因其在华东地区乃至全国范围的独特性，在畲族人口聚集的景宁畲族自治县鹤溪街道双后岗村、大均"中国畲乡之窗"和封金山景区，以及云和县雾溪乡坪垟岗村、莲都区东西岩景区沙溪村等地，都相继被开发，其中开发重点便是畲族婚俗表演项目。畲族婚俗表演是浙西南开发最早、最成熟的畲族文化旅游产品。该项目由于诙谐风趣且又喜庆吉祥，参与性较强，深受海内外游客喜爱。在传统畲族婚俗环节中，杉刺拦路、捉田螺、借锅、杀鸡、举盘宣酒等环节趣味性比较强、场面比较热闹（见表4-1），畲族婚俗表演项目主要是选取这些环节表演体验。一场表演一般需要演员20多人，其中新娘1人、赤娘8—12人（其中1人会唱传统畲歌，赤娘具体数量由表演规模而定，大规模和小规模会有差异），由旅游公司演员担任；其他抬轿子4人、敲锣鼓3人、吹唢呐2人、放鞭炮1人，由村民演员担任；1位新郎、1位小舅子和2位赤郎均由游客担任。中国畲乡之窗景区的畲族婚俗表演项目开始于2000年，至今一直是该景区传统的畲族文化旅游项目。

---

① 王丽娟：《试论少数民族婚俗旅游开发》，《传承》2009年第7期。
② 雷先根：《畲族风俗》，景宁畲族自治县民族宗教事务局，2003年，第42—43页。

表 4 - 1   传统畲族婚礼仪式部分环节的主要内容

环节	主要内容
杉刺拦路	迎亲队伍到女方大门时，女方阿姨舅母拿杉树枝拦在路上，不让娶亲人员通过，娶亲人员不能绕道，得由赤郎与拦路女青年对几首歌，亲家给拦路者红包才可通过，一般要拦三次，故称"三拦路"
借锅	晚餐是男方宴请女方客人，男方要借女方炊具办酒席，因女方已事先将炊具收藏好，故男方要选会唱山歌的歌手当赤郎，唱所需用具歌，赤郎唱一首，女子对一首，拿一件用具给对方，如果有遗漏未唱到的，赤郎要重新"借"全部的炊具，要把约40余件需要的炊具全唱到。唱借炊具歌之前，赤郎要先行借镬礼，念借镬口白。歌词是按炊具形象由赤郎随口编的。如：借你阿姨四四方方一堵墙（锅灶）；中央开个大龙潭（铁锅）；借你阿姨铜镜双双对月光（锅盖）……
杀鸡	地上摆上碗，赤郎持刀杀鸡，如果有血滴到地上，就要罚酒，一滴罚一碗，爱耍的姑娘故意来碰一下，使鸡血滴到外面，就有两个姑娘分别提着酒壶、端着碗，斟满一大碗，要赤郎喝，不喝就动手灌。有经验的赤郎是突然把鸡杀掉，滴了两滴血到碗里，马上把鸡头夹进翅膀提走或用拦腰裙裹起，以免受罚
举盘宣酒	举盘宣（敬）酒是在晚餐开始时，女方请来跟赤郎对歌的赤娘（歌手）端来一个铜盘。盘中点一对红烛，放上两只酒杯、一个红包，由新娘的姐妹提着酒壶陪同，从首席开始，由新娘的姐妹先介绍新娘对所要宣酒的客人的称呼，然后赤娘开始唱宣酒歌："一双酒盏红又红，端上桌上宣××（新娘对客人的称呼），宣您××食双酒，酒筵完满结成双"。先宣首席第一位客人舅公，赤娘歌罢，姐妹斟满一杯酒端给舅公，舅公放一个红包到铜盘内，接过酒一饮而尽。依次到各桌一宣酒，每人都要给一个红包。这些红包分些给姐妹，叫"姐妹钱"，大部分给女歌手作手薪（对歌礼金）。举盘宣酒仪式畲语称"撬蛙"，即要舅公等人陶红包之意。宣完酒，女歌手就开始找赤郎对歌。唱的歌有度亲歌、嫁女歌、采茶歌、结成双等，忌唱不吉利的内容。一直唱到新娘快要起行为止

资料来源：雷弯山：《畲族风情》，福建人民出版社 2002 年版，第 160—178 页；雷先根：《畲族风俗》，景宁畲族自治县民族宗教事务局，2003 年，第 42—50 页。

在十几年的发展过程中，尽管景区的经营主体几经变更，婚俗表演的场地和表现形式也经历过变化，但畲族婚俗表演一直是景区的主打项目。早期的畲族婚俗表演项目新郎、新娘家都选在村民家里，厅堂、厨房、灶台都是畲民生活的真实空间，现在则安排在专门的演艺空间。在杀鸡环节，早期婚俗表演使用的是真鸡，鸡杀了之后成为游客餐桌上的一道菜，后来慢慢演变为用空鸡笼代替鸡，表演抢鸡的环节，杀鸡的环节已取消。最初畲族婚俗表演有牛踏路，现在平时针对游客的表演一般取消了牛踏路，如果遇到上级政府部门考察或特殊采风活动时，在有些景区还有牛踏路表演。为提高游客的参与性和体验性，在选亲环节中增加了由游客扮演的新郎、赤郎和大舅子学畲语；在抹锅底灰后增加了一段由赤娘表演的畲族歌舞"彩带情丝"；对歌环节增加了由新郎、赤郎和大舅子表演的迪斯科、芭蕾四小天鹅等。婚俗仪式中的重头戏对歌主要以流行歌曲为主。如《爱你一万年》《老婆老婆我爱你》《妹妹你大胆地往前走》……也有用一些流行歌曲改歌词的，如《北方的狼》改的"我是一匹来自××的狼，走在畲乡的大路上，来迎娶美丽的新娘"，由《两只老虎》改的"两个赤郎两个赤郎，真可爱真可爱……像妖怪像降妖"等。总体来说，在十几年的项目开发过程中，畲族婚俗表演项目总体上出现由繁变简，由相对真实到表演的成分相对增加，越来越注重娱乐性和体验性。正如泉坑村的畲民 QKC—LXD 所言："现在的婚俗表演与我们畲族以前结婚很多不一样的，是不正宗的呢，只能是有点相似，还不能做到传承，我认为这个表演项目是不能保护畲族婚俗文化的。"①

三　中国畲乡之窗景区发展及社区参与

在丽水市大景区建设的背景下，2009 年景宁县政府投入近 8000 万元，完善景区设施和配套功能，建成了 3000 多平方米的游客接待中心、12000 多平方米的生态停车场、1500 多平方米的演艺中心以及畲族陈列馆等，同年被评为国家 4A 级景区。通过 9 个月的试营业后，于 2011 年 7 月

---

① QKC—LXD，男，中年，泉坑村畲民，访谈时间：2017 年 5 月 13 日。

开始，景区引入市场机制，由浙江某旅游投资管理有限公司经营管理。公司承包经营景区 15 年，给大均村 3.3 万元/年，给县旅游开发公司 15 万元/年。旅游公司接手景区经营后，也新增了一些旅游项目，进行了景区营销。如"7—9 月两个月周五、周六晚上的'洗井活动'（或称泼水节）、2012 年的婚嫁体验夏令营、2013 年的'到畲乡做一天畲民'的夏令营，以及外请了四五名演员（佤族）参与畲族文化旅游项目表演和本民族文化展示等，开发最好的是畲族婚嫁表演。景区宣传推广费用 50—60 万/年。"① 旅游公司新开发的这些旅游活动项目和浮伞漂流都具有较强的季节性，畲族婚嫁表演是多年来景区最有畲族特色的旅游项目。按协议要求，公司在景区经营期应该每年投入 500 万元用于景区项目开发。旅游公司相关负责人认为，公司每年投入景区 50 万—60 万元的宣传推广费用，觉得公司的力度还是有限的，政府的支持力度不够。因考虑到经营成本问题，实际没有相应的建设投入，导致旅游公司在景区的后续投入上与当地政府有着较大分歧，景区多年来一直停滞不前，使景区项目无法继续运行。据统计，2010 年 7 月至 2013 年 6 月，景区共接待游客 61 万人次，经营总收入 658.93 万元，亏损 218 万元；由于连续亏损致使旅游公司没能履行合同协议，拖欠县旅游开发公司 3 年承包款 100 多万元；景区一些硬件设施破损严重，被红牌警告。② 2016 年 3 月 29 日，丽水市电视台电视问政栏目以"聚焦生态旅游"为主题，在发问"景宁'中国畲乡之窗'经营困难症结何在？"中，景宁县旅委认为"公司存在违约行为，政府只好终止合同，收回经营管理权；原先的合同，并没有保障国资收益，甚至基本处于亏损状态，终止承包合同、收回经营管理权也是必然"，"接下来把原来承包出去的经营管理权接盘过来，4 月 8 日前全部接盘到位；回收以后，马上着手进行专题研究，派驻有经验的演艺公司，并利用景宁的浙江畲族歌舞团优势，把相关专业技术演艺人员引进来，

---

① SXZC—YHQ，男，青年，畲乡之窗景区经理，访谈时间：2013 年 8 月 10 日。

② 郭献进、叶小青：《民族自治地方乡村旅游发展中的参与机制研究——景宁畲族自治县利益主体的协同》，《贵州民族研究》2015 年第 8 期。

对景区进行提升。重点做好让景区融入畲族文化，把演艺重新恢复起来；利用'五水共治'、'六边三化三美'和'三改一拆'等活动，对景区环境进行提升、大整改；着力解决村景合一问题以及不断拓展外联，让'中国畲乡之窗'景区能够成为'明月松间照，清泉石上流，畲歌绕山梁，莲动下渔舟'的美丽景区"①。

中国畲乡之窗景区有不少游客来自景宁及周边县市，他们到景区主要是周末休闲，周边市民休闲为大均村的农家乐经营户带来不少客源。景区升格为国家4A级景区，旅游实行市场化运作后，景区门票价格由原来的20元上涨到90元，畲族婚俗表演另行收费，使游客数量减少，村里17家农家乐经营户的生意受到很大影响，村民与景区的矛盾也开始显现。DJC—LSW认为"现在主要我们自己村的问题，大家的反映都主要是给那个栏杆拦掉以后我们这里17家农家乐都没有生意了"②。

中国畲乡之窗景区的主要项目是畲族婚俗表演和浮伞漂流。大均村DJC—LSW介绍："这两个旅游项目为大均村、梅花圩村提供30多个就业岗位。其中排工30来个，撑排一趟工资以前是20元/人，现在是30元/人，梅花圩村的排工多些。参加婚俗表演的一共10个人，其中抬轿4人、放鞭炮1人、吹唢呐2人、敲锣鼓3人，都是15元/场。1名景区讲解员是本村嫁到外地的，其他女演员都来自外地。"③2013年1月1日，课题组到大均调研时，偶遇参加畲族婚俗表演的演员SXZC—YHM④。SXZC—YHM由外村嫁到大均村。遇见时她正穿着畲族演出服（畲族婚俗表演项目一般是团队预约购买，但游客具体什么时间到达景区难以把控，所以在有预约表演的当天演员一般会在家里待命，听到鞭炮声就到舞台集合。因当天上午刚参加完一场婚俗表演，下午还有团队预约，嫌麻烦就不换服装了）喂孩子吃午饭。她向我们介绍："我参加婚俗表演5年了。婚俗

①　林坤伟：《景宁"中国畲乡之窗"经营困难症结何在?》，《丽水日报》2016年3月30日第3版。

②　DJC—LSW，男，中年，景宁大均村村民，访谈时间：2013年8月10日。

③　同上。

④　SXZC—YHM，女，青年，中国畲乡之窗景区演员，访谈时间：2013年1月1日。

表演一次一般要22—23人，一场表演大约1小时。演员发工资，一般演员1800—2000元/月不等，新娘每月多100—200元，演员最多时有30多人。1天最多时演到十几场，有时1天一场也没有。我没有别的兼职，工资基本满意，可以照顾到家里。有培训，但没有正规，畲族文化方面没有培训。畲族文化保护方面有很大提高。"在参加畲族婚俗表演的演员中，最具有技能要求的是其中1位能唱畲族山歌的赤娘（伴娘），在丽水市多地多年的畲族婚俗表演中，这一角色都由能唱畲族山歌的畲家女承担。SXZC—LXL① 就是多年在中国畲乡之窗景区工作的演员，在畲族婚俗表演中扮演唱山歌的赤娘。"我2000年开始在景区唱山歌。当时这里搞旅游，需要一些会唱山歌的人，其他地方没人会唱，就把我们叫来了，当时我们村里有三四个人过来。我家是三四代都会唱山歌的，奶奶、妈妈都会，我是六七岁开始跟老妈学唱山歌，我两个女儿也会唱，外孙女也会唱。现在基本在这边上班，工资是保底工资＋提成。保底工资所有的演员都一样，1200元/月，然后是每场表演15元，新娘每场是18元。婚俗表演的收费是：游客人数在20人以内1200元/场，不用买景区门票；游客人数20人以上是买景区门票，90元/人，包含婚俗表演。客人多的时候就定时演出。"在婚俗表演中，有3名来自云南的佤族男青年，他们在婚俗表演中扮演赤郎，据景区负责人介绍，因为聘请本地小伙子工资成本要高些，同时这些来自云南佤族的小伙还有"上刀山"等绝活，他们到景区已有四年，春节也在这里过。

第三节 "中国畲乡之窗"景区里的两个核心村

一 大均村及旅游发展

大均古村地处景宁畲族自治县城郊，是大均乡政府所在地。该村落村民以李姓为主，李氏自唐末避乱南迁至此，耕读之风盛行，历史上是

---

① SXZC—LXL，女，中年，中国畲乡之窗景区演员，景宁畲族自治县非遗山歌传承人，在自己家里开办了"畲语畲歌传承工作室"，访谈时间：2014年3月21日。

方圆百里的文化名村。《均川李宗氏谱源序》称，始祖自唐末五季之乱期间（907—960）徙此而居，已历千余年。其村名取自于孔子的"大道之行也，天下为之；有国家者，不患寡而患不均"论述。明清时代，村里出了进士3名、举人4名、贡生56名和秀才46名。明朝天顺六年（1462年）大均秀才李琮中举，天顺八年中进士，授南京吏部主事，后来他弟弟李璋和李璋的儿子也先后中进士。为了褒扬这一门三进士，景宁县奉旨在县北建兄弟方伯坊、父子进士坊，大均村建骑街进士坊，李氏宗祠正门并开三门，一大二小，悬"父子方伯""兄弟进士"匾，大门首旗杆同一时期达六对之多。现在李氏宗祠主体已捐献给大均乡校，全面改建，仅保留三门并开的院墙，其他无存。门前的牌坊门楼恢复于2006年，上悬题匾"大均古街"。抗战时期，为了躲避日军铁蹄，浙江省府往山区内迁，省教育厅和财政厅分别驻地景宁和大均。[1] 大均古村一千多年来始终是瓯江支流小溪流域的水陆交通枢纽，商埠繁荣。尤其是在陆路尚未发展之前，景宁与青田、温州的交通都要靠水运，大均码头成为景宁木头和土特产品外运，以及温州海产品进入的集散地。周边十里八村民众生产、生活用品、油盐酱醋、农资什物均从这里转运，山货土特产由这里会集，沿街商铺林立。商贸经济较繁荣，形成了大均人崇尚经商的传统。大均人也很注重耕读风尚，形成了大均"三杆"的民俗，即笔杆（文人）、秤杆（商人）、撑杆（排工），靠写契、写文书、做生意和撑船撑排谋生。

大均村传统民居为前店后院式的明清建筑，镇龙古街石板铺面，山区商贸古街风貌明显，有"小溪明珠""景宁最高学府""浙南芙蓉镇"等美称。镇龙古街是大均村的主街，东西走向，长约300米，老街路面由鹅卵石和石板镶嵌铺砌，古色古香，沿街有李氏祠堂和老宅、十几处明清古建筑、畲族风情馆等。老街中的李氏老宅建于清中期，光绪年间是

---

① 《大均村》，百度百科，http://baike.baidu.com/link? url = WVyuTbnr-9RAUOvlzflnYeBu9 3ZfnCLXRQzLYG76PjXRRZruJLs_ iyOHpusOiSJnE3QuPp52Jv9D_ FU6aGb8Q5n3Qlc4lG8uz0YUHJdP w_ _ BFmNZPoUS8zshjQPmco94，2016 年 8 月 15 日。

首富李光元之宅，以前的人民大会堂现改作村文化礼堂。大均村东头村口的千年"唐樟"被当地群众奉为树神，村中许多小孩拜其为亲娘，祈求健康、平安。村西头有浮伞祠、龙岗叠翠等景观。浮伞祠、龙岗叠翠、浮伞仙迹、汤峰拱秀、澄潭印月、古樟独秀、坟树国青、风雨桥以及建于明朝嘉靖年间的观音阁等被称为大均十大旧景。①

大均村全村总面积 6.2 平方公里，共 3 个村民小组，135 户 403 人。2012 年农民人均收入 7929 元。大均村这几年的村集体收入主要有每年旅游公司的 3.3 万元旅游资源补偿费、水电站承包费 8000 元和生态林补贴。"我们村里有 4700 多亩林地，其中生态林就有 3789 亩，是国家生态林，国家补贴 15 元/亩。其他畲族村每年有来自省发改委的 10 万元民族村补助款，我们村因为不是民族村，所以这项补助就没有了。村民的传统收入主要来源于种田、外出打工、捕鱼抓鱼。有些村民去外地打工，一般留在家里的都是抓鱼，抓鱼的有 20 多家，鱼的价格很高，可能一天平均200 元。"②

大均村是"中国畲乡之窗"景区的核心部分，是景区主要旅游活动项目的依托地，项目内容涵盖了景区已开发的除演艺中心（2009 年建成）"畲寨欢乐夜"之外的所有项目。大均旅游开发始于 20 世纪 90 年代中后期，在全国旅游开发热潮大背景下。大均村因具有深厚的文化底蕴、优美的自然风光，以及良好的区位条件，成为景宁畲族自治县开发的第一个景区。依托古村，1998 年开发了大均漂流旅游项目。该项目是当时景宁县的重点旅游项目。竹筏漂流全程有十潭九滩四壁一礁群，形成滩潭相接的水上奇绝风光，沿途可欣赏潭幽、峰奇、林茂、人朴的畲乡山水风光和具有传奇色彩的浮伞古渡景观。2000 年开发了畲族婚嫁表演项目。景宁县委、县政府为发挥生态和民族文化优势，提出"创畲乡生态优势，建风情旅游名城"发展战略，大均则成了向外地游客展示畲族文化的窗

---

① 大均，百度百科，http：//baike. baidu. com/link？url = HxXBLftIIm88z2 D--O629fqOyNualN KsR1KQM8GKdYpl4c7AOVlJYOGhFSBY3YSkA75gUYOOagwRcprbYBZozLSLRsb1CK7-uvS5yn2EKtS，2016 年 8 月 15 日。

② DJC—LSW，男，中年，大均村村民，访谈时间：2013 年 8 月 10 日。

口，景区因此取名"中国畲乡之窗"景区。"大均自然村农户一共有107户，能从旅游这里直接受益的有20来家。现在村里有17家农家乐、3家旅游商品店，餐饮最大容量一次可达1000多人，床位130多张。其中，升4A级景区之前有五六家农家乐，升4A之后又多了10来家。大家反映那个栏杆拦掉以后我们这里17家农家乐都没生意了"。[①] 大均村除了有17家农家乐经营户和3家工艺品店直接从旅游发展受益外，另有8名村民通过在旅游公司就业受益，其中景区讲解员1人，畲族婚嫁表演抬轿和吹唢呐各2人、放鞭炮和敲锣各1人，漂流排工2人。[②] 自旅游发展以来，大均村获得多个省、市荣誉称号（见表4-2）。

表4-2　　　　　　　　　　近年大均村获得的荣誉称号

时间	荣誉称号
2006 年	丽水市生态村；首届浙江魅力新农村评比获"环境优胜奖"
2007 年	列入浙江省示范村创建名单；被评为"浙江省绿化示范村"
2008 年	丽水市文化示范村；丽水市文化名村；浙江省全面小康示范村
2009 年	浙江省农家乐示范村
2011 年	浙江省特色旅游村

资料来源：根据大均村村委提供的"大均村简介"整理，2013年8月10日。

二　世外桃源泉坑村

泉坑畲族村距乡镇府驻地大均村0.5公里，与大均村以小溪为界隔溪相望，与洋坑、伏叶、三格村相连，区域面积12.5平方公里，耕地面积628.4亩（其中水田面积为517亩），林地17794亩，建有一座乡办泉坑电站。泉坑村原辖水碓垟、畔灶、张荒岱、半岭、白泥岗、泉岱、埠头、茶仔垮、田寮岭、田寮、横岗11个自然村，各自然村之间基本上都是简易的通村小路，其中水碓洋村离乡政府所在地大均村最近。"全村共164户，688人，其中畲族人口占55%，属于畲汉共居的畲族村落。该村是全

---

① DJC—LSW，男，中年，大均村村民，访谈时间：2013年8月10日。
② 均为笔者2013年10月8日的调查统计数据。

乡低收入农户最多的一个村，全村低收入农户有 72 户、182 人，其中因缺少生产资金而贫困的有 57 户，占了贫困户的 79.17%。"① 泉坑村畲族人口以蓝姓和雷姓为主，其中蓝姓畲民稍多些，20 世纪 70 年代之前，畲民自己种麻织布，80 年代结婚时还举行畲族传统婚礼。但由于畲汉共居，相比于纯畲族村，泉坑村畲族文化汉化程度较高，80 年代后期就很少有人家举办畲族婚礼了。"传统畲族婚俗比较费钱、费时，成本要高些，以前因为畲民经济比较困难，没有床解决客人的住宿，就对歌对一夜。"② 目前泉坑村还保留使用的畲族传统文化主要有畲族语言、唱山歌和哭丧。

2008 年，大均乡实施下山移民安置工程，在离水碓洋旧村 100 米左右的小溪边规划 42.5 亩土地，建设水碓洋生态移民小区。水碓洋小区房子一般三层，房子外墙和木门由政府统一规划，每个木门政府补贴 1600 元，村民们认为小区形象要好，同意政府的统一规划。房子里面由各家自行设计。小区于 2009 年竣工，2010 年开始搬迁。虽然部分年纪较大的村民对搬迁有所顾虑，但考虑到后代发展也接受了搬迁，到 2015 年，已有 93 户 367 人陆续搬迁到水碓洋小区，其中有 3 个自然村实行了整体搬迁，使泉坑村的自然村由 11 个缩减到 8 个。

通过水碓洋生态移民小区建设有效地促进了大均中心集镇的扩展。如占地面积 400 平方米，建筑面积 1500 平方米三层半的来料加工厂已建成，即将投放使用。使用后将解决移民、下山脱贫、送子女就读等原因而形成的一批农村妇女劳动力的剩余和闲置问题，增加这部分人员家庭收入和就业问题。通过帮扶政策，真正地让下山的移民搬得出、住得稳，富得起。现在走进水碓垟生态移民小区，一家家特色农家乐和特色民宿，还有便民小超市，生动地勾勒出一幅生产发展、生活宽裕、乡风文明、村容整洁、管理民主的美丽乡村的美好画卷，让人感受到一个别样"富美村庄"。下山后的村民们眼界也开阔了，纷纷开店办厂、外出务工，直

---

① 厉志海：《创业创新中的新农村迫切需要发展特色经济——泉坑村蹲点调研手记》2008 年第 11 期。

② QKC—LGY，女，中年，泉坑村畲民，访谈时间：2013 年 1 月 1 日。

接进入二、三产业，生活发生着翻天覆地的变化。

从景宁县城到泉坑村需要经过大均村。因为泉坑村和大均村之间隔有一条小溪，在2006年之前，进出泉坑村需要从浮伞渡①码头摆渡，对外交通极为不便。为创建国家3A级中国畲乡之窗景区，2006年，在大均村到泉坑村的小溪上建起了镇龙桥，从此结束了泉坑村进出要摆渡的历史。2013年，泉坑村村集体收入3.7万元，主要来源于水电站的承包费（每年1万多元）、旅游资源补偿费（2010年开始每年5000元），以及上级政府拨付的民族村落10万元/年的脱贫补助款，其中80%的分发给村民。泉坑村有100多位村民在丽水、景宁县城等周边地区务工经商，其他村民以务农为主，主要经济收入来源于毛竹、木头等，近年来发展药材和茶叶生产。2013年，农民人均纯收入9553元，人均收入在2000—3000元/年的低收入农户有79户260多人，属于大均乡低收入集中村。在泉坑村，家庭支出除日常生活开支外，最主要的支出是盖房子。"房子是一个人的根，宁愿借钱也要把房子盖起来。为了下一代着想，这个想法是正确的。就像小孩读书，过去不重视。现在呢，虽然读书不要钱了，但是比原来花费还要多，一个小孩到我们乡政府这里来读书，全家人都要下来陪读。"②

泉坑村虽然也在"中国畲乡之窗"景区的核心范围内，但多年来由于景区没有多大发展，旅游发展影响基本没有辐射到泉坑村。一直到2006年，随着大均村和泉坑村之间的镇龙桥建成开通，以及2009年"中国畲乡之窗"景区成功创建国家4A级景区后，景区的"畲寨欢乐夜"演艺中心建在泉坑村，游客的游览范围开始扩展到泉坑村。随着到泉坑村游客增多，村里在2010年开办了3家农家乐。后因承包商提高门票价格（90元/人，包括婚俗表演项目，实际是婚俗表演项目是团队预约，散客

---

①　传说中唐时期景宁鸬鹚一马氏村妇，家贫，为侍奉父母与公公婆婆，常到大均、鹤溪一带代人家纺线织布，换来米饭菜羹侍奉年迈多病的公婆，常朝出夕回风雨无阻。有次途经大均遇洪水无渡，为赶时间早些到家把热饭菜端到公婆面前，竟以伞代舟而渡，被后人奉为"孝仙"，并在渡头建"浮伞祠""马氏天仙"，也将此渡口称为"浮伞渡"。

②　QKC—LXD，男，中年，泉坑村畲民，访谈时间：2012年8月1日。

不一定能看到婚俗表演），客源减少。到 2014 年，村里只剩一家经营餐饮的农家乐。"（门票）太贵啦，外地四五个朋友到你这里玩，（门票）就三四百块钱呢。原先景区还没建起来的时候，我还住在老村，那时上海人每年都来。我说你们上海人干吗到我这地方来，他们说我就喜欢山，因为你们这里有山我们就来了。那时我家有个天井，他们就说要住在我家。现在上海人到这边来就很少了。"①泉坑村有 1 位村民在景区当保安。村民认为"中国畲乡之窗"景区旅游开发对村里经济收入没什么影响。

泉坑村参与旅游主要是在 2015 年底"畲乡绿道"建成开通之后。畲乡绿道全程 13 公里，依托千峡湖库尾瓯江支流小溪沿线的绿色生态山水资源，以自然山水为背景，融合畲族文化，是在从鹤溪镇到大均乡的老公路的基础上修建的彩色透水沥青自行车道及人行通道。畲乡绿道串联了景宁县城、外舍古镇、大均中国畲乡之窗 4A 级景区等区块，沿途设有自行车租赁点、观景亭和景区管理用房等配套设施，是集旅游、休闲、文化、运动、绿色出行为一体的畲族生态滨水绿道。

2015 年 10 月，从景宁鹤溪镇到泉坑村的畲乡绿道建成开通。泉坑村因位于畲乡绿道的终点，绿道开通后，到泉坑村的游客逐渐增多，部分已搬迁到水碓洋新村的村民开办了民宿和餐饮，到 2017 年 5 月，村里有民宿 9 家，餐饮 2 家，餐饮兼营住宿 1 家。LXD 通过对自家老房子改造，开办了餐饮兼住宿的"畲香人家"。改造后的"畲香人家"整体结构与原来老房子差不多，二层的木质结构建筑，一层为中堂和厢房。中堂为游客交流的公共空间，摆设与传统畲家一样，在中堂两边的墙壁上，挂了房子主人与上级领导的合影照以及景宁的一些民俗、风光照等；两侧厢房改造成包间和厨房。二层是包间和两个客房。"畲香人家"于 2016 年畲族"三月三"开门营业。由于餐饮经营需要，由原来在福建经商的LXD 妹妹返乡负责餐饮店经营管理，自开业以来，生意一直不错。

相对于大均村，泉坑村民风更淳朴，尤其是在 2015 年之前，受外界干扰少，村民过着几近与世无争的田园生活，进入村庄，给人感觉宁静

---

① QKC—LXD，男，中年，泉坑村畲民，访谈时间：2012 年 8 月 1 日。

恬淡，村民在延续着自然的生产生活方式。

三 旅游影响下大均村和泉坑村的变迁

为了解景宁畲族自治县中国畲乡之窗景区发展对大均村和泉坑村社会、经济、文化和环境变迁产生的影响，课题组于 2012—2016 年多次深入两村调查，访谈了大均乡政府相关负责人、两个村的村委主任和支书、景区工作人员和部分村民。于 2013 年 7 月 6—10 日、8 月 22—26 日课题组对两个村的村民、经营户进行问卷调查，调查内容涉及村民对旅游业和畲族文化认知、旅游业对村落变迁的影响以及村民的旅游支持度等。大均村和泉坑村分别收回有效问卷 115 份和 123 份。

（一）旅游对村民畲族文化认知和保护意识的影响

畲族很多传统文化源于畲民的生产、生活，自 20 世纪 80 年代初我国农村实行家庭联产承包责任制之后，村民之间不再共同劳动生产，相互交流接触机会减少。同期的改革开放也加速了我国城乡交流和现代化进程，畲族村落文化汉化、现代化的速度加快。自 20 世纪七八十年代开始，很多畲族传统习俗和文化渐渐退出当地畲民的生产生活。"我只知道我们小时候养蚕，我妈用那种蚕丝织成的布给我们做衣服，两层的那种蚕丝，我们是穿过的，还有一种是麻子织的那种。到后来 70 年代我高中毕业，原来那种服饰就没穿了，随着社会发展，大家都是一样的，感觉就是这样……我是 82 年结婚的，我们结婚的时候也是根据我们畲族风俗来的，还唱山歌。以后 80 年代后期、90 年代就没有了，到我儿子年轻一代就畲汉差不多了。所以说我们这个地方畲族文化什么东西传承下来的不多。"[1]

虽然大均村是景宁畲族自治县大均乡政府的所在地，大均村周边有本乡的泉坑、李宝、伏叶等多个畲族村落，但村民平时几乎很少有机会了解和接触畲族文化。在调查中，大均村有 24.4% 的被调查者"不了解畲族文化"，了解畲族文化的被调查者中，有 57.8% 的是"发展旅游之后

---

[1] QKC—LXD，男，中年，泉坑村畲民，访谈时间：2012 年 8 月 1 日。

才了解畲族文化"。泉坑村这两项数据分别是 8.9% 和 53.6%。大均村有 67.15% 的被调查者认为"传承畲族文化重要或比较重要",泉坑村这一选项的比例是 84.95%。这一调查结果说明,旅游业提高了村民对畲族文化的认知,使更多人了解了畲族文化。而对畲族文化传承重要性的认知,不完全与村民的旅游受益程度呈正相关,更多的是受族群归属影响。虽然目前泉坑村的旅游受益程度远不如大均村,但认为"传承畲族文化重要或比较重要"的比例远高于大均村。

对民族文化保护和传承来说,旅游是把"双刃剑"。一方面,旅游业提高村民对民族文化的认知程度,提高村民保护民族文化的积极性,一定程度上旅游是拯救、活化民族文化的重要途径。另一方面,不合理的开发利用会导致民族文化破坏和民族特征丧失。中国畲乡之窗景区畲族文化旅游发展虽然还处于初级阶段,开发利用的畲族文化不多,但也有部分畲民意识到其中对畲族传统文化解读存在的问题。大均村和泉坑村分别有 59.05% 和 58.35% 的被调查者认为"当地发展畲族文化旅游后,畲族文化不会被破坏",但泉坑村有 30.75% 的被调查者担心畲族文化旅游发展后会破坏畲族文化。泉坑村一些年纪稍大的老人认为,现在景区开发的一些畲族文化旅游项目不符合畲族传统文化。比如在畲族婚俗表演中的坐轿、敲锣鼓和跳木拍舞,他们认为,"我们畲族人结婚要牵牛的,不是坐轿的,坐轿的是你们汉族""畲族只有在送葬的时候用锣鼓,结婚时是不用锣鼓的""木拍舞是死人做功德时跳的,怎么能在结婚时跳呢""畲族真正嫁女儿是不跳舞的,大家吃完饭以后就直接开始唱山歌了""弄得白事红事分不清"。由此看来,在民族村落旅游发展过程中文化主体的参与是很有必要的。

在关于对不同畲族文化元素了解状况的调查中,两个村的被调查者了解人数排在前三位的都是畲族山歌、畲族服饰和畲族舞蹈。究其原因,一是中国畲乡之窗景区的畲族婚俗表演项目中,使用的主要畲族文化元素就是畲族山歌、畲族服饰和畲族舞蹈,这三种畲族文化因在景区展示频繁、利用程度高而被大均村的村民普遍了解。二是传统的畲族是个善歌的民族,以歌代言、以歌叙事,畲族舞蹈主要源于生产劳动、祭祀和丧礼，畲族山歌和舞蹈在很多畲民中还是具有深刻记忆的；畲民现在虽然在日常生活中已基本不穿畲族服饰，但为了搞接待，泉坑畲族村落的畲民家里基本都会备有接待上级参观检查、节庆活动用的畲族服饰。

大均村村民对畲族饮食文化、畲族婚俗和畲族传统节日文化的了解度远高于泉坑村（分别高出 15.5%、8.4% 和 8.3%），而泉坑村村民对畲族语言的了解度比大均村高 13.1%。究其原因，由于畲汉长期杂居，畲族婚俗、传统节日和饮食在畲族民间目前已基本汉化，年青一代畲民对传统畲族婚俗已很少了解；现在民间基本不过畲族"三月三"。为加速推动景宁畲族自治县旅游业、餐饮业融合发展，凸显畲族文化旅游主题，多年来，景宁县委县政府对畲族文化饮食进行了挖掘和整理，评选出了畲药鹅汗、千峡鱼头、工头大肉、黄精凤鸟、畲娘熬笋、酒糟畲参、金针富足、豆腐酿、畲家干菜、贡品畲菇中国好畲"味"——"畲家十大碗"。"畲家十大碗"在景宁鹤溪镇酒店、景区餐饮店和农家乐经营户进行推广。大均村因位于主景区范围，受旅游影响大，一些餐饮和农家乐经营户平时会参加县政府组织的旅游从业人员培训，餐饮是培训的重要内容，因此，村民逐渐形成了畲族特色饮食文化概念。为彰显"中国畲乡之窗"景区的畲族文化主题，相关部门会引导大均村农家乐经营户开发畲族特色饮食。畲族婚俗表演是中国畲乡之窗景区最传统，也是很长一段时期景区里唯一的畲族文化旅游项目，几乎每天都会在大均村上演。畲族"三月三"节庆是景宁县政府力推的畲族文化品牌项目，在节日期间，政府会把部分活动内容安排在大均景区举行，景区自身也会推出围绕畲族"三月三"主题的活动项目。旅游对上述畲族文化元素的开发利用提高了大均村村民的了解度。语言作为隐性文化元素，是人们之间交流的工具，但难以融入旅游项目开发，同时大均村村民以汉族为主，因而畲族语言在大均村的了解度远低于泉坑村。目前在泉坑村很多畲民家庭里以及畲民之间仍然使用畲语交流，畲族语言是传统畲族文化元素中传承最好，并仍然在日常生产生活中使用的畲族文化元素。

在关于哪种文化元素最能体现畲族特色的问题上，两个村出现比较大的偏差。大均村有 70.3% 的被调查者认为最有畲族特色的文化元素是畲族婚俗，而泉坑村 60.7% 的被调查者认为最有畲族特色的文化元素是畲族语言。

语言是人类最重要的交际工具，是一个民族区别与其他民族的重要因素之一。"语言是民族文化的活化石，沉积着一个民族的文化积淀，也累积着民族的意识。"① 为传承畲族文化，景宁县民族小学开设了畲语课程。"畲族话在学校很重视，开了畲族话课程，不会说畲话要求扣 3 分，因为上级重视畲族。"② "我认为畲族人最应该保护好的最基础的东西是畲语。在畲汉通婚的家庭里，从呱呱坠地开始，就学习普通话，我认为应该教孩子基础的畲语。我们景宁还开设了畲语班，但我觉得没有必要，我们自己就是畲族人，反而让孩子去学畲语班，这个东西其实是母语，我觉得这个传统畲族人要好好传承，我很担心将来孩子都不会说畲语，我自己的儿子女儿都会畲语，但是孙子一代就不一定了，如果儿女畲汉通婚，孩子一出生就学汉语，但是不会说畲语，说自己是畲族人，会被人嘲笑。我们国家的 56 个民族，自己本民族的语言是肯定要保护好的，有的民族还有民族文字，就畲族来说，一没有文字，二不会畲语，那将来就传承不下去。既然我们是畲族人，畲族话我们是一定要传承下去的，即使是下一代子孙我们也一定要会教。"③ 在泉坑村的畲民看来，畲族语言才是最具畲族特色和最应该传承的畲族文化。此外，旅游业发展也让畲民认识到畲族文化的价值，泉坑村有 76.7% 的被调查者表示，为发展旅游需要，"非常愿意"或"很多人参加我就学习畲语、畲歌和畲舞等畲族文化"。

两个村村民对畲族文化的认知存在一定差异。大均村非畲族村民对畲族文化的认知主要源于中国畲乡之窗景区畲族文化旅游项目开发；而泉坑村畲民对畲族文化的认知来源相对比较复杂，对畲族语言等还在使

---

① 周大鸣：《文化人类学概论》，中山大学出版社 2009 年版，第 253 页。
② QKC—LGY，女，中年，泉坑村畲民，访谈时间：2013 年 1 月 1 日。
③ QKC—LXD，男，中年，泉坑村畲民，访谈时间：2012 年 8 月 1 日。

用的畲族文化了解主要来源于日常生活中的家庭传承，而对畲族"三月三"、畲族婚俗等已退出畲民生产生活的文化主要来源于畲族文化旅游项目。在对"传承畲族文化是否重要"的态度上，泉坑村和大均村分别有89.5%和69.8%的被调查者认为"重要"或"比较重要"。

（二）旅游对村落环境变迁的影响

旅游与环境之间是相互影响的。高质量的旅游资源需要有高质量的赋存环境，甚至有些高质量的环境自身就是旅游吸引物；旅游活动对美的体验需要旅游地保护好环境，改善环境条件，会提高旅游受益者的环境保护意识。旅游对大均村和泉坑村的环境影响主要表现在村落环境卫生、公共配套设施、交通医疗教育条件以及社区生活等方面。其中受旅游发展影响最大的是环境卫生状况，两个村都有一半以上的被调查者认为"旅游发展后村落环境卫生变好了"。对此，大均乡乡长 DJX—YXL 也有很深刻的体会："旅游发展前，村里的鸡鸭都是放养的，村里到处都是鸡鸭粪便，后来创国家4A级景区，要求村民圈养，刚开始大家不习惯有意见，现在习惯了，村里卫生干净多了。"[①] "打造最美乡村要符合很多条件，首先是公共厕所，因为原来少数民族没有这个概念，我们就给村民灌输这种意识，现在我们公司已经造了五六个厕所了，改善了环境。"[②] 现在村里有专人负责卫生保洁，村里道路干净整洁，交通、医疗和教育条件也得到改善。各家各户房前屋后的空地见缝插针进行了绿化美化。为改善村庄环境，建设美丽畲寨，泉坑村实施了"清水绕村"美丽畲寨建设项目，村民自发参与，修建了175米长的清水渠和鹅卵石村道，将清澈的溪水引入村中。村民家门口以前大多是黄泥路，雨天泥泞湿滑，现在都铺了鹅卵石道。村头新建的文化小广场和均川廊桥，成了村民休闲、聚会、纳凉聊天的新去处，也是村民和游客的共享空间。相比而言，泉坑村所受影响更大。大均村是大均乡政府所在地，村里建有小学、卫生站等，且在庆景公路边，旅游发展之前就有比较完善的配套设施。而泉

---

① DJX—YXL，女，青年，大均乡乡长，访谈时间：2012 年 8 月 1 日。

② SXZC—YHQ，男，青年，畲乡之窗景区经理，访谈时间：2013 年 8 月 10 日。

坑村与大均村以小溪为界，原有基础设施较差，孩子上学、村民看病等最近的地方就是大均村。镇龙桥建成前，村民进出村寨要摆渡，如遇大雨天气则无法摆渡，交通非常不便。以前泉坑村曾有畲民疾病发作，因交通问题没能得到及时救治而死亡。2006年，"中国畲乡之窗"为争创国家3A级景区，在大均村和泉坑村之间的小溪上修建了长100多米的镇龙桥，结束了泉坑村要依靠渡船进出村的历史，极大提高了泉坑村村民出行的便利程度，村民到乡政府和景宁县城接受医疗服务、小孩到大均和县城就学等也不用再摆渡了。

（三）旅游对畲族文化变迁的影响

在旅游对畲族文化变迁产生的影响中，比较明显的是运用于旅游项目开发的畲族文化元素。传统畲族婚俗礼仪包括相亲、定亲、选赤郎行郎、送彩礼、拦路、脱草鞋、劝酒、撬蛴、对歌对盏、传代、留箸、留风水、行嫁（上轿）、到交杯酒或留火种、哭嫁妆等多个环节。随着时代变迁，畲民婚仪发生了很大变化，大部分地方已随从当地汉族婚仪。2008年畲族婚俗仪式被批准列为浙江省第二批非物质文化遗产，2014年12月，景宁畲族婚俗被列为第四批国家级非物质文化遗产代表性项目名录。

大均村畲族婚俗表演项目开始于2000年，该项目是对畲族传统婚俗的舞台化展现，是多年来中国畲乡之窗景区最主要的畲族文化旅游项目。整个表演项目选取了畲族传统婚俗中的选亲、杉刺拦路、捉田螺仪式、喝宝塔茶、借锅、杀鸡、盘歌、改装哭嫁、请祖留种、牛轿行嫁、传代揭盖、拜堂成亲、九节茶礼和欢庆歌舞环节，整个表演过程一个多小时。"我们以前结婚的时候认真多了，内容也不是很一样的，男方家需要请两个赤郎，要特别会唱歌，要唱很多歌还都不能重复，有头有尾，歌词也是押韵、对仗什么的都有要求的，需要从小就学起的。"[1] 畲族婚俗表演项目中融合展示了畲族山歌、舞蹈和服饰等元素。为突出畲族文化特色，

_____

[1]　SXZC—LXL，女，中年，中国畲乡之窗景区演员，景宁畲族自治县"非遗"山歌传承人，在自己家里开办了"畲语畲歌传承工作室"，访谈时间：2014年3月21日。

提高表演项目的观赏性和参与性，政府部门和旅游开发公司对原本已淡出畲民日常生活的传统畲族山歌、舞蹈和服饰进行了挖掘、整理和舞台化再造，提高其观赏性和体验性。

畲族崇尚黑色和蓝色，传统畲族服饰以黑、蓝为主色调，在黑、蓝主色调基础上，有的加上一点色彩鲜艳的花边、头巾或围腰等装饰，花边图案取材于日常生活中的山间花草、林间鸟兽和空中云彩等，这些图案既有深刻的民族文化内涵，也包含畲民对生产生活的祝福和期盼，并使畲族服饰在凝重深沉和庄严朴实中平添几分情趣。但以蓝、黑为主色调的传统畲族服饰缺少舞台美感。现代畲族服饰更多用于舞台表演。为提高畲族服饰的舞台效果，景区对畲族服饰进行了现代建构，在服饰款式、花纹刺绣、布料、色彩以及配饰上都做了创新。如在款式上，传统畲族服饰全是很传统的长袖，现在的畲族服饰更多的是短袖或是七分袖。更有新颖的畲族服装为了追求时尚美感，两边袖子采用不一样长度。现在女式服饰有各种各样的裙装，"我是没看到过以前的裙装，听我爷爷说以前有裙子，是像朝鲜族那样很长的裙子"①。畲族服饰最具民族特色的就是服装上的刺绣，特别是"凤凰装"，无论是女子的围裙上抑或衣服袖口边上往往会绣有凤凰的图案，以及反映畲民生活环境的山里的花草、林间的鸟雀、空中的云彩、雨后的彩虹等。现代服饰使用的则是对畲族文化元素提取之后，选择具有代表性的凤凰和彩带图案，以机织为主。在布料和色彩上，则由传统的自织苎麻布或是蓝印花布向色彩多样化的涤纶、丝绸和毛料等转变，抢眼的颜色被频繁使用在现代的畲族服饰上，色彩丰富且对比明显，演员的畲族服饰采用了大面积的粉色、红色等亮色，给人以热情开放的感觉。在配饰中，融入了苗瑶服饰特点，尤其是饰品很多体现了苗族特色。现代畲族服饰在追求美观的同时，也力求穿着舒适。"演员的服装是凤凰装，那是我们找服装店一起研发的我们认为的真正的凤凰装，我个人觉得是非常漂亮的，整体上有我们想要的那个

①　QKC—LXD，男，中年，泉坑村畲民，访谈时间：2017年5月13日。

图案，那就 OK 了。"① "民族文化的发展离不开吸引异质文化的营养，异质文化的融合会产生强大的、新的生命力，单一文化封闭发展则会导致文化的萎缩乃至衰退"②。正如美国著名人类学家本尼迪克特（L. Benedict）所言："每一种文化都有自己的一种不同于其他文化的特殊目的，为了实现这个目的，人们从周围地区可能的特质中选择出可能利用的东西，放弃不可用的东西，人们还把其他特质加以重新铸造，使他们符合自己的需要。"③

畲族民歌是畲民的口头文学，是畲民劳动智慧的结晶和畲族传统文化的重要组成部分，畲族的文化、习俗、技艺等很多内容都是通过畲族民歌口耳相传的。传统畲族民歌大多源自畲民的生产生活、民俗节庆、婚嫁喜事和宗教仪式等，畲民常常以歌代言、以歌叙事、以歌为乐、以歌抒情、以歌代哭，很多歌词是即兴创作，通过唱歌来表达自己的喜怒哀乐之情。按题材内容，畲族民歌可分为叙事歌、仪式歌和杂歌等。其中仪式歌主要有婚仪歌、祭祖歌和功德歌三种④。如在"三月三"节庆期间的对歌，祭祖仪式上的祭祖歌，婚俗仪式表演活动中的婚仪歌等。在婚礼中，对唱山歌是十分重要的活动，可以说是贯穿始终⑤，婚礼的每个仪式和程序都有专门的歌。在婚礼或宴席上唱的称"小令"。如看新娘时有"初看新娘令"，闹洞房时有"洞房令"等。⑥ 在婚俗表演中，畲族山歌是民族特色的重要体现，对歌的赤娘要求比较高。畲族婚俗表演项目的畲族山歌主要用在"拦路"、"敬茶"和"娶亲借锅"三个环节（见表 4－3），山歌由赤娘唱，在多年的婚俗表演中，这三个环节演唱的是传

---

① SXZC—YHQ，男，青年，中国畲乡之窗景区经理，访谈时间：2013 年 8 月 10 日。

② 王林：《民族村寨旅游场域中的文化再生产与重构研究——以贵州西江千户苗寨为例》，《贵州师范大学学报》（社会科学版）2013 年第 5 期。

③ ［美］露丝·本尼迪克：《文化模式》，王炜等译，社会科学文献出版社 2009 年版，第 36—37 页。

④ 吴涤：《浙江景宁畲族婚俗仪式民歌〈借锅歌谣〉音乐形态探析》，《内蒙古大学艺术学院学报》2015 年第 2 期。

⑤ 施联珠：《民族识别与民族研究文集》，中央民族大学出版社 2009 年版，第 330 页。

⑥ 同上书，第 452 页。

统畲族婚俗山歌，因而对扮演这一赤娘的演员要求比较高，必须会唱传统畲族山歌，多年来，"中国畲乡之窗"景区的这一演员都是从东弄村请的。其他的歌都是娱乐性，有各种各样的流行歌曲。

表4－3　　　　　　　　　　畲族婚俗表演中演唱的山歌

环节	歌词内容
拦路歌	赤郎担酒到畲村，姐妹拦路闹纷纷。拦路也是古人礼，问你赤郎怎么过
敬茶歌	远方客人到畲家，畲家姑娘就敬茶。端碗清茶客人吃，客人高兴笑哈哈
娶亲借锅	四四方方一堵墙，中间三口好龙潭。仙女点香奉灶火，金鸡沐浴浮水上

资料来源：歌词由畲族婚俗表演项目中扮演唱山歌赤娘的演员 SXZC—LXL 提供，时间：2014 年 3 月 21 日。

　　除在畲族婚俗表演主要娱乐环节融入流行歌曲外。在景区的三公主迎宾等畲族文化旅游项目中也运用很多畲族山歌。尽管传统畲族山歌有着丰富多彩的歌词积累和变化多样的调式，但旋律单调、传唱受限、乐器缺乏是传统畲族山歌的局限。不论是什么调式旋律往往只有四个甚至两个乐句，只能依靠不断地重复来完成对歌词的演绎，使听众感觉枯燥乏味，听众喜爱程度不高。男声使用假嗓高八度演唱的传统规矩，使畲族山歌传唱受限，导致了畲族山歌的传承出现了后继乏人和断代现象。无乐器伴奏影响了畲族山歌的演绎和美感。[1] 在访谈中畲族民间歌手也有这样的体会，"畲族山歌的歌词、曲调和演唱形式都太单一，基本上都是停留在原有的基础上，没有根本的突破，而且畲族方言的演唱方式也比较难懂，阻碍畲族山歌走向更广大舞台的可能"[2]。为了提高畲族山歌对游客的吸引力，以及年青一代畲民爱听、爱唱畲歌，政府出台相关政策鼓励省内外音乐专家以联合创作或个人创作的形式，赋予传统畲族山歌以新的时代元素，创作一批新版畲族山歌；畲族文化旅游开发者也对畲族山歌进行了创新。在保持传统畲

---

　　[1]　刘程远：《畲族山歌音乐的创新》，《民族音乐》2008 年第 1 期。

　　[2]　PYGC—LGH，男，老年，云和县雾溪畲族乡坪垟岗村畲民，访谈时间：2013 年 10 月 27 日。

族山歌音乐特色的基础上，使用了大量现代元素，如色彩、唱词、音乐、舞蹈等，采用了通俗化和时尚化风格，进化、优化和美化畲族山歌音乐，提高畲族山歌音乐在调式、节奏、旋律、歌词、演唱方法、表现形式和包装方式的时代性和美感性。使畲族山歌既有传统色彩又有新时代元素，符合现代音乐审美需求，吸引更多的新生代畲民对畲歌的关注和喜爱，便于现代观众理解、喜欢，进而较快地融入场景氛围中。

涵化是文化变迁的一种主要形式，异质文化因长期相互接触借用，而引起原有文化模式的变化。一般从属的群体从支配的群体借用的文化因素较多，但若从属的群体存在强大的文化优势，最终被涵化的将是支配的群体。大均村不是畲族村，但大均村是"中国畲乡之窗"景区主体构成的重要组成部分。虽然处于汉族文化占主流的环境中，然而在景区旅游发展过程中，为了凸显景区畲族文化旅游主题，大均村逐渐呈现畲族化。大均村农家乐经营户为了能吸引更多的游客，在农家乐等建筑装饰过程中将畲族文化元素融入房子外立面改造，在古街随处可见类似"畲家大菜""畲绣""凤凰古居"等体现畲乡特色的店铺。大均村也有汉族人家结婚使用畲族婚俗。2010 年畲族"三月三"期间，来自杭州和景宁县的 12 对新人身着畲族婚嫁盛装，举行畲族集体婚礼。在婚礼仪式中，新娘乘着花轿参加了行嫁踩街活动，行嫁踩街队伍由踏路牛、唢呐锣鼓队、陪嫁队、花轿队、嫁妆队、送亲队六部分组成。

旅游使村民对畲族文化元素产生新认识。村民感觉婚俗表演中的这些畲族文化元素与传统之间存在较大差异。在关于"引起畲族文化变迁的因素"中，两个村都有近一半的被调查者认为，政府是影响畲族文化变迁的最大因素，其次是游客。在几个选项中，被调查村民认为导游的影响最小（见表 4 - 4）。本研究与中南民族大学段超教授对湘鄂渝民族地区的研究结果"导游和游客是旅游区社会文化变迁的重要因素"[①]

① 全国哲学社会科学规划办公室：《湘鄂渝民族地区旅游经济发展与旅游区社会文化变迁》成果简介，http://www.npopss-cn.gov.cn/GB/219506/219508/219520/17833827.html，2015 年 4 月 13 日。

存在差异。

表4－4　　　　　　　　影响畲族文化变迁的主要因素（多选）　　　（单位:%）

因素村别	政府	游客	宣传媒体	汉族等外界文化	导游	其他
大均	42.7	22.2	19.1	19.1	6.0	0.0
泉坑	41.1	27.8	18.0	10.0	9.3	3.2

（四）村落经济变迁

大均和泉坑都是传统农业村。因为是乡政府所在地，大均村有20多户非农家庭，农户家庭传统收入主要来源于种田和渔业，村里有3789亩国家生态林，每年每亩有15元生态林补贴。旅游发展后，大均部分村民参与旅游服务和经营，到2013年，在全村107户家庭中能直接从旅游受益的有20户。

泉坑村靠山，地势陡，位于林区，森林总面积有17000多亩，村民经济收入主要以林业和药材为主，毛竹和木头是泉坑村民传统收入来源，近年来茶叶、笋竹和药材等效益农业生产规模逐步扩大。2010年，村里把100多亩山地平整后进行流转，成立农村经济合作社，实行股份制，投入20多万种植金银花，后来由于金银花销路不畅和价格偏低问题，2014年开始转种茶叶。"在我看来，上面的政策也是促使这种转型的一个诱因，领导的决策也会决定一个时期的农作物种植导向。我认为还是要根据实际情况的市场需求。在我看来，种植茶叶比较稳定，如果管理得当，不会亏本。金银花一般用于药材，但是我们没有那个规模，没有经过ISO9000质量认证，即使打出品牌也没有多大效果。但是茶叶已经在我们景宁的市场上打开了销路，我个人感觉这个还可以。作为村干部呢，我们也有自己的想法，我们要根据村里的实际情况，因地制宜，我觉得形象工程不能搞。"① 村里一些年轻人外出打工，留在村里主要是一些年纪

---

① QKC—LXD，男，中年，泉坑村畲民，访谈时间：2014年12月29日。

大的。"一般年轻人出去打工，我女儿 31 岁，儿子 26 岁，两个孩子都出去在福建石狮打工，大的女儿在福建打工十几年了，已嫁在福建了，儿子也在那里做淘宝。像我们就靠农业，比我老的就不出去啦，在家里呢种点地、种点田，种点粮食，搞点养殖业啊，就这样。"① 2013 年泉坑村农民人均纯收入 9553 元。在 2006 年镇龙桥建成之前，到大均的游客很少去泉坑村。为创建国家 A 级景区，随着镇龙桥的建设开通，以及在泉坑村新建了畲族文化演艺中心、均川廊桥等项目，2010 年泉坑村有 3 户农户开办了农家乐。但由于客人少，团队游客基本不会安排在泉坑用餐，2014 年底笔者再次到泉坑村回访时，村里只剩 1 家提供餐饮服务的经营户，其他两户因客源少无法维持经营而停业。目前，由于畲乡之窗景区旅游项目单一，旅游产业链短，综合效益尚未发挥，虽然泉坑村属于景区规划范围的核心区，但实际上旅游发展并没有对村民产生太大影响，村民也还未从旅游发展中获得经济收益。根据问卷调查，泉坑村分别有64.4% 和 51.1% 的被调查者认为"旅游开发前后家庭收入差不多"、"村民的生产方式与以前也没有什么变化"。通过访谈乡镇干部，也认为旅游对泉坑村的影响不大，旅游惠民效果不明显。"现在来说，开农家乐的可能有点收益，开小卖部的可能有点收益，然后呢还有一些鼓乐队的那些有些收益。其他的我们觉得就是旅游惠民这个政策还是没有。像我们这些鸡鸭，景区也有要求，我们是不可能放出来的。（泉坑）这边的话，我们鸡鸭的生活习惯还都不错，像这个小区还是可以的，像这个整洁度啊，他都有要求。村里在这个景区真正受益的，到现在是有体现的，但是效果不是很大。所以我们现在正是要处理这种问题，各种问题也是经常存在的，经常有各种摩擦，政府要调整这种摩擦，我们现在也要时不时地解决一些问题。"② "总体来讲，景区对我们绝大部分村民收益是没有的，总体来讲发展旅游是好的，一个人要是有几十块钱的消费，散客啊，团体来的，要是走过来的啊，我们村的人气要旺的，人要是来多的话，这

---

① QKC—LXD，男，中年，泉坑村畲民，访谈时间：2012 年 8 月 1 日。
② DJX—YXL，女，青年，大均乡乡长，访谈时间：2012 年 8 月 1 日。

样子不就可以了么。现在这样人气都没有，人家不会走路过来。政府有些东西，我们也不好讲，实际上，他承包的人，都是政府操作，那是可以的，这是私人操作，实际上是没用的。"①

尽管目前泉坑村村民旅游受益有限，但他们依旧对旅游抱有很大的期望，有91.8%的被调查者表示"支持当地大力发展旅游经济"，高于大均村82.3%的比例。泉坑村村民具有较强的旅游致富愿望，并愿意学习畲族文化以提高旅游参与能力，也希望通过畲族文化旅游发展能挖掘、保护和传承本民族文化。"村民对保护畲族文化有想法，但没有行动，光做文化没有经济效益，政府有说要求开发、挖掘文化，但没有经费、项目。"②文化的生命力在于其价值，当文化主体意识到文化价值的时候，会形成文化自觉，主动保护传承文化。

（五）村落公共空间变迁

传统村落是一个相对封闭的空间，人们之间的交往主要在村落内部，因而在村落中往往有一些村民日常社交的公共空间。村落公共空间是人们进行物质交换、思想和信息交流，了解和传播村内村外信息的重要空间，也是村民参与村落文化建设的重要场所。这些空间往往在村落的祠堂、戏台、寺庙、集市、水井边、大树下、代销店等。乡村公共空间是乡村公共生活的物质载体和乡村居民日常交往的重要媒介，体现了乡村居民的生活形态和生活观念，承担着村落的历史和记忆。③乡村公共空间受村集体组织、人们的生产生活方式影响，在不同时期往往表现出不同的特征。在村集体经济时期，村民的生产生活在村集体的组织下有序进行，过着依赖土地的"日出而作，日落而息"的生活方式，生产生活表现出高度的一致性和相同性，乡村公共空间一般会在村落祠堂、村头大树下、水井旁、池塘边或河边码头等，这些空间是村集体分派生产任务、商议村落事务、商品买卖和村民间信息交流的场所。随着个体经济和市

----

① QKC—LXD，男，中年，泉坑村畲民，访谈时间：2012年8月1日。

② QKC—LGY，女，中年，泉坑村畲民，访谈时间：2013年1月1日。

③ 王春程、孔燕、李广斌：《乡村公共空间演变特征及驱动机制研究》，《现代城市研究》2014年第4期。

场经济发展，以及城市化进程向乡村渗透，一些村民逃离乡村，乡村出现人口老龄化甚至空壳化，乡村公共空间主体长期缺场，乡村公共空间的一些原有功能消失，一些乡村原有的公共空间被村民新建住宅占用，导致乡村公共空间冷场和缺失。近年来，随着新农村和美丽乡村建设的推进，重建乡村公共空间成为新农村建设的重要内容。在全域旅游和农旅融合的背景下，发展乡村旅游成为许多乡村复兴的重要途径。在旅游场域中，乡村公共空间往往成为主客共享空间，乡村公共空间的布局、特征和功能也出现相应的变化。

　　大均村以李姓为主，李氏宗祠是村里唯一的宗祠。宗祠始建于明代中期，是李氏家族祭祀祖先和先贤的场所，现在宗祠主体已改建为大均乡校，仅保留三门并开的院墙。2015年，李氏后代在大均村头的公路边重建李氏宗祠，成为李氏后人敬祖宗、传承香火的新场所，平时宗祠里活动很少。大均村传统的公共空间主要在村头的唐樟树下和镇龙街的一些代销店。旅游发展前，村里代销店主要出售一些油盐酱醋等日常生活用品，服务对象以本地村民为主。代销店也因此成为村民社交的主要空间，村民不管买不买东西，往往会到代销店坐坐，拉拉家长里短，相互之间交流信息。随着年轻人外迁和现代交通、物流发展，村里代销店的服务对象由以本村村民为主转向以外来游客为主，出售商品也以日用品为主转为以地方特产和其他旅游商品为主，代销店也改名为畲乡旅游商品店等类似的店名。除了原有代销店的转型外，在镇龙古街也相继出现了由本地村民或外来经营者开办的"畲乡大菜""凤凰古居""畲乡大均宾馆""畲绣"等充满畲族韵味的农家乐民宿、旅游商品店等。这些经营场所成为村民和游客相对集中的空间。村头的千年唐樟是大均村的风水树，唐樟树荫下夏季成为村民纳凉和小孩嬉戏的理想空间，村集体时期的劳动任务分配、商议村里大事也大多在唐樟树下进行，是村民一直爱去的公共空间。旅游发展后，唐樟树成为中国畲乡之窗景区的重要旅游吸引物，唐樟树前新建的畲族文化广场是畲族婚嫁表演、三公主迎宾以及一些大型文化活动的场所，广场舞台上绘满了凤凰和蓝雷盘钟畲族四姓图案，广场周边插着畲族四姓大旗，因此，唐樟树下及树前畲族文化广场自然成为村民和游客共享的空间。

历史上畲族村寨多以血缘相近的同姓聚族而居，畲族比较集中的村寨一般都有"祠堂"和"房"的组织。同姓同祖多属于同一祠堂（亦称为宗祠），血缘聚居原则明显。当某一姓人从当地迁出到新的地方居住后，如人口繁衍不多，或在新地方居住的年代不长，一般不另立祠堂，仍然作为一个"房"的组织迁出，与原迁出地的祠堂保持联系，无论祭祖还是修房谱，都得到原迁出地的祠堂办理。[①]泉坑村是个畲汉共居的畲族村落，畲族人口以蓝姓和雷姓为主，村里没有祠堂，蓝姓畲民祭祖一般到澄照乡金丘村，雷姓畲民祭祖一般到鹤溪街道包凤村。泉坑村以前的公共空间主要是村里的晒场，是村民聊天、娱乐、解决村落基本行政事务等的地方。畲民以前没有其他娱乐活动，主要的娱乐方式就是唱山歌，畲族山歌因此在一些畲民中得以传承下来。偶尔也会放电影，但电影更多时候是在大均村放，村民会摆渡到大均村观看；碰上没有渡船的时间，村里的年轻人就会游过去看。随着旅游业发展，相关配套设施不断完善，在大均村村头建了畲族文化广场，泉坑村村头建了公园和均川廊桥，这些空间成了村民和游客共享的公共空间，村民在这些公共空间休闲，夏纳凉、冬晒太阳，平时唱歌和跳广场舞等，并向游客出售一些地方土特产品。游客在这些公共空间与村民交流，深度体验民风民俗，感受畲族文化。

20世纪六七十年代，中国农村正处于大集体时代，农民吃大锅饭，一起上工，一起收工，晚上经常一起开会、学习、观看演出等，大会堂是当时农村具有代表性的建筑物和重要的公共空间。1964年，大均村也建了占地面积325平方米的大会堂，会堂建有大戏台，当时大均乡的全乡大会、大均村平时演戏和放电影等村民娱乐活动等都在这里举行。随着时间的推移和社会变迁，大会堂原有的功能逐渐丧失，外墙、屋顶、门窗和内部设施也都有不同程度破坏。2013年，浙江省针对农村文化资源

---

① 施联珠：《畲族识别与民族研究文集》，中国人民大学出版社2009年版，第520—521页。

分散、内容单一和利用率低等问题，提出在农村推进文化礼堂建设，完善农村公共文化服务。大均村在大会堂原有基础上进行修复，按照"五有三型"（"五有"即有场所、有展示、有活动、有队伍、有机制，"三型"即学教型、礼仪型、娱乐型）的标准进行建设，赋予其新的文化使命。修建后的大会堂作为大均村农村文化大礼堂使用，主要用于召开村民大会、举办各类展览、开展大型文艺活动、乡村春晚和村民的红白喜事等。文化礼堂内部墙壁上图文并茂介绍大均的自然环境、人文历史、旅游资源、村落历代名人、各类文化活动和社会经济发展等。文化礼堂位于大均古街，所以到大均游玩的游客一般会到文化礼堂。2017 年 5 月 13 日课题组到大均村调研时，看到有两位游客打开随身携带的小音箱，在文化礼堂的舞台上即兴跳起了双人舞。文化礼堂成为大均村村民和游客共享的公共空间。

大均村和泉坑村都位于中国畲乡之窗景区的核心区块，旅游业发展对两个村落的畲族文化变迁、村民的畲族文化认知和村落环境都产生影响。但两个村庄由于受旅游发展的影响程度不同、畲族人口比例的差异，导致两个村村民对畲族文化认知差异。在畲族人口占多数的泉坑村，被调查对象中了解畲族文化的人更多，了解的畲族文化也相对全面些，保护和传承畲族文化的意识也更高。而大均村被调查者对畲族文化的了解主要是在旅游发展之后，并且主要是在旅游项目中被利用的山歌、服饰和婚俗等畲族文化元素；在对畲族文化保护和传承的态度上则有点事不关己，对畲族文化缺少热情。作为以畲族文化为主题的"中国畲乡之窗"景区，今后旅游开发应进一步整合资源，将大均村、泉坑村以及周边几个畲族村寨作为一个整体进行开发，将畲族传统体育、畲药养生、畲族猎耕文化体验、畲族习俗等元素结合各村寨特点进行差异化开发，丰富旅游活动内容，让更多的当地村民（尤其是畲民）参与旅游活动，促使他们对畲族文化有更多的了解，并提高畲族文化传承和保护的积极性。在畲族文化变迁中，两个村的村民都认为政府是最大的影响因素，如何充分发挥畲族文化主体在文化发展变迁中的作用也是值得关注的命题。

第 五 章

民族自治县外畲族村落文化变迁

第一节 "竹柳新桥"和"风情东西"

一 "竹柳新桥"唱新声

在浙江省，除景宁畲族自治县之外，畲族人口主要分布在丽水、温州、金华、衢州和杭州5个市13个县（市、区）的18个畲族乡镇。其中毗邻的丽水市莲都区老竹畲族镇和丽新畲族乡、松阳县板桥畲族乡以及金华市武义县柳城畲族镇四个畲族乡镇是浙江省畲族人口密度最大的集聚区。该区地理相近、人缘相亲、文化相通、经济相似，是千年畲族主流的最北迁徙地。该集聚区面积353平方公里，畲族人口10293人，占区域总人口的17%，比景宁畲族自治县畲族人口比例高出近6个百分点；畲族人口密度为每平方公里29.2人，是景宁县的2.98倍，是一个山区特色鲜明、畲族风情浓郁的欠发达区域，也是集中连片的贫困区和革命老区。2013年浙江省农民人均收入为16106元，而四个畲族乡镇人均收入在5500元以下的低收入农户人数有17324人，占区域总人口的28.6%，比全省的10.8%还高出17.8个百分点。[①] 板桥乡是松阳县唯一的畲族乡，它与毗邻的象溪、裕溪、雅溪四个乡镇共计有畲族人口6000人左右。1991年，松阳县第二届畲乡歌会发出倡议，丽水（即现莲都区）、松阳、

---

① 陆宏强、赵杨：《健风情园，助推畲乡新发展》，《浙江日报》2014年12月22日第15版。

武义三市县毗邻的老竹、柳城、丽新和板桥四个畲族乡镇，每年三月三轮流联办畲乡歌会。为整合散杂区畲族文化资源，弘扬、传承和保护畲族文化，1994 年开始，由四个畲族乡镇政府牵头，以"'竹柳新桥'畲族三月三歌会"为节事品牌，四个畲族乡镇轮流举办①，形成"政府牵头、民间支持、群众参与、多方合作"的办节模式。自 1994 年首届"竹柳新桥"三月三畲乡歌会在老竹畲族镇举办开始，至今已有 20 多年。"竹柳新桥"畲族三月三歌会，对该区域的社会、经济和文化都产生重要影响。

（一）提高区域畲族乡镇知名度

"竹柳新桥畲族三月三"歌会，提高了金华、丽水两市三县四个畲族乡镇的知名度。她不仅是本地畲民的狂欢，也有福建、江西、安徽等地的畲民参与对歌比赛。同时，江西、安徽等地的畲族乡镇和政府民族部门工作人员多次前来交流畲族文化建设发展，推动了该区的经济文化建设。各轮值举办"三月三"歌会的畲族乡镇，借助于歌会平台，在"三月三"歌会期间，都极力推介本地文化和产业资源，通过图片展览、音响视频、非遗展示、现场参观和座谈交流等各种方式，展示当地的畲族文化和社会经济建设成果，宣传地方政策，积极招商引资。

（二）促进旅游业发展

丽水市莲都区老竹畲族镇境内的东西岩风景区，金华市武义县柳城畲族镇的小黄山畲族风情村都是在畲族"三月三"歌会节日中建设开发，并成为畲族"三月三"歌会的主会场。东西岩景区依托丹霞地貌和畲族文化提出了"看千古畲乡风情，赏万古丹霞奇观"的旅游形象，景区周边区域被丽水市和莲都区选为处州白莲新的种植基地。东西岩景区成功升格为国家 4A 级景区，成为莲都区多年重要的景区。柳城畲族镇通过畲族"三月三"活动，扩大了畲乡歌舞的影响力，推进了江下村、横山村、

---

① "竹柳新桥"畲族三月三歌会第一届 1994 年在丽水市莲都区老竹畲族举办，随着轮值地的变化，歌会名称也出现相应调整，将轮值地放在第一，分别为"竹柳新桥""桥竹柳新""新桥竹柳"和"柳新竹桥"。

阳坑塘村、大路山村、蜈蚣形村等一批畲族村寨建设。小黄山景区位于金华市武义县东南部，距县城 48 公里，以奇松、怪石、云海、飞瀑为主要景观特色。柳城镇整合小黄山景区、周边畲族村落的民俗文化及"十里荷花物种园"等旅游资源，以建设"畲乡风情古镇"为目标，开展"魅力畲乡、宜居柳城、美丽乡村"建设，2015 年旅游收入 5300 万元，同比增长 12.8%，旅游产业实现了从主导产业向支柱产业的转变。"竹柳新桥三月三"畲族歌会整合了景区周边资源，促进了区域畲族文化旅游发展。

（三）促进畲族文化挖掘和保护

"竹柳新桥三月三"畲族歌会产生的社会经济效益使畲民和地方政府认识到畲族文化的价值，提高了政府和社区居民保护本民族传统文化的意识，畲族文化的挖掘和保护工作引起各级政府的重视。各畲族乡镇开设了畲语畲歌培训提升班，设立了民族展厅展室等畲族文化传承保护空间。在历年"竹柳新桥三月三"畲族歌会期间，轮值畲族乡镇都会举办"畲族文化遗产保护与发掘研讨会"、以畲族文化为主题的各类"书法摄影展""畲家大力士挑担负重比赛""爬竹竿""拔河赛""采新茶""结彩带"等活动和竞技，使畲族传统文化不断被挖掘和创新。"竹柳新桥三月三"畲族歌会还吸引了一批民族学研究者对该区域畲族文化的关注，并对"竹柳新桥三月三"畲族歌会活动进行多年跟踪调查，对三月三畲族歌会引发的诸如"如何保护畲族文化遗产""畲族文化资源优势发挥""畲族文化旅游发展""如何加强民族地区经济文化等各项建设""民族政策研究"等课题项目进行深入探讨研究。

跨区域政府联合举办"柳新桥竹畲族三月三"歌会是个创新之举。一是通过由政府联合举办畲族"三月三"歌会，使集中连片畲族分布区的畲族文化资源得到整合，濒临失传的畲族民间传统歌节得以恢复，为畲族"三月三"歌会赋予新的生命活力。二是通过发掘畲族传统文化精华，融入时代文化精神和文化元素，为保护畲族文化遗产，促使畲族山歌传承和普及创造了新路子。通过"竹柳新桥畲族三月三"歌会平台，造就了新一代畲族文艺工作者，培养了一批新生代畲歌手，使畲族山歌这个"国保"项目后继有人①。

二 莲都区和风情东西景区

莲都区是"竹柳新桥畲族三月三"歌会区域畲族人口最集中的区，包括了四个畲族乡镇中的两个畲族乡镇，即老竹畲族镇和丽新畲族乡。莲都区为浙江省丽水市辖区和丽水市人民政府驻地，浙西南政治、经济和文化中心，地处瓯江中游，位于北纬 28°06′—28°44′和东经 119°32′—120°08′之间，东与青田县毗邻，南与云和县、景宁畲族自治县接壤，西与松阳县相连，西北与武义县交界，东北与缙云县连接。面积 1502 平方公里，辖碧湖、大港头、雅溪、老竹 4 个镇及岩泉、紫金、白云、万象、联城、南明山 6 个街道，峰源、太平、仙渡、丽新、黄村 5 个乡，其中老竹、丽新两个为畲族乡镇。2015 年底全区总人口 40.14 万人，其中少数民族人口 26903 人，以畲族居多，约有 2.53 万人，是浙江省畲族人口最多的县（市、区）。

莲都区置县（市、区）1400 余年。隋开皇九年（589 年），分松阳东乡置括苍县，取括苍山为名。唐大历十四年（779 年）为避德宗李适（kuò）讳，改括苍为丽水县。《元和郡县志》："丽水本名恶溪，以其湍流阻险，九十里间五十六濑，名为大恶，隋开皇中，改为丽水，皇朝因之，以为县名。"《名胜志》记载："以县北七里有丽阳山，故以丽水为名。"《括苍汇记》："县北七里有丽阳山，下环清溪，县名丽水以此。"五代十国，丽水县为吴越国地，属处州。元至元十三年（1276 年），改州为路，丽水县属处州路。明代改路为府，丽水县属处州府。2000 年 5 月，撤丽水地区设地级丽水市，撤县级丽水市设市辖莲都区。同年 7 月 18 日莲都挂牌授印。"莲都"区名由来是因丽水城依山傍溪，周边环山形如莲瓣，宋代以后别名莲城，丽水又有特产"处州白莲"，定"莲都"为市辖区区名，意欲将美丽的莲都建成繁华的都市。

莲都区境处于洞宫山、仙霞岭和括苍山山脉之间。地形格局属浙南

---

① 王雪文：《浅谈畲族三月三的文化特征与价值》，《湘潮》（下半月）2011 年第 4 期。

中山区，以丘陵山地为主，间有小块河谷平原。境内地形主要有山地、丘陵和河谷平原。其中低丘和高丘占全区总面积的 57%。低山、中山占全区总面积的 30.2%，平原主要有碧湖平原和城郊平原。①

　　南明山——东西岩风景名胜区由南明山风景区和东西岩风景区两大景区组成，分别位于丽水市莲都区南部和西北部。1985 年，南明山——东西岩风景名胜区被评为浙江省首批省级风景名胜区，也是丽水市旅游开发最早的三个景区之一（另两个分别是缙云县仙都景区和青田县石门洞景区）。"东西岩"景区位于丽水城区西北 28 公里处的莲都区老竹畲族镇境内，因内有东、西两座丹霞岩峰对峙而立得名，地处丽水、金华、莲都、松阳、武义两市三县（区）的交界处，景区范围东起虎迹溪，西至流坑水库，南起黄弄村，北至老鼠山北山脚，并包括老竹畲族镇的黄兰、道弄源两个畲族自然村，总面积 9.04 平方公里。石奇水秀、山静林幽和畲族风情为景区主要特色，因此又名"风情东西景区"。

　　东西岩景区山脚和周边村落是全国畲族人口分布最集中的地区，也是莲都区畲族村落集中分布区，沙溪村和上塘畈村就是分别位于东西岩山脚东侧和西侧的两个畲族村落。

三　"风情东西"景区发展历程

　　为深入了解东西岩景区开发建设情况，笔者多次走访调研景区周边的沙溪村、上塘畈村、黄兰村等畲族村落，深度访谈了第一任东西岩景区管委会主任 DXY—JAJ。② 东西岩景区开发建设始于 20 世纪 70 年代，根据各时期开发建设投入及经营主体情况，可将东西岩景区发展历程分为四个阶段：20 世纪 70 年代初到 1985 年的探索阶段、1986 年到 2004 年

---

　　① 莲都区，百度百科，https://baike.baidu.com/item/%E8%8E%B2%E9%83%BD%E5%8C%BA/6015899？fr = aladdin，2015 年 12 月 28 日。

　　② DXY—JAJ 在老竹畲族镇工作多年，曾任老竹畲族镇党委书记；丽水市东西岩风景管委会党工委书记、主任；丽水市莲都区风景旅游局（东西岩风景区管委会）党组书记、局长（主任）；丽水市莲都区东西岩风景区旅游开发建设管委会主任等，DXY—JAJ 在当地有很好的群众基础，在调研中感受到当地老百姓对 DXY—JAJ 有很深的感情。

的起步阶段、2005 年到 2009 年的景区创建阶段以及 2010 年后的滞缓发展阶段。

（一）20 世纪 70 年代初——1985 年探索阶段

历史上，东西岩景区属宣平县，历来是风景名山，在《宣平县志》十二卷中有《东西岩赋》，其中写有"朝步西趋分，又恐数见不鲜，彼三竺两峰吾生长之所稔兮，即千岩万壑吾杖覆之所酣，天台雁荡昔日已入吾奚囊背之分，无鹊仙都今又列吾几穿前"。早在唐朝就有玉甑岩、水帘洞、桃花洞、将军岩、试剑岩、穿身洞、卓笔峰、牛鼻洞、清风峡、蟆头岩"东西岩十景"。整个景区内有 100 多个景点，奇峰异石、峡谷幽深、洞穴密布。奇特景观吸引历代名人驻足，明朝进士何镗曾评论说："青田石门最胜，缙云仙都最奇，而穹隆崛起怪伟环崎，莫过于宣邑东西岩。"[①] 历史大家秦观、陆游、刘基等人也曾来此游历。东西岩景区以自然山水见长，即使在旅游业尚未开发之前，也以其优美山水风光吸引人们前来游览。在 20 世纪 70 年代始，东西岩以秀丽山水和典型的丹霞地貌景观，成为莲都区及松阳、武义等周边县市的人们游玩或待客的风景名山，也是周边学校的学生春、秋游的极佳点，东西岩由此成为丽水市最早的风景名山之一。为加强对风景名胜区的管理，更好的开发利用和保护风景名胜资源，发展旅游产业，丰富人民物质与文化生活。1983 年，丽水县（现莲都区）对东西岩景区资源所有权进行变更，将东西岩景区收回国有，赋存于景区内的经济林木进行折价归公，由当时的曳岭区公所与沙溪村相关社队签订协议书。东西岩风景区收回国有后，开展组织申报浙江省风景名胜区工作。1985 年，浙江省人民政府研究决定，公布天台山（天台县）、大佛寺（新昌县）、五泄（诸暨市）、南雁荡山（平阳县）、仙都（缙云县）、石门洞（青田县）、南明山—东西岩（莲都区）、莫干山（德清县）、东钱湖（鄞县）、溪口雪窦山（奉化县）、仙岩（瑞安县）、中雁荡山（乐清县）、大若岩—楠溪江（永嘉县）、方岩（永康县）、南北湖（海盐县）、六洞山（兰溪市）、江郎山（江山县）、双龙

---

① 赵治中、刘克勤：《处州史话》，中国文学出版社 2006 年版，第 99 页。

（金华市）十八处为首批省级风景名胜区，丽水市的南明山—东西岩风景名胜区、缙云仙都景区和青田石门洞景区进入该名单。

（二）1986 年到 2004 年景区起步阶段

东西岩景区被评为浙江省风景名胜区后，为更好发挥旅游效益，保护利用资源环境，莲都区（原县级丽水市）政府投入 200 多万用于景区开发建设，将景区交给丽水市（县级市）园林管理处管理，并开始收取景区门票。1986—1995 年是 2 元/人，1990 年开始 5 元/人。2000 年丽水撤地设市，原县级丽水市的园林管理处与原丽水地区园林管理处合并为市级丽水市园林管理处，东西岩景区由丽水市园林管理处管理，市园林管理处下设景区管理所，景区管理所共 3 人，轮流上班，每天工作主要就是负责收取门票。在这近 20 年期间，由于体制问题，以及与周边民族社区利益矛盾等问题制约，东西岩景区发展停滞不前，可以说景区开发没有正式启动，相比于同年被评为浙江省风景名胜区的天台山景区、大若岩景区、溪口雪窦山景区等，这一时期东西岩景区开发建设速度非常缓慢。

（三）2005—2009 年景区创建阶段

2005 年，丽水市和莲都区两级政府做出了"开发东西岩，建设老竹畲乡旅游强镇"的重大战略决策，实行景镇合一的管理体制，将东西岩旅游职能下放，成立东西岩景区开发管理委员会，高配领导干部（管委会主任副处级），在初期实行"景镇合一"的管理体制，东西岩景区开发管理委员会主任兼任老竹镇书记。在市政府的大力支持下，着手编制景区规划。2005 年编制了《丽水市东西岩景区建设项目规划》《莲都区老竹镇沙溪村建设规划》《丽水市莲都区东西岩区域城镇总体规划》；2006年编制《丽水市东西岩地质公园总体规划》《东西岩景区插花娘娘庙规划》《东西岩景区畲家寨规划设计》和《东西岩景区民居规划设计》等一系列规划。由于当时我国还没有出台 5A 级景区评定标准，于是按照4A 级的标准编制规划打造景区。2005 年，丽水市提出重点突出旅游项目建设，市区以东西岩景区为项目突破口，制订 2005 年投资计划方案，帮助沙溪村启动"农家乐"旅游项目，指导项目包装和招商引资等工作，从专项资金中安排出132万元资金予以扶持。在市、区两级政府的合力推动下，用六个月的时间完成了景区总体规划修编、项目设计、论证和政策处理。2005年7月开始，景区的游步道、亭榭、引水工程、安全护栏、管理用房、公厕、电力等系列工程通过招标全面开工建设。2006年农历"三月三"，第十三届"竹柳新桥"传统畲族歌会开幕式在东西岩景区举行，由莲都区政府牵头，东西岩景区整体开园暨首届"东西岩'三月三'畲乡文化节"隆重开幕，当天有海内外游客6万多人，省、市、自治区相关领导以及浙江省18个畲族乡镇领导参加了开园仪式。开园仪式上组织旅游推介会、文艺晚会、景区游览、畲乡风情表演、畲乡风俗系列活动、畲族研讨会、篝火晚会等活动内容。2006年9月，东西岩景区管委会与上海竹风文化咨询服务有限公司签订合作协议，在上海挂牌成立了东西岩景区上海办事处。经过一年半建设，到2006年底，东西岩景区创国家3A级景区成功。

2007年，丽水市政府将"加大景区开发建设力度，加快发展旅游业"作为当年重点工作，并明确提出把旅游景区景点的开发建设作为旅游工作的重中之重，各县（市、区）要贯彻落实"一批大景区开发"任务。2008年，旅游大景区建设工程继续被纳入全市十件大事。市旅游局重点参与风情东西（即东西岩景区）、古堰画乡、滩坑旅游区、南明湖、遂昌南尖岩、金矿国家矿山公园、龙泉山、景宁炉西峡景区、云和小顺钓鱼岛等项目的前期规划设计、项目建设程序、A级旅游区标准把握和评定指导，争取上级资金扶持等工作。东西岩景区作为丽水市传统景区，并拥有优越的区位条件，自然都被列为开发建设重点。为了形成旅游景区投资业主多元化的新格局，东西岩景区在成功创建国家3A级景区的基础上，莲都区委区政府将景区推向国内外市场进行招商引资。2007年引进浙江正达置业股份有限公司，签订总投资为3.915亿元股份合作开发协议，并组建丽水市风情东西旅游开发有限公司，形成了"政府搭台，企业唱戏，市场运作，合作开发"的运行机制。丽水市风情东西旅游开发有限公司于2008年3月正式开始对东西岩景区实行统一经营管理与开发建设，公司与东西岩景区管委会双方合作，携手创建国家4A级景区。根据"环境保护、景观景点建设与自然相互协调，恰当融入畲乡元素"的开发建设要求，先后投资近 2000 万元，新建了游客接待中心、插花娘娘庙、东西岩宾馆、公厕、钟楼、鼓楼、生态停车场、特色游步道、演绎舞台和广场等设施。按照协议，正达集团应投入建设风情东西新社区、畲乡风情一条街两个旅游配套项目。后来由于受金融危机影响，正达集团出现资金断链，从 2008 年 9 月份开始就无力再往景区投入建设资金。其间，为解决资金困难，莲都区政府和旅游局为正达集团累计借款 1100 万元，为东西岩创建国家 4A 级景区提供了资金保证。2009 年东西岩景区被评为国家 4A 级景区，当年景区共接待国内外游客 50.11 万人。景区人气提升促进了周边老竹、沙溪等村农家乐的快速发展，其中受益最明显的当数沙溪村。2009 年，老竹镇沙溪村已发展农家乐 10 家，年净收入 10 万元以上的有 3 家。

（四）2010 年之后的滞缓发展阶段

为推进旅游业又好又快发展，2009 年，国务院颁布了《国务院关于加快发展旅游业的意见》（国发〔2009〕41 号），提出要把旅游业培育成国民经济的战略性支柱产业和人民群众更加满意的现代服务业。在全国大力发展旅游产业的宏观背景下，丽水市也确定了旅游业为战略性支柱产业的发展战略，2010 年，全市大景区建设项目投入资金 5.2 亿元。在大景区建设过程中，古堰画乡景区作为"后起之秀"成为市、区两级政府投入的重点建设景区之一，莲都区旅游发展改变了长期以来以东西岩景区"一景独大"的格局。在全市大景区建设快速发展的总体态势下，东西岩景区却几乎停滞不前。分析原因主要三个方面：

一是景区经营主体更换频繁，影响了对景区建设和管理的投入。2010 年，正达集团退出景区经营，东西岩景区重新由东西岩景区管委会直接管理，风情东西新社区、畲乡风情一条街两个旅游配套项目就此搁浅。2014 年 7 月，东西岩景区管委会引进浙江高乐旅游文化产业有限公司对景区进行经营管理。该公司在经营管理期间，投入建设资金未达到协议要求，与沙溪村关系紧张，与村民矛盾显性化。为了更好地促进东西岩景区及其周边村落发展，经高乐公司申请、莲都区委区政府同意，

2016 年 4 月，东西岩管委会收回景区特许经营权。回收后，由浙江东西岩旅游开发有限公司进行实体化管理，搭建公司组织框架，按照国家 4A级景区业务需求分设科室，调整完善景区管理和服务体系。①

　　二是村景关系紧张，影响旅游环境。在调研中了解到，自 1985 年东西岩被评为省级风景名胜区征用景区周边村民山林，由于林地征用补偿问题，景区和村民关系一直不太和谐。2014 年 10 月 28 日，笔者到沙溪村调研时，在 SXC—LWJ 家里看到了这份已发黄破损的山林征用补偿协议。从印章和落款可以知道协议书是在 1983 年 1 月 28 日由原曳岭区公所（甲方）和崇义公社沙溪生产大队（乙方）签订的。因为时代久远，在沙溪村看到的这份协议有些字迹已经模糊。大致内容是："为了丰富人民生活，保护和加强风景区建设，经县有关部门协商同意，将曳岭区东西岩风景区收回国有，安排曳岭区公所（以下简称甲方）与各有关社队（以下简称乙方）协商将经济林木折价归公。折价的经济林木有油茶、茶叶、用材林、毛竹、漆树等，总价 16892.12 元，涉及第一、二、三、四共 4个社队。折价款由甲方一次性付给乙方，乙方应保证风景区所辖山上林木完好无损地移交给甲方管理使用，并积极配合甲方教育社员不私自上山毁坏林木、盗取木材和所有经济作物，保护国家财产不受损失。协议一式五份，上报县三份，甲、乙双方各执一份。乙方为崇义公社沙溪生产大队，4 个生产大队代表签字按手印。落款时间为 1983 年 1 月 28日。"② 可事后沙溪村村民觉得林木归公后他们失去了原有相应的经济来源，大多数村民也没有从景区发展中获取收益，一些村民觉得一次性补偿不合理，要求有相应的旅游发展受益。由于村民的要求没有满足，因而对景区开发产生不满情绪。SXC—LWJ 讲："以前管委会拨给村里卫生费 2 万—3 万/年，村民的亲戚、朋友到景区游玩都免费。现在高乐每年给每户 5 张门票，如果亲戚来玩，一年 5 张门票哪里够啊？"为这件事，

---

① 《莲都区旅委主动出击破短板　东西岩顺势而上呈新态》，丽水旅游政务网，http://www.gotols.com/zww/xxdt/xsdt/201605/t20160513_691702.htm，2016 年 7 月 12 日。

② 协议由沙溪村民提供，时间：2014 年 10 月 28 日。

村民曾一度上访到镇政府。

三是莲都区政府的旅游发展重心转移。长期以来，东西岩景区一直是莲都区唯一的一个景区，东西岩景区开发建设是莲都区旅游产业发展的重中之重，但在十几年的时间里，东西岩景区没有多大发展，旅游产品单一且少有更新，多年的景区和社区关系矛盾一直未能有效解决，景区转型升级进一步发展做大做强很难预期。2005 年，在丽水市委、市政府着力打造"艺术之乡、浪漫之都、休闲胜地"的大背景下，莲都区委区政府利用古堰画乡"生态"、"文化"、"休闲"三大特色全力打造美术写生基地、创作基地、商品油画生产基地和生态度假中心，开始进行古堰画乡景区开发。古堰画乡景区主要包括古堰和画乡两部分，距离丽水市区 23 公里，区位优势明显。景区以瓯江为轴线，文化底蕴深厚，整个景区自然与人文、古代与现代、东方与西方等文化具有良好的组合，景区体量规模、发展空间大。为加快古堰画乡景区开发建设，2008 年设立丽水古堰画乡开发建设管理委员会，下设 3 个职能科室（办公室、规划建设科、文化产业科），为全额拨款事业单位，实行景镇合一体制，核编 4 名，全面负责古堰画乡的开发和建设。同年成立了浙江丽水古堰画乡开发建设有限公司，为大港头城镇建设开发、管理与文化、旅游开发建设和融资提供服务。2014 年，古堰画乡景区成功创建国家 4A 级景区。2015 年，古堰画乡被列入浙江省首批 37 个特色小镇创建名单，同年成立莲都古堰画乡小镇和创 5A 景区建设指挥部。丽水和莲都市区两级政府已经将景区开发建设重点转移到了古堰画乡，东西岩景区已失去"一景独大"的地位，错过了景区开发的最佳时机。在 2012—2014 年间，东西岩景区建设总投入只有 50 万元，而古堰画乡景区建设总投入达到 19136 万元，其中政府性投入 5,136 万元。2014 年东西岩景区旅游接待人数 57.0 万人（其中免票人数 39.9 万人），景区门票收入为 134.595 万元；同年古堰画乡景区旅游接待人数 89.6 万人（其中免票人数 60.8 万人，古堰画乡景区对莲都区居民实行免票，东西岩景区对莲都区居民实行半价），景区门票收入529.29 万元。东西岩景区已失去长期以来在莲都区的旅游中心地位。

第二节 "风情东西"山脚的两个畲族村落

一 案例区概况

莲都区（当时为丽水县）1986 年 1 月 20 日建崇义畲族乡。1988 年 2 月 9 日，崇义畲族乡改为老竹畲族镇，是浙江省第一个也是目前唯一的一个畲族建制镇。老竹畲族镇地处丽水市区西北部，属丽水、武义、松阳三县交界地带，距离丽水市区 19 公里，是丽水市唯一的畲族建制镇。老竹畲族镇总面积 83.9 平方公里，有耕地面积 15279 亩，林地面积 94886 亩。下辖 12 个行政村，其中榴溪、沙溪、后坑、郑丰、赤坑五个村为民族村。总人口 16094 人，其中畲族同胞有 3554 人，占总人口的 21%。全镇有耕地面积 15278 亩，林地面积 97320 亩。[①] 境内有著名的国家 4A 级东西岩旅游景区，该景区 1985 年被评为浙江省风景名胜区，2009 年被评为国家 4A 级景区，是莲都区开发建设最早的景区。

老竹畲族镇原属于老、少、边、山、穷区，经济社会发展的基础比较薄弱。近年来，以"农业重镇、旅游强镇、文化名镇、宜居大镇"为建设目标，发展旅游、农家乐、民族民俗展示等第三产业，处州白莲观光农业为主导产业。旅游业发展改善了环境设施条件，2008 年，老竹镇全镇老百姓实现了告别泥泞弯曲小路、村村通上康庄水泥公路愿望。到 2009 年底最后 6 个村完成千万农民饮用水工程后，全镇的百姓都喝上了安全卫生的自来水。先后被评为国家级生态镇、省级旅游强镇、省级生态示范镇等。

丽新畲族乡建立于 1986 年 1 月 20 日，地处莲都西部，莲都、松阳、武义三县区交界处，原距丽水市区 35 公里，现丽（丽水）武（武义）公路通车后缩短为 26 公里。丽新畲族乡也是老竹、柳城、丽新、板桥四个畲族乡镇的中心。宣平溪自吾赤口赤圩入境，经白岸口、马村、畎岸，

---

① 《2014 年老竹镇工作小结》，莲都区政府信息公开网，http://www.liandu.gov.cn/zwdt/zfxxgk/xzxxgk/002651181/03/201509/t20150922_654161.html，2016 年 7 月 12 日。

至黄岭上村出境，汇入瓯江，将乡境分为南、北两半。全乡总面积 83.22
平方公里，境内东西宽 11.2 公里，南北长 14.6 公里。丽新畲族乡辖 9
个行政村，61 个自然村，100 个村民小组，4240 户，总人口 10487 人，
其中畲族人口 2100 余人。畲族人口主要分布在上塘畈、山村、咸宜、黄
岭上、白岸口等 6 个行政村的 18 个自然村，上塘畈、山村、咸宜三个为
民族村。全乡共有耕地面积 7495 亩，山林面积 10.23 万亩，2013 年全乡
实现工农业总产值 15089 万元，其中工业产值 3320 万元，农业产值
11769 万元，农民人均收入达到 10792 元，同比增长 16.2%。[①]

老竹和丽新是浙江省丽水市莲都区两个毗邻的畲族乡镇。沙溪村和
上塘畈村分别是老竹镇和丽新乡的畲族村落，两村相距约 4 公里。崇祯
八年（1635 年），一户蓝姓畲族先民由浙江省丽水市云和县羊背村迁入老
竹镇仁宅村，明末清初相继分户迁到靠近山脚的沙溪村和上塘畈村，两
村至今都已有 300 多年的建村历史。[②]

沙溪行政村距老竹镇政府所在地约 1 公里，由沙溪、沙溪口、道弄
源、黄兰 4 个自然村组成，共有 185 户 450 人，其中 95% 为畲族人口。
中华人民共和国成立后沙溪村也曾同仁宅村合为一个行政村叫仁溪大队，
但终因生活习俗及文化等方面差异而分成了沙溪和仁宅两个行政村。沙
溪村有 4 个小组（自然村），自蓝氏畲民于明崇祯年间在沙溪自然村（沙
溪三村）安家后，明末清初又一家蓝姓在沙溪口安家（沙溪一组），相继
一家钟姓迁徙到黄兰自然村（沙溪四组），另一户钟姓迁徙到道弄源自然
村（沙溪二组）安下了家。

沙溪和沙溪口自然村位于国家 4A 级风景区——东西岩景区东侧山脚
的景区入口处（见图 5-1），是游客到东西岩景区的必经之路。随着东西
岩景区旅游发展，2004 年底，沙溪村有 3 户村民开始开办"农家乐"；到
2014 年，沙溪村有农家乐 16 家，旅游相关从业人员 200 人左右，有畲族
彩带和畲族山歌两位省级非物质文化遗产传承人。先后被评为浙江省旅

---

① 《丽新畲族乡 2013 年度年鉴》，2014 年 4 月 30 日。
② 资料来源：沙溪村文化长廊村史介绍，2014 年 10 月 28 日。

游特色村和浙江省农家乐特色村。沙溪村还组建有畲族风情表演队、畲族山歌对唱队、婚嫁表演队和银英彩带工作室，成立了新沙溪畲族文化旅游发展公司，传承和保留各类畲族特色舞蹈和习俗100多项。2014年，沙溪村被评为浙江省美丽宜居示范村。结合"六边三化三美"项目，历史文化古村落项目，按修旧如旧的原则，对门窗、外墙立面统一进行改造，注入畲族元素，丰富古城墙、文化小品建设，目前，带有浓郁民族风情的畲族村寨建设效果显现。①2016年沙溪村被国家民委列入第二批中国少数民族特色村寨名录。

上塘畈村是丽新畲族乡的畲族村，位于东西岩景区西侧的山脚，丽（水）武（义）省级公路沿线，公路和村落之间是大片的农田，距丽新畲族乡镇府所在地2公里，由黄家弄、雾露垵、上塘、上塘畈、田光背、后田、大坟前7个自然村组成，共有297户1253人，其中畲族人口占95%，被誉为"浙江畲族第一村"，目前还未受到东西岩景区旅游发展的影响。

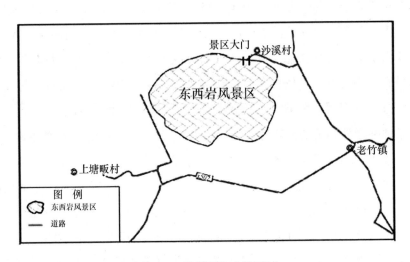

图5-1 沙溪村和上塘畈村

---

① 政府工作报告（2014年2月26日），莲都区政府信息公开，http://www.liandu.gov.cn/zwdt/zfxxgk/xzxxgk/002651181/03/201410/t20141009_ 654159. html。

二　从民族文化中心到被边缘化的上塘畈村

（一）曾经的民族教育和民族文化活动中心

上塘畈村是浙江省最大的畲族人口聚集地，背靠高山王和天师岗，村前是大片良田，相比于惜田如金、一般缺田少地的畲族村落，上塘畈村具有很多畲族村落无法比拟的优越的自然地理环境，尤其是在农耕社会时期，更是占尽地利优势。历史上，上塘畈是相对富庶的畲族村落。据上塘畈村村民 STF—LYQ[①] 老人介绍："上塘畈村是浙江省第一个兴办民族学校的村落。民国年间，上塘畈村没有学校，畲民因生活贫困而读不起书，99% 以上是文盲，全村几百人口识字的不到 10 人。解放后，上塘畈村开始兴办学校。1950 年村民集资办起了类似私塾的学校，从田光背村请来一位叫蓝新连的前清秀才当老师，有 8 名学生，开始没有正规课本，以《三字经》《四字经》《百家姓》等为教材，学生上课以识字、写字为主。后改为政府管理。1956 年，招了 50 名左右学龄儿童入学。1977 年，邻近畲族村的学生也归入本校就读，有教师 5 人、学生 8 人。"

改革开放后，农村教育尤其是少数民族教育更加得到重视。1984 年上塘畈小学被丽水县（今丽水市莲都区）委统战部和县教育局批准为"上塘畈民族小学"和"丽水县重点民族小学"，省民族事务局和地方政府及教育部门在经费和师资配备上给予了大力支持。1985 年起，少数民族小学生一律免收学费，对民族学校补助经费，1988 年，学校规模扩展到 6 个班，181 名学生，8 名教师（都是畲族），凡是老竹镇、丽新乡五年制民族村的畲族学生全部到该校就读。

1992 年，为优化办学资源，提高教学质量，政府调整学校布局，对农村中小学逐步实行了"撤、扩、并"。上塘畈民族小学于 2005 年并入丽新畲族乡所在地的畎岸小学，结束了上塘畈村 50 年的办学历史。在办学期间，上塘畈民族小学于 1984 年被浙江省教育厅和省民族事务局授予"民族教育先进集体"称号。1987 年和 1991 年分别被授予"民族团结先

---

① STF—LYQ，上塘畈村村民，老年，访谈时间：2014 年 10 月 28 日。

进集体"和"全国民族团结、民族进步先进集体"称号。上塘畈村村民崇尚耕读，重视教育，自新中国成立以来，村里一共走出了 85 名大学生，出了两位博士。

上塘畈村不但是曾经的民族教育中心，而且也是民族文化活动中心。1982 年，在上塘畈村"两委"的大力支持和村民的帮助下，办起了"上塘畈村山客文化娱乐活动中心"，在当时的曳岭区（范围包括现在的老竹畲族镇和丽新畲族乡等地）很有名气。在"竹（老竹）、柳（柳城）、新（丽新）、桥（板桥）"山歌会①未形成之前，以上塘畈村为主首先成功举办了"三月三"歌会。并组织 20 多人的功德歌舞队参加丽水地区"三月三"歌会演出，比赛获得二等奖。上塘畈村当时也是丽水县少数民族活动中心，丽水县其他畲族村以及周边松阳、云和等县经常到上塘畈交流学习民族文化建设。

因民族教育发展和民族文化建设，带动了上塘畈村交通条件的改善。上塘畈是老竹镇、丽新乡范围内通机耕路较早的村落，原有农业基础较好，在传统农耕社会时期，上塘畈村村民的生活条件比沙溪村以及周边的村落要好。据上塘畈村村主任 STF—LQY（1985 年由沙溪村嫁到上塘畈村）介绍，在传统农耕经济时代，因上塘畈村比沙溪村有更多更好的农田，经济发展水平比沙溪村要好很多。20 世纪七八十年代，丽水县的农村工作现场会多次在上塘畈村召开。

（二）日趋边缘化的上塘畈村

上塘畈村开始被边缘化的时间大致在 2005 年前后，其原因主要有两个方面：一是上塘畈民族小学的撤并；二是东西岩景区旅游开发。

2005 年，上塘畈民族小学撤并到丽新乡政府所在地畎岸小学之后，

① "竹（老竹）、柳（柳城）、新（丽新）、桥（板桥）"山歌会："竹柳新桥"是指丽水市莲都区老竹镇、丽新乡，松阳县板桥乡，金华市武义县柳城镇 4 个畲族乡镇为主的区域范围，该区域面积 353 平方公里，有 97 个行政村，其中畲族村 26 个，区域总人口 60658 人，其中畲族人口 11152 人，占总人口的 17%，较景宁畲族自治区高出近 6 个百分点；畲族人口密度为每平方公里 29.2 人，是景宁的 2.98 倍。该区域是浙江省最大的畲族人口聚居区。经 4 个畲族乡镇共同协商，1994 年开始，在农历三月初三，4 个乡镇轮流举办"竹柳新桥"畲族三月三歌会。

上塘畈逐渐失去其区域民族文化的中心地位，相应的文化活动、政府和社会对其关注和投入逐渐减少。作为民族村，上塘畈村目前能获得的政府资助项目主要来自民宗局，主要用于村庄道路硬化和文化礼堂建设。上塘畈村是个十分缺水的村，当地有俗语称"年成不晒上塘富，所成被晒上塘苦""三日无雨苗发黄，落点细雨一团糊""晴天像把刀（指泥土），雨天溜滑倒，走路要带跑，一不小心就跌倒"。为了解决用水问题，原丽水县曾在1957—1965年历时近十年时间修建流坑水库和5公里长的引水渠道，把流坑水库的水引到村里，解决当时村里的缺水问题。近几十年随着全球气候变化和村里用水量增加，流坑水库水源已无法满足村里用水需求，缺水又成为上塘畈村的头等问题，但一直未能很好解决。上塘畈村曾在2009年就有村民向丽水市百姓热线反映饮用水困难问题，但这个基本的生存问题一直未能彻底解决。一直到2014年2月，在浙江省委十三届四次全会做出的"五水共治"（治污水、防洪水、排涝水、保供水、抓节水）决策影响下，浙江省民宗局发动全省宗教界开展以"五水共治，五教同行"为主题的宗教慈善活动，帮扶少数民族村落开展水源地保护和污水治理。本次活动共有全省50个少数民族村落得到50个宗教活动场所的结对帮扶，其中台州市佛教协会、道教协会对上塘畈村提供20万元的结对帮扶资助资金，用以改造管网和水渠，解决村民的饮用水问题。2014年10月28日笔者到上塘畈村调研时，村主任和丽新乡政府的工作人员还在为寻找饮用水水源奔波。

2005年，随着丽水市委、市政府，莲都区委、区政府做出"开发东西岩，建设老竹畲乡旅游强镇"的重大战略决策，东西岩景区成为丽水市对外宣传和展示的窗口。在丽水市、莲都区开展相关的民族活动、研讨会时，民族文化、民族风情的现场考察已由之前的上塘畈村转移到沙溪村。

政府在为东西岩景区发展设施建设投入的同时，对沙溪村畲族文化挖掘、整理和开发利用也给予了资金和人才支持。受东西岩景区旅游发展的影响，沙溪村的产业结构、畲民的思想观念都产生很大变化，而上塘畈村依旧延续着传统农耕生产方式，村民仍然过着原有生活。畲民

"以山为基、以农为本""耐劳杂作，弗事商贾"的历史惯习所表现的深层文化在上塘畈村仍具有比较明显的体现。[①] 上塘畈村村主任曾对笔者说："2010 年，云和雾溪坪垟岗畲族村[②]畲民听说上塘畈是'浙江畲族第一村'，村长就带村干部到我们村考察学习，到了村里以后他们感觉很失望，说我们村还不如他们自己村好，一点也不像畲族村"。目前虽然在上塘畈村村口的一块景观石上刻有"浙江畲族第一村"字样，但上塘畈村的民族文化活动和畲族文化氛围已日渐式微。上塘畈村民族小学的校舍依旧，只不过现已用作丽新乡畲族文化站、上塘畈村活动中心和村委办公用房，往日的活力和琅琅书声已经远去，只是操场上孤零零矗立着的旗杆，似乎在向到访者诉说往日的故事。

三 因旅游而兴的沙溪村

沙溪村位于东西岩景区东侧山脚，曾经是一个偏僻的小山村，耕地资源及其他生产条件都不如上塘畈村，经济发展水平和生活条件也一直落后于上塘畈村。东西岩景区是丽水市的传统景区，1985 年被评为浙江省重点风景名胜区，1986 年开始收取门票。虽然沙溪村位于景区入口处，但由于受畲民市场经济意识弱的传统观念影响，大多数村民的思想滞后于旅游开发，把握东西岩旅游发展机遇的能力欠缺，一直没有农户参与旅游餐饮、住宿接待等旅游商业活动，村民生活水平一直难以提高。直

---

① 邱云美：《不同语境民族村落景观变迁的差异化研究——以浙江莲都区上塘畈和沙溪畲族村为例》，《中央民族大学学报》（哲学社会科学版）2015 年第 6 期。

② 云和县雾溪乡坪垟岗畲族村：距云和县城 8 公里，由雷岗、蓝岗、坛门三个自然村组成，全村共有 62 户 229 人，其中少数民族 226 人，占全村人口的 98.6%，是个纯畲族行政村。蓝岗是中心自然村，明代万历年用蓝姓始祖从福建罗源迁居长岗山北坳，与雷岗隔水对望以姓氏得名，雷岗是畲族雷姓始祖以福建罗源迁居长岗山北坳，与蓝岗隔水相望，以姓氏得名，坛门因水口有一座小石山形成一门户，得名坛门。自明代万历年以来一直保存着畲族"三礼二文化"即：行礼、婚礼、葬礼，服饰图腾文化和歌舞民俗文化，曾一度吸引了不少民族文化知名人士、专家学者以及民族事务工作者前来考察、探讨和研究畲族文化。1999 年创建了畲族风情文化村，是远近闻名的畲族生态文化旅游区，先后被评为浙江省文明村、浙江省民间文艺家创作基地、浙江省畲族"三月三"传统节日保护基地、浙江省非物质文化遗产"畲族民歌"传承保护基地、浙江绿谷十佳旅游景点、丽水市文化名村、丽水市摄影创作基地和国家 AA 级旅游景区。

到 2004 年，沙溪村才有 3 家农户利用自家住宅开办了只经营餐饮的农家乐。沙溪村的变化主要发生在 2005 年以后。2005 年，随着丽水市、莲都区两级政府做出"开发东西岩，建设老竹畲乡旅游强镇"的战略决策，东西岩景区进入全面开发阶段。因沙溪村是游客进入东西岩景区的唯一通道，也是景区的第一印象区。在景区创建过程中，市、区两级多个政府部门在政策、基金等各方面都给予沙溪村大力支持。自 2005 年沙溪村被列入莲都区"十百工程"整治村后，2007 年又被列为丽水市新农村示范村。在村庄整治过程中，先后投入 60 多万元安装自来水、硬化路面4500 平方米、绿化村庄 3000 平方米、建卫生公厕 2 座，60% 以上的农户改建了卫生厕所，对 10 户民居进行改造（拆旧建新）。投入 59 万元完成污水处理工程、田间休闲游步道建设、黄兰自然村整治、畲族文化展示馆和垂钓基地建设等。2011 年，莲都区政府将处州白莲基地①由富岭街道转移到以沙溪村为中心的老竹畲族镇区域。2013 年，结合浙江省"四边（公路边、铁路边、河边、山边）三化（洁化、绿化、美化）"整治行动，东西岩景区管委会联合莲都区建设分局、农办、民宗局和老竹镇政府，投入 200 多万元，对沙溪村 20 多栋房屋外立面进行了畲族化改造，让畲族彩带、凤凰等具有代表性的畲族文化元素上墙、入室，统一设置了具有畲族元素的标识牌。同年，在莲都区民宗局的支持下，投入 40 万元对原蓝氏宗祠进行修建，蓝氏宗祠成为集畲族宗亲祭祀、畲族文化展示和畲族习俗体验为一体的综合性场馆，成立了新沙溪畲族文化旅游发展公司。2015 年，沙溪村编制了《沙溪村美丽宜居示范村建设规划(2015—2025)》。到 2016 年 8 月，沙溪村有农家乐 17 家，餐位 1840 个，床位 236 张，旅游相关从业人员 200 多人。沙溪村先后被评为浙江省旅游特色村、浙江省农家乐特色村、浙江省民族进步小康村、丽水市文化名

---

① "处州白莲"为浙江省著名特产，因原产地丽水市古称"处州"而得名，至今已有 1400 多年的种植历史。处州白莲原先的主产地在富岭街道（原莲都区富岭乡），近十几年因丽水城市建设发展，原富岭主产地面积逐渐缩减，到 2008 年只有 300 多亩的种植面积，几乎濒临灭绝。为传承"千年处州白莲"的金名片，莲都区结合东西岩景区发展，在以沙溪村为中心的区域发展上千亩处州白莲种植基地，到 2016 年，种植面积达到了 5300 多亩。

村、丽水市农家乐特色村、丽水市生态村、丽水市新农村示范村、莲都区美丽乡村示范村等。沙溪村已成为莲都区畲族文化展示和体验中心，产业结构已进入一、二、三产初步融合阶段。

第三节　上塘畈村和沙溪村的差异化变迁

村落是人们生产生活的集聚地，村落景观是人们利用资源环境方式和经济性质的体现。随着人们生产生活方式的变化、经济性质的转变，村落景观也随之发生变迁。人们对资源环境的利用方式往往受生产力水平、人们意识观念等因素影响。

一　生计方式变迁

生计方式是人们在利用资源、环境的生产过程中形成的人与自然界之间和人与人之间的相互关系的体系，是人们社会生活所必需的物质资料的谋取方式。生产性景观因源于生活和生产劳动，包含了人们对自然的生产改造和自然资源的再加工，并随着人们利用自然环境和自然资源方式的变化而变迁，是一个地方生计方式的体现。生计方式是社会经济系统的重要组成部分，不仅影响一个民族的经济生活，也影响一个民族的文化、风俗习惯特征，并决定一个区域的生产性景观和产业结构。随着社会发展和人们需求变化，生计方式也会出现相应变迁，生计方式变迁是社会整体性变迁中最主要、最根本的组成部分，也是影响一切社会文化变迁的根源。

历史上，畲族是个迁徙的山居民族，主要散居于我国东南山区的山腰和山麓地带。从生计模式上看，畲族传统文化是一种农耕文化，二元结构型农耕既是畲族传统文化的基石，也是其最基本的特征之一。[①] 游耕和狩猎是早期畲族先民的生计方式。明清以后，畲族才逐渐发展起以梯

---

① 施联朱、宇晓：《畲族传统文化的基本特征》，《福建论坛》（文史哲版）1991 年第 1 期。

田水稻耕作和定耕型旱地杂粮耕作为核心的生计模式；到近现代，锄、犁并耕的传统农业还是畲族的主要经济体系。从总体上看，中华人民共和国成立前后畲族的传统农耕生产在结构上具有二元性，即梯田形水稻耕作和定耕型旱地杂粮耕作两大主要内核。其中梯田形水稻耕作是在汉族先进生产技术影响和畲族内部生产力提高等因素的交互作用下发展起来的。而定耕型旱地耕作则是早期的游动性刀耕火种适应定居发生变异后的传承，因而其中原始游耕生产方式的残余色彩很浓厚。[①]

2012 年，上塘畈村有劳动力 579 人，其中外出创业 20 多人[②]，占劳动力总数的 3.45%。上塘畈村有耕地面积 7495 亩，山林面积 102282 亩[③]。耕地分布集中连片，地势平坦，不像一般畲族村落以梯田为主，耕地位于村落和丽（水）武（义）线之间；山林分布在村后的高山王和天师岗。目前，上塘畈村是个农业大村和丽新畲族乡的重要产粮区，村民的生计方式基本以传统农业为主，粮食和蔬菜为其主导产业，一些村民还种植一些水果、油料作物和茶叶（见表 5 - 1），2012 年农民人均纯收入 7814 元。

表 5 - 1　　　　　　　　2013 年上塘畈村各类农作物播种面积一览

农作物类型	粮食作物	蔬菜	油料作物	果用瓜（西瓜）	茶叶	水果	绿肥	总面积
播种面积（亩）	1570	1360	220	45	60	567（其中柑橘520）	65	3290

资料来源：上塘畈村委统计资料，2014 年 9 月 28 日。

目前，土地基本还是上塘畈村村民的生计基础，一年四季耕种经济附加值很低的传统作物，其中主要经济来源是水稻和大豆。水稻以各家

---

① 施联朱、宇晓：《畲族传统文化的基本特征》，《福建论坛》（文史哲版）1991 年第 1 期。

② 资料来源：上塘畈村文化长廊产业发展介绍，2014 年 9 月 28 日。

③ 同上。

各户畲民自足为主，也有部分畲民种得比较多，除满足家庭需求外还可作为商品粮销售，多的畲民家庭可以出售五六千斤。浙西南一带属于亚热带季风气候，上塘畈因处于山间盆地，海拔较低，大豆一年可种两季，有些种得多的畲民家庭每年大豆的收入有一两万元。水果以传统的柑橘为主，在莲都区其他地方种植面积严重缩减的情况下，上塘畈村仍保留着较大的种植面积。也有少数畲民在村头村尾的空置地块种植棉花，采摘的棉花作为自家做棉被等使用。总体来说，上塘畈村畲民的生计方式还是以种植业为主，大多数畲民沿袭着传统的自给自足生活方式，对土地具有比较大的依赖性。受生计方式影响，上塘畈村的生产性景观基本是农业景观。由于上塘畈一直没有编制村落建设或产业发展规划（2008年编制了《上塘畈村绿化景观设计方案》，但因经费问题还没落地），农作物种植类型完全呈现村民的随意性，种什么和种多少都是各畲民家庭的计划。同一季节的田园景观呈现出多种作物相互嵌入，交错分布，生产方式目前还是以家庭为经营单位，村民土地尚未流转进行统一开发利用，没有形成较大规模的大田农业景观。村里也没有过多的农业设施，传统的人力和畜力为主要生产动力；农田和山林也没有因为其他新兴产业发展建设而被占用，多年来农林业用地面积基本没什么变化。生产性景观是零碎、混杂、自然的单一农业景观，整个村落的生产性田园景观和生活性建筑景观的边界相对清晰。总体来说，上塘畈村基本还沿袭着畲族传统的农耕经济生产生活模式。畲民"以山为基、以农为本"，"耐劳杂作，弗事商贾"的历史惯习所表现的深层文化[①]在上塘畈村的生产性景观中仍具有比较明显的体现。生产性景观表现为单一农业景观，且无规划，不成规模，边界清晰。

　　2012年沙溪村全村有劳动力320人，其中外出创业年轻人40多人，占劳动力总数的12.5%。村民人均收入8886元，略高于老竹全镇人均收入8120元。全村耕地面积395亩，林地面积2810亩。[②]

---

① 王道：《文化自觉与畲族经济转型》，《贵州民族研究》2007年第1期。
② 资料来源：沙溪村村史廊行政区划介绍，2014年9月28日。

目前，沙溪村畲民的生计方式已呈现多样化。除农业生产外，村里还发展了乡村旅游，2015 年，乡村旅游直接从业人员 150 人。参与旅游的方式有东西岩景区就业、开办农家乐民宿、畲族歌舞表演、畲族手工艺制作等。村里已建成农家乐 15 家，能同时接待用餐 1500 人，住宿 130 人；有民宿 11 家，其中特色民宿 8 家。

由于生计方式的转变，沙溪村的土地利用也出现相应的变化，并编制了《沙溪村历史文化古村保护利用规划》《老竹畲族镇沙溪村畲族特色村寨建设方案》等规划。2011 年，随着莲都区把处州白莲种植基地转移到沙溪村一带，处州白莲种植园成为沙溪村比较突出的生产性景观。为实现规模生产，形成景观效应，旅游开发商通过流转农户土地建设处州白莲休闲农业园。为便于游客观赏休闲和摄影，莲田上修建了观光休憩亭。木栈道或水泥浇筑的宽田埂替代了原来泥土筑的窄田埂，生产农田实现了景观化，道路的绿化树木也进行了修剪，显得整齐划一，每年六七月处州白莲节期间吸引了大批的游客。除种植处州白莲外，大部分畲民根据村寨在景区的优势和市场需求，还种植茶叶、苗木等高效益的经济作物，村落对土地利用进行了规划，对一些特色农产品进行了规模化种植。水稻、小麦等传统粮食作物种植主要是满足家庭需求，有些村民已不种水稻和小麦等粮食作物，家庭的粮食需求从市场上买。

具有畲族特色的农家乐民宿经营是沙溪村畲民另一比较重要的生计方式。由于旅游业发展配套设施建设需要，一些土地利用性质也出现了变化。2013 年，沙溪村将地处通东西岩景区公路南侧的门口田，以公路为界延伸 20 米内自牌坊至道弄源路约 100 米的集体土地收回，其中沿路 7 米作为沙溪村"四边三化"道路拓宽项目用地，另 13 米作为沙溪口一组集体集约管理开发。沙溪村新建了停车场、风情广场、攀岩基地、旅游服务中心等旅游设施，村前的道路由原来的 5 米拓宽到 22 米，这些新增设施建设都占用了原有农用地，所以沙溪村的农用土地面积在不断减少。据村民反映，在东西岩景区开发之前，上塘畈村和沙溪村人均农业土地面积差不多，但现在上塘畈村人均土地面积是沙溪村的一倍多。

为了营造畲族文化旅游氛围，沙溪村在村寨建设过程中，将畲族文化元素有机地融入建筑小品、外立面改造和各类设施中。民宅外墙镶嵌畲族彩带图案，门窗雕刻畲族图腾凤凰，农家乐民宿内部大厅及包间放置一些传统的畲民生产生活用具，在购物中心可购买到畲族工艺品和畲族服饰等具有畲族特色的旅游商品。村寨通景道路上设置"蓝、雷、盘、钟"四姓和"畲"字大旗，安放畲族历史文化展板，农家乐经营人员工作期间都着畲族服饰。村里组织了一支由沙溪村土生土长的、地道的畲族农民组成的文化文艺表演队，编排畲族传统舞蹈（如祭祖舞）、畲族婚嫁表演、山歌对唱等。

由于生计方式的多样化，相对于上塘畈村，沙溪村的一、二、三产业已进行了一定程度的融合，生产性景观类型有传统农业景观、现代休闲农业景观和畲族文化旅游景观。在空间结构上，有规划、特色农产品种植形成规模，一、二、三产业景观、民居住宅间互为嵌入，相互之间已无明显边界。

二 建筑景观变迁

建筑是建筑物与构筑物的总称，是人们为了满足社会生活需要，利用所掌握的物质技术手段，并运用一定的科学规律、风水理念和美学法则创造的人工环境。[①] 建筑是人类与自然环境长期相互适应过程中创造的具象文化，是一个地区具有特色的物质景观标志，体现了一个区域或一个民族的自然地理环境条件、社会经济发展水平、生产方式和审美意识等，是民族文化艺术的积淀。畲族是我国东南沿海山区的典型的山居民族。由于深居山区，交通不便，传统的畲族建筑依形就势，就地取材，取用当地黄泥土进行浸漂后制成土砖，为提高土砖的抗压度，浸漂后的泥土要让牛多次踩踏后再制砖。在山地多平地少的条件下，为尽可能节约稀缺的耕地资源，畲民房屋大多建在半山腰或山脚的缓坡地带。在不

---

① 百度百科，http：//baike. baidu. com/link? url = YcbosjIgPWop-krS8FVtvk832a4A1sFEHzfNjv＿ NYx31myVl9oijmjqJqf9NbbOSz6HZO-hdnTxRARt0-tch72BpY95zyEKse＿ 73IMXVvQS，2015 年10 月15 日。

同时期，由于生产力和建筑水平不同，畲族传统民居建筑经历了茅草寮、树皮寮和泥木结构的瓦寮发展过程。畲族民居瓦寮形式特征接近当地汉族的瓦寮，是经过一定程度的畲汉融合后出现的，大约时间在清朝末期。上塘畈村目前的建筑主要有民居和村委行政用房两种，建筑年代感比较明显。民居建筑以传统泥木结构瓦寮为主，多数因年代久远已显得陈旧甚至破败。20世纪90年代以后，部分先富起来的畲民为改善居住条件，在自家房屋旧址或村头路边新建了一些2—4层的砖瓦房。由于各个时期的民居建筑都没有经过统一规划，村民一般根据自己的喜好和经济条件而建，各家的建筑风格、房屋格局和外墙装饰各异，经济条件好的畲民外墙会贴有装饰的瓷砖，稍差些的就用水泥粉刷或红砖外墙，整体上显得有些凌乱。其中20世纪90年代建的多为2层，房屋前一般有20多平方米水泥浇筑的晒场，方便稻谷、油菜籽等农产品晾晒，不设围墙，屋内装修相对比较简单。近几年新建的民居基本为3—4层小洋楼，房屋前也都备有晒场，晒场外建有围墙。有1栋行政用房，该建筑为原上塘畈民族小学的教学楼，建于1975年，建筑面积1080平方米，为2层砖土结构。2005年上塘畈民族小学并入乡所在地的丽新小学后，原教学楼被作为乡和村的行政用房，校门口挂有丽新乡畲族文化站、丽新乡体育指导站、上塘畈村文化礼堂和上塘畈村便民中心的牌子。近几年在浙江省民宗局和民革省委会的资助下，7个自然村之间都浇筑了水泥路，但村内还是高低不平的碎石路和泥路。在村寨中，随处可以看到牛栏寮、猪圈寮、灰寮和粪坑寮等。

祠堂是儒家祭祀祖先或先贤的场所。① 一般畲族村寨创村之时都会集中建一座祠堂，早期一般畲村议事、祭祀等族内活动都在祠堂内举行。祠堂通常是创村的第一批建筑物，虽然年代久远，陈旧不堪，但具有特殊的历史意义和宗族的权威性。祠堂建筑风格一般与民居相类似，但规

---

① 百度百科，http：//baike. baidu. com/link? url = rAzjceS50p4pB2w0qA-2mJ778Qgwyhhm1nuw8YrKKVvUS_ nOg92gtgahIob9ZOPdsMebWF--V8G9q7eSG1o2kE26UxxCPE98kgkbfyYwp6y，2015年10月12日。

模较民居要大。随着畲民生活稳定和生活水平提高，当人口发展到一定规模时，畲民一般会建更大规模的祠堂。据上塘畈村村主任介绍，上塘畈村的祠堂在20世纪90年代倒坍，因为缺少维修资金至今没有修复。村民逢年过节的祭祀活动以家庭为单位在家里或村里的土地庙进行。

　　沙溪村的建筑有旅游设施、民居、行政用房和宗祠。2010年底，沙溪村开展特色村寨项目建设，对沙溪口18栋危旧房屋和13间临时生产用房进行了拆除；2011年开展沙溪口特色村寨项目的宅基地整理工程，按照相关规划图纸共整理出14幢可安置的宅基地，沙溪口特色村寨安置点共建成14幢具有浓郁畲族特色的畲族特色村寨片区，形成了统一建筑风格，统一外立面的畲族民居聚集点。沙溪村旅游设施主要有旅游接待中心、风情广场、攀岩基地、农家乐和村口的牌坊。牌坊以砖石为材料建造，正面镶嵌有畲族彩带和畲族图腾凤凰图案，写有"沙溪畲族村"和"风情东西"字样，牌坊里侧是沙溪村农家乐协会旅游接待中心。沙溪村农家乐有的是民居旧房重新翻修，有的是在路边选址新建，多为服务经营和居住融为一体。尽管各类建筑建设时间有前后，建筑样式和风格不尽相同，但在2013年，东西岩景区管委会联合区农办、区建设分局、区民宗局和老竹镇政府等部门出资300多万元对沙溪村进行"六边三化三美"① 改造，村里所有农家乐用房，从村口到东西岩景区沿线的民居进行了统一改造。沙溪村建筑改造内容主要为屋顶、花格门窗和房屋外立面。改造后的房屋外观为统一的白墙黛瓦，为凸显畲族文化村的特色，在外墙层间位置装订有畲族彩带图文装饰的钢板，门窗上雕刻畲族图腾凤凰图案。对村内保存相对比较完整的9幢畲族古民居、牛栏、柴寮也进行了改造。鹅卵石排列整齐的墙基，土色胶水涂料粉刷的墙体，凸显畲族传统建筑瓦寮特色。村里路面为水泥浇筑或鹅卵石铺就，显得整洁干净，

―――――――――

　　① "六边三化三美"是丽水市在落实省委、省政府"四边三化"（2012年，浙江省委、省人民政府提出的，在公路边、铁路边、河边、山边等区域开展洁化、绿化、美化行动，简称"四边三化"行动）行动要求的基础上，提出进一步整治环境的重大举措，以加快全市公路边、铁路边、水边、山边、城边、村边等区域的洁化、绿化和美化，实现城美、村美、房美目标。简称"六边三化三美"行动。

有两个公共厕所。风情广场、人工攀岩基地和景区管委会行政用房建在原农用地上，攀岩基地建于 2010 年，耗资 235 万元。风情广场的山哈舞台边上插着"蓝、雷、盘、钟"畲姓大旗，风情广场和攀岩基地相邻，也是"黄金周"和"三月三"等节庆期间景区举办露营活动的基地。在改造过程中，畲族文化元素被挖掘和利用。正如该村支部书记 SXC—LHX 所言："改造前呢没什么特色，体现不了我们畲族的特色，改造后呢我们门窗统一，门窗上面呢也都有我们畲族的图案，畲字上去了，游客过来以后看到显示出我们畲族特色的，都感觉到很满意。"① 原来沙溪村小学教学楼改用作村委会办公行政用房和文化礼堂。

蓝姓是沙溪畲族村最大的姓氏，蓝氏祠堂是沙溪自然村蓝姓畲民的宗祠。根据沙溪村蓝氏宗谱（2013 年重修）记载，蓝氏宗祠始建于道光年间，后在光绪九年四月十九日午时失火焚烧，光绪十三年再造。2005年，蓝氏后人组成理事会，筹集资金，收集材料，安排人事，对宗祠重新修建。修建后，蓝氏宗祠平时主要作为村里的碾米场使用，并堆放稻谷和一些杂物，也是族人过年祭祀和人死后举行各种仪式的场所。为发展乡村旅游，2013 年，沙溪村两委对蓝氏宗祠进行再度重修，并以"丽水莲都区沙溪山哈大席—畲族风情盛宴建设项目"的名义申报，申请上级政府支持。在莲都区民宗局的支持下，申请到上级政府财政补助 60 万元，村民自筹 108 万元，总共投入 168 万元。蓝氏宗祠在再次改建和修葺中，将畲族彩带、凤凰图腾等畲族文化元素融入外墙和内部装饰，修建后的蓝氏宗祠成为融畲族民俗文化陈列、畲族风情歌舞演艺、畲族民间体育体验、畲家美食为一体的畲族文化综合性展示场馆。

由于生计方式的变化，沙溪村建筑景观比上塘畈村有了更大的变迁。两村民居建筑结构和功能的变迁更多的是因为现代畲民生活水平提高对居住条件有了更高的要求。但沙溪村建筑外墙装饰等的变化更多是为了营造畲族特色村寨环境氛围以及迎合游客的猎奇心理，建筑景观类型的多样化是产业结构多样化需要。

---

① SXC—LHX，男，中年，沙溪村村民，访谈时间：2014 年 10 月 11 日。

三 精神文化和观念意识变迁的差异

精神文化包括个体、社会和民族群体的所有精神活动及其成果，它是以心理、意识、观念、理论等形态而存在的文化，是民族认同的核心和内部依据。① 精神文化是抽象的难以被直接描述的，但它在一定程度上会通过具体的事物加以表现。因此可以通过研究相应的物质实体来分析精神文化景观。② 一个民族、一个群体的精神文化可以通过一些精神文化景观表现出来，从精神文化景观内容可以体现出该群体的价值观念、意识形态和心理世界。在沙溪村和上塘畈村，精神文化载体主要有文化礼堂、宗族祠庙和文化活动组织。

农村文化礼堂是现代农村公共文化体系交流和展示的重要平台，是"实现精神富有、打造精神家园"的重要载体。各村落在文化礼堂建设过程中，通过不同的形式展示各自的传统和现代文化，形成乡村空间独特的精神文化景观。宗祠作为承载村落宗教精神和民俗文化生活的空间，具有宗教祭祀、集会议事、文化娱乐和商业贸易的多元化功能。③ 文化礼堂、祠庙的功能和展示内容能在一定程度上反映当地村民的观念意识和价值取向。

2013 年，浙江省委、省政府办公厅发布《关于推进全省农村文化礼堂建设的意见》（浙委办发〔2013〕37 号，以下简称《意见》）。《意见》提出："以有场所、有展示、有活动、有队伍、有机制等为基本标准，通过 5 年努力，在全省行政村建成一大批集学教型、礼仪型、娱乐型于一体的农村文化礼堂。其中，2013 年为试点建设年，各县（市、区）原则上要在文化特色鲜明、人口相对集中、经济社会发展基础较好的中心村、历史文化村落、美丽乡村精品村或特色村建成文化礼堂 12 家以上，经济

---

① 栗志刚：《民族认同的精神文化内涵》，《世界民族》2010 年第 1 期。

② 李军、孙璐：《历史城镇文化景观特色分析与保护——以福建省武夷山市五夫古镇为例》，《中外建筑》2012 年第 6 期。

③ 武静、杨麟：《鄂西传统商业聚落纳水溪古村落研究初探》，《小城镇建设》2008 年第 7 期。

发达地区应当视情多建,全省共建成1000家以上具有示范意义的文化礼堂。""2013年至2015年省财政每年统筹安排3000万元,通过以奖代补形式,扶持农村文化礼堂建设。引导社会力量广泛参与,动员企业和社会热心人士贡献力量,发动各级文明单位支援结对共建村,推动各地建好农村文化礼堂。"建设1000个农村文化礼堂被列入2013年浙江省政府十件实事之一。

上塘畈村的文化礼堂建在原上塘畈民族小学。文化礼堂大门外左侧墙壁为展览墙,展览墙分为文化廊(畲族精神、族规、畲族历史文化)、时政廊(中国梦内涵说明)、励志廊(学子榜、能人榜)和成就廊,内容表述方式客观简洁。原来的教室改建为各功能室,根据浙江省和莲都区文化礼堂要求,分别设有农家书屋、信息共享室、山客讲堂、舞蹈室、广播室、网络室、民俗文化陈列室、便民服务中心、老年活动中心,原来小学操场成为"天天乐广场"。原来小学操场的司令台改名为聚贤楼。据村主任介绍,文化礼堂主要是村民在农历"三月三"和重阳节期间的活动场所,因为没有外来游客,平时各活动室的门都锁着,钥匙放在村委,由当天的值班人员保管,文化礼堂利用率不高。上塘畈村的祠堂在20世纪90年代倒坍,因为没人牵头以及缺少维修资金,至今祠堂没有修复。目前村民逢年过节祭祀活动以家庭为单位在村里的土地庙进行。

沙溪村的文化礼堂建在原沙溪小学和蓝氏祠堂。根据文化礼堂建设要求,除在原沙溪小学建有各功能室外,还将蓝氏祠堂改造为文化礼堂的综合性场馆。2013年改建之后,宗祠前高大的旗杆上悬挂着"蓝、雷、盘、钟"四姓和"畲"字大旗,宗祠大门"蓝氏宗祠"四字下面是长期设置的"山哈大席农家乐"的营销广告,大门两侧外立面绘有畲族图腾凤凰图案。2014年11月28日笔者到沙溪村调研时,还在蓝氏宗祠大门口看到当年"三月三"期间布置的"2014年农历三月三畲族文化节"的展板。展板图文并茂,上书"蓝氏宗祠 山哈大席 农家乐 畲族风情盛宴等你来""品山哈十大碗,赏畲族文化表演""蓝氏宗祠是沙溪村的民族宗亲文化崇拜的圣地"等。沙溪村通过对原蓝氏宗祠整体的改建和修缮,形成了畲族民俗文化陈列展示、畲族风情展示、畲族美食展示、畲族宗亲崇拜习俗为一体的综合性畲族风土人情展示场馆。展板右下角是加多宝广告的图片和广告词①，充分体现了策划者的商业意识。

祠堂内部的戏台上摆放着畲族婚俗表演用的轿子，两侧走马楼各挂着两条板龙。祠堂大厅有十几套接待游客使用的餐桌椅。祠堂四周的墙壁上是图文并茂展览墙，介绍村庄的畲族历史、陈列畲族的家规、家训、畲族风俗、村庄畲族文化活动、各级领导对沙溪村的关怀，整理展览了畲族史诗《高皇歌》。目前，蓝氏祠堂集畲族文化展示、畲族民俗、美食和传统体育体验、畲族风情歌舞演艺舞台等多种功能于一体。蓝氏宗祠属于沙溪自然村，以每年5000元的租金承包给沙溪行政村，承包期5年。沙溪行政村为了方便游客参观，又将宗祠以每年18000元的租金转包给一村民经营农家乐餐饮。沙溪村的精神文化景观还体现在处州白莲种植园的文化长廊上。文化长廊展示的内容分为村史廊、民俗廊、文化廊、励志廊、时政廊、成就廊和规划廊七个板块，对沙溪村的过去、现在和未来进行了全面系统的介绍和展望，全景式展示村情村史村貌，相关内容无不凸显畲族精神、特色和旅游价值，以提高村民对村集体和畲族的亲近感、认同感和归属感，提高村民对畲族文化旅游价值的认识。沙溪村还以东西岩景观、畲族风情为题材编曲了沙溪村村歌《沙溪·浓情的畲乡》"在东西岩相依的地方有个迷人的村庄，那传奇的故事令人无限遐想。赤石楼上战火演绎豪情万丈，日月池旁阿哥阿妹情深意长。屋里屋外歌声嘹亮，山哈大席品出豪爽，青风峡里梦回一场，荷花丛中清韵悠扬。在虎迹溪相连的地方有个秀美的村庄，那旖旎的景色令人无限向往。时光深处荒芜沙滩满目苍凉，小溪之畔前人踏出良田飘香。村头巷尾畲舞激荡，山哈美酒喝出豪放。祖先家规铭记心上，不忘孝道代代传扬。"

随着畲族文化旅游开发，沙溪村组建了畲族风情表演队、腰鼓队、婚嫁表演队、畲族山歌对唱队、畲族山歌培训班等多支文化互动

---

① 沙溪村蓝氏宗祠大门口展板，时间：2014年11月28日。

队伍，建立了以村庄为基础的新沙溪畲族文化旅游开发公司。畲族风情表演队有 40 多名演员，上至 80 岁老翁，下至 5 岁孩童，都由本村村民组成，多次到上海、昆山等地演出。村里有畲族山歌传人十余人，畲族彩带传承人 5 人，其中畲族山歌和畲族彩带省级非遗传承人各 1 人，建立了"银英彩带工作室"。提出"将畲族彩带与风情旅游相结合，以藏族'献哈达'的风俗去开发产品、开发市场，发展这独具民族特色的工艺品——畲族彩带"①。沙溪村还自主创建了展示畲寨风情的"新沙溪之夜""山哈大席""三公主迎宾""畲家大鼓"等文化品牌。每逢节假日，景区内推出"三公主"迎宾、畲族婚嫁表演、祭祖表演、畲族歌舞表演等丰富多彩的具有浓厚畲族风情的节目。开发了"畲家十大碗山哈大席"畲家特色菜系。2012 年开始，沙溪村开始推出畲山寨乡村过大年活动，活动内容从最初的简单乡村过大年畲民族年味体验到现在的过大年活动多样化、精彩化呈现，活动内容包括畲山寨三公主迎宾礼仪展示、沙溪畲山寨乡村春晚、沙溪畲山寨年俗体验、畲民家里年味体验、畲山寨十八大碗年夜饭品尝、畲山寨实景再现原生态婚嫁表演、畲山寨神庙新年祈福等。沙溪村畲山寨子乡村过大年活动以上海客源市场为主，上海客人通过在沙溪畲山寨乡村过大年活动的各种畲族民风民俗体验后，经过口碑传播，沙溪村在上海旅游市场上已小有名气。

　　总体来说，上塘畈村很大程度上还承袭着传统农耕文明形态下自在自发的经验型的生计方式，种植业在全村的产业结构中具有绝对的优势，与此相匹配的传统农耕文化特征明显。沙溪村则受现代旅游经济发展的影响，商业意识较强，以旅游吸引为导向，对畲族文化进行了一定程度的挖掘和艺术化展示，村落社会经济发展目标较明确，更大程度上体现了自由自觉的理性文化模式（见表 5-2）。沙溪村发生较大变迁的主要有两个时间段，一是 2008 年前后，为迎接创建 4A 级景区评比，在景区大

①　沙溪村委，莲都区老竹畲族镇银英彩带工作室，《银英畲族彩带非遗馆建设——可行性分析报告》，时间：2014 年 10 月 28 日。

门附近的农田上建起了风情广场、攀岩基地、游客服务中心、停车场等一批旅游设施；二是2012—2013年，在丽水市全面发展旅游，把旅游业打造成第一支柱产业的背景下，为提升东西岩景区的文化内涵，打造沙溪民族特色村，结合"六边三化"整治行动，畲族文化元素被融入建筑外立面和古民居改造，拓宽了村前通景道路。在变迁方向上，沙溪村景观形态趋向于多产业多要素融合，在变迁过程中，畲族文化元素得到了提炼和利用，使村落景观再地方化和再民族化，景观功能多样化。正如上塘畈村主任所说，一到沙溪村就让人感觉到这是一个畲族村，而到上塘畈村则没有这种感觉。

表 5 - 2 沙溪村和上塘畈村景观差异对比

村别	地理位置	行政位置	景观类型			景观特点
			生产性景观	建筑景观	文化景观	
上塘畈村	东西岩景区西侧山脚	莲都区丽新畲族乡	农业景观	传统民居为主，少数近一二十年建的小洋房，无统一规划设计	按省和区文化礼堂要求建设	自发形成，较大程度上保留了传统农耕经济特色，畲族文化元素很少运用
沙溪村	东西岩景区东侧山脚，景区入口处	莲都区老竹畲族镇	旅游景观为主，农业景观次之	旅游设施；民居景观化，外立面统一规划设计，装饰有彩带、凤凰等畲族文化元素；宗祠	除按要求建文化礼堂外，另有展示村庄建设成就、畲族文化等旅游资源的文化长廊	围绕旅游产业发展有意识规划，现代旅游经济特色明显，畲族文化元素运用较普遍

第四节　文化变迁的影响因素分析

变迁是文化系统适应新环境的必然结果。一个村落文化的变迁往往会受多种因素综合影响，既有村落内部变动也有村落外部变动，文化通过变迁以适应新的环境，从而引发新的需要。

上塘畈村和沙溪村同属于莲都区两个邻近畲族乡镇的畲族村落，发展历史和地理环境相近，两村畲民长期沿袭着"晴耕雨读"的生活方式。上塘畈村 STF—LQY[①] 说："因为上塘畈村的农田比沙溪村更多更好，以前（东西岩景区旅游开发前）上塘畈村经济发展水平高，上塘畈人比沙溪村人要富一些。因为上塘畈村畲族人口多，20 世纪 70—80 年代还是莲都区的少数民族活动中心，上塘畈村那时是比较热闹的。"但是从 1985 年东西岩景区旅游发展开始，两个村落由于地理位置的差异，受旅游影响不同，分别走上不同的经济发展模式。上塘畈村位于东西岩景区西侧山脚，未受旅游发展影响，畲民依旧沿袭传统的农耕经济生计模式；沙溪村地处东西岩东侧山脚，位于景区大门口，是游客进入景区的必经之路。旅游发展使沙溪村生计方式逐渐由传统农业转向现代农业与旅游融合，形成一、二、三产业共存的多种产业发展模式。经济发展方式的改变，尤其是旅游的政治、社会和文化功能，导致两个畲族村落在后续发展所能获取各种资本的机会不同，引起两个村落畲民的观念意识、政府政策倾斜等的差异，社会经济发展轨迹开始出现分化，到 21 世纪分化差异进一步加大，并推动整个村落文化系统的变迁差异。

一　观念意识的差异

虽然东西岩景区于 1985 年被评为省级风景名胜区，沙溪村位于景区入口，但旅游产业发展对沙溪村畲民意识观念转变的影响主要是在近十几年的时间里有较大的体现。历史上汉族商人在畲区进行的不等价交换

---

① STF—LQY，女，中年，上塘畈村村民，访谈时间：2014 年 10 月 28 日。

行为使畲族人形成鄙商心理，不愿也不善从商。① 畲民们自闭落后顽固的思想意识是阻碍畲族山村发展的首要问题。② 景区开发之初，沙溪村畲民传统重农轻商的意识观念可谓是根深蒂固，商业意识不强，不愿改变传统的生计模式，不支持景区开发。镇政府工作人员到村里调研、检查，指导村庄环境建设也经常遭到村民的阻拦。据 DXY—JAJ 介绍："东西岩景区开发对周边少数民族的影响，首先是带来了少数民族群众思想观念的大转变。原来这里的畲族群众思想落后，改革开放这么多年以来很少有群众走出去经商。在景区开发以前，我们带着镇长到沙溪村搞卫生的时候还会和当地村民发生争执。走访家家户户动员宣传的时候会发生政府干部和村民吵架事件。这就表明群众的思想观念比较落后，生活水平低，卫生情况差。之前老竹镇政府给沙溪畲民每人做了一套畲族服饰，如果他们穿着畲族服饰卖糍粑也会卖得快些，但他们大部分人也不愿意穿，花钱给他们培训畲族语言，也不愿意学。经过几年发展后，现在呢，游客进村了，村民尝到甜头了，自然而然的注重卫生状况，转变了思想。开起了农家乐，出门办企业等，知道从传统农业向商业农业发展。现在沙溪村有40%的人外出就业。"随着旅游发展的持续深入，在乡镇工作人员的持续引导，以及外来游客带来的信息和观念影响下，村民的思想观念也逐渐发生变化。为了招徕更多游客，部分经营农家乐的畲民开始穿起了畲族服饰。一些畲民开始学习畲族歌舞参加接待表演以获取工资性收入，村里农家乐的营销广告、宣传展板也渐渐多起来，商业意识逐渐增强，与市场经济高度接轨，经济类型已较大程度上脱离了单一的传统生计农业。不但经营农家乐、从事乡村旅游的畲民逐渐增多，有传统手艺的畲民开始制作畲族传统手工艺出售。即使是发展种植业，也敢于去种植一些经济效益比较高或前景比较好，但

① 施联朱、宇晓：《畲族传统文化的基本特征》，《福建论坛》（文史哲版）1991 年第 1 期。

② SXC—XYW：《我的畲乡情节》，2013 年 10 月 27 日；SXC—XYW，男，中年，浙江天台人，沙溪村畲民女婿，有多年在浙江、江苏从商经历，2009 年和丽水市风情东西旅游公司合作开发东西岩旅游接待中心项目，2011 年当选莲都区老竹镇沙溪村村民主任，同年成立丽水市新沙溪畲族文化有限公司，2013 年被评为十佳美德新丽水人。

技术要求和风险相对较高的经济作物，拓宽了畲民的增收渠道，增加了畲民收入。因为耕地面积减少，外出经商或农闲时到镇里或丽水等周边地区做零工的村民比例也比较高。

长期受畲族传统文化影响，在畲族村落中，畲民成功经商或敢闯敢干的畲民不多。所以畲族村落普遍缺少能带动村庄发展致富脱贫的村落"精英"。为了有一个能更好带动村集体和畲民经济发展的村寨精英，2011 年沙溪村推选了具有从商经验，但非本村户口的一山哈女婿担任村主任。

上塘畈村位于东西岩景区西侧，背山面田，村庄和丽（水）武（义）省级公路之间是大片的农田，农田中间散落着几个小土丘，由于受小土丘的阻隔，使村庄远离外界喧嚣，处于一个相对封闭独立幽静的环境中。虽然与东西岩景区和沙溪村相距只有三四公里，但由于一般游客不会到达村里，至今未受东西岩景区旅游发展的影响，村里也没有其他二、三产业发展，村集体经济薄弱。长期以来，上塘畈村专事耕读，到外地创业经商的畲民较少，平时也没什么外地人到上塘畈村，村庄相对来说受市场经济和外来信息影响比较小，村民商业意识普遍不强，缺乏市场经验，创新和冒险精神相对欠缺。村民经济主要以种植业为主，种植的主要是他们有种植经验的水稻和大豆等传统作物，基本上还是属于生计农业。村主任 STF—LQY 介绍："种水稻和大豆尽管经济效益不是很好，每年可能只有两三千元的收入，但村民也不愿意去冒险种植一些经济效益更好，有可能要两三年才能见效的高效作物。2010 年，村两委曾经引进试种'黄山贡菊'，种植规模达到 20 亩，因为第一年销售渠道不畅，收购出现问题，村民当年经济收益受到影响，第二年就没人愿意再种了，最后就不了了之。"① 美国学者斯科特（James. C. Scott）根据对东南亚地区调查研究，在其《农民道义的经济学——东南亚的生存与反抗》中提出"安全第一"的生存伦理，认为"生存与秩序的问题是任何一个社会群体都无法回避的主题，而且生存问题往往是第一位的"，"农民微薄的

① STF—LQY，女，中年，上塘畈村村民，访谈时间：2014 年 10 月 28 日。

经济利润使他要选择那些较为安全的技术，尽管这样会减少平均产量"。
生存取向的农民宁可避免经济灾难而不是冒险去最大限度地增加其平均
收益。[1] 斯科特"安全第一"的生存伦理可以解释上塘畈村村民为什么宁
可选择种植经济效益低的传统农作物，而拒绝再种植比传统农作物高好
几倍效益的黄菊。因为在"安全第一"生存伦理观念的支配下，上塘畈
村村民所追求的是较低的风险和较稳定的生存保障，而不是经济收入的
最大化。

上塘畈村村民的选择既有"安全第一"生存伦理观念的支配，也受
畲民传统的文化心理影响。由于历史上的民族压迫所造成的畲族农民经
济心理脆弱，总害怕失败，对一项新的生产技术或项目的引进，往往要
观望很久。[2] 目前，这种文化心理在上塘畈村畲民中还具有普遍性，上塘
畈村的经济来源还主要是依靠种植大豆和水稻，收入普遍不高，外出经
商和打工村民的比例比沙溪村低得多。

二 族群认同的差异

长期杂、散居的分布格局，使畲民与周边的汉族有着频繁的社会、
文化和经济交往交流。为了能从汉族人那里换回所需的生产和生活用
品，畲民学习汉族语言，学习汉族先进的生产技术等。相对于其他少数
民族，畲族文化的汉化和现代化程度较高。在人们还没有认识到畲族文
化的价值和保护畲族文化的重要性之前，很多传统畲族文化已退出畲民
的日常生产生活。上塘畈村位于东部沿海经济发达的浙江省，虽然从人
数上看有近千畲民，畲族人口集聚，畲民比例大，被称为"浙江畲族第
一村"，但现在的上塘畈村已很难体验到畲族文化、感受到畲族村落的氛
围。除了目前保存较好、仍有部分畲民在使用的畲族语言，以及一些观
念意识形态等变迁速度较慢的深层次文化以外，建筑、服饰、彩带等工

---

[1] 参见李天翼《贵州民族村寨旅游开发模式研究》，《西南交通大学出版社》2014 年第
1 期。

[2] 施联朱、宇晓：《畲族传统文化的基本特征》，《福建论坛》（文史哲版）1991 年第
1 期。

艺和生产工具等表层的显性文化，以及畲族传统习俗已难以在村落体现。曾经的丽水市民族文化活动中心已没有了往日的畲族文化繁盛的景象。在上塘畈村关于"您认为传承畲族文化是否重要"的问卷调查中，65.8%的被调查者认为"一般"或"不重要"，因为他们觉得很多畲族文化已与自己没什么关系。年青一代的畲民一般也不大了解这些文化，也没有去了解或学习这些畲族文化的欲望。村里的宗祠在20世纪90年代倒坍，至今也一直没有得到修建。

沙溪村通过畲族文化旅游发展，村里设施得到很大改善，村庄环境变整洁了，一些畲民通过经营农家乐民宿或参加畲族文化表演收入提高了，村民认识到畲族文化的旅游价值以及对当地社会经济发展的意义。村委和村民开始致力于挖掘、保护和学习畲族文化，一些村民也开始学唱畲族山歌、学跳畲族舞蹈。沙溪村的几位畲族民间歌手，因为山歌唱得好，不但接待游客时唱，平时周边一些畲民家里做红白事的时候也会请他们去唱。畲民们曾经不再使用的畲族传统婚俗，现在有些畲族家庭举办婚礼时重新选择传统畲族婚俗。据村民介绍，以前要大家集资保护祖先留下的文物，大家都舍不得花钱，认为那些文化已没有什么价值，发展旅游后才知道，祖先留下的文化是最大的财富，花再多钱去保护也值。在沙溪村文化长廊，图文并茂展示着畲族先祖先贤事迹、畲族精神、族训族规、畲家乐休闲旅游发展、村庄建设成就和发展规划等内容。近年来，沙溪村成立理事会，筹集资金、搜集资料和安排人事，分别于2005年和2013年对蓝氏宗祠进行了重修，并重修《沙溪蓝氏宗谱》。沙溪村对一系列畲族传统文化的挖掘整理、恢复和保护，虽然初衷是为了凸显本村的畲族特色，以提高对游客的吸引力，但同时也使村民认识到畲族文化的价值，自觉挖掘保护、学习畲族传统文化，加深了族人的族群记忆，提高了族群认同。族群认同提高又促进了对民族文化保护和传承的积极性，增强了民族自豪感。

三　政府政策的"马太效应"

《圣经·马太福音》中说："凡是多的，还要给他，叫他富足；凡是少的，连他所有的，也要夺过来。"20 世纪 60 年代社会学家罗伯特·莫顿将这种现象归纳为"马太效应"。"马太效应"是指任何区域、组织或个人，在某方面取得了成功，就会产生"循环与累积因果效应"，获得更大的成功。① 马太效应广泛应用于经济学、社会心理学、教育、金融以及科学等众多领域。

由于旅游产业的综合效应和强劲的产业带动性，近年来越来越被各级政府所重视，旅游产业的地位得到空前提升。由于"马太效应"使旅游发展强势方在众多光环的照耀下，各种优点更加明显，不论是在税收上缴、地区形象推广方面，还是政绩考核方面，它能给上级政府带来更多的贡献，因而更容易受到上级政府的青睐。② 因而在政策倾斜和资金投入上，地方政府更倾向于将优惠政策和资助资金投放到旅游发展已初具规模的地区。沙溪村因地处东西岩景区入口处，一定程度上是展示莲都区和丽水市形象的窗口。近年来，除了东西岩景区开发建设带动沙溪村旅游经济发展以及改善村落基础设施和旅游设施外，也吸引了市、区两级多个政府部门将沙溪村作为本部门相关项目建设的实施点。2011 年，由于丽水城市建设东扩，原来处州白莲的主产地富岭街道列入城市规划区，导致主产地处州白莲种植面积逐渐减少。为传承保护"千年处州白莲"金名片，丽水市和莲都区结合东西岩景区开发建设，形成旅游产业集聚发展，在老竹镇以沙溪村为中心发展千亩处州白莲种植基地。2013年，在莲都区"六边"（公路边、铁路边、河边、山边、村边、城边）"三化"（洁化、绿化、美化）整治行动中，东西岩景区管委会联合莲都区农办、区建设分局、区民宗局和老竹镇政府，投入 200 多万元，对沙溪村 20 多幢房屋外立面进行了改造。在此次改造过程中，东西岩景区管委会和老竹镇政府请专家对畲族文化元素进行挖掘和提取，最终选择具有畲族特色和美好寓意的畲族彩带和凤凰图腾图案，作为畲族村寨在进行

---

① 沈慧贤、郑向敏：《论区域旅游发展中的马太效应与利益相关人的应对——以太姥山国家风景名胜区为例》，《北京第二外国语学院学报》2008 年第 7 期。

② 同上。

"畲族化"改造建设中使用的代表性文化元素，将其融入民居改造、建筑小品和标识标牌设计中。在民居外立面镶嵌畲族彩带和凤凰图案，统一设置了有畲族彩带符号和凤凰图案装饰的标识标牌，对村庄通景道路进行了拓宽和绿化美化。蓝氏宗祠也在莲都区民宗局的支持下进行了改建和修葺，成为集畲族文化展示、畲族风俗和畲族美食体验等于一体的综合性畲族文化展示场馆。同时，在相关部门的支持下，沙溪村还先后投资 60 多万元完成村庄自来水安装、4500 平方米的路面硬化和 3000 平方米的村庄绿化，建设了 2 座卫生公厕，改造了十户旧村民房（拆旧建新）；投入 14 万元完成污水处理工程；投入 15 万元完成田间休闲游步道建设。除了项目支持外，相关部门领导也会经常到沙溪村检查指导村庄整治和农家乐民宿建设经营。

根据调查得知：相比于沙溪村，上塘畈村建设发展所能获得的政策、资金等支持就显得非常有限。作为民族村，上塘畈村获得的上级政府资助项目主要来自莲都区民宗局，主要用于村庄道路硬化和文化礼堂建设。2014 年 10 月 28 日在上塘畈村调研时，雾露垟自然村内、雾露垟自然村至黄家弄自然村之间的道路还未实现硬化，村民出行非常不便。上塘畈村的缺水问题，村民 2009 年开始通过百姓热线向政府反映但多年没能解决，直到 2014 年在浙江省委"五水共治"的决策影响下，才获得浙江省民宗局"五水共治、五教同行"主题宗教慈善活动的 20 万元帮扶资金，用以寻找水源、改造水渠和管网，解决村民的用水问题。

四　社区精英影响

在农村社会学的乡村治理和乡村建设研究中，社区精英都是一个关注的焦点，社区精英往往又被称为"村庄精英"[①]"村落精英"或"村寨精英"等。村落精英是指"在农村社区中，能够获取、占有、支配、利用优势资源，并能够有承担风险的能力，能够打破固有的模式，起到带

---

① 吴其付：《旅游开发下民族社区精英成长与文化认同——以北川羌族自治县五龙寨为例》，《重庆文理学院学报》（社会科学版）2013 年第 4 期。

头示范作用，在行动的过程中发挥功能，对村落结构社会变革产生影响的农村社区成员"①。根据村落精英在不同领域所发挥作用的差异，分别有政治精英、经济精英、社会精英。"政治精英主要是拥有公共权力，能通过手中的各种权力来影响村民的人；经济精英是指那些拥有创造财富所必需的人力、物力等资源，并依靠财富协调各种关系，对当地村民产生影响的人；社会精英主要是一些宗族人物、当地知识分子、传统文化传承人、传统社会公共事务的组织者，他的言论、观点得到许多村民的拥戴。"② 经济精英与政治精英往往具有较高的重叠性。一些具有商业意识，懂得经营的村民，在自己的财富积累到一定程度后，会回村竞选村干部，成为村里的政治精英，组成强有力的村干部队伍，带领村民发家致富。根据村落精英形成的路径不同，可分为传统经济精英和新乡村经济精英。传统经济精英是指在中国农村传统的权力社会中，通过圈子、财富和技能等途径获得其他人所没有的"社会资本"，从而对农村的政治、经济、文化和社会生活的管理起着重大作用的社区成员。新乡村经济精英是"通过旅游发展等外力推动，使一小部分村民获得新理念和技能，形成不同于传统权力社会的'社会资本'，通过财富的积累成长为乡村经济精英，并通过维护村民利益、发展乡村公用事业等，实现社会资本的增值"③。村落精英往往具有使用现代技术、发展商品农业和提高农业效益，他们一般具有良好的合作意识，历来是我国农村社会经济发展的中坚力量。"近年来，在旅游发展中，社区精英所表现出来的民族文化认同不仅对地方旅游的可持续发展有着重要吸引和推进作用，而且对地方民众传承与延续本族文化更有着重要示范和引导作用"④。

---

① 丛晓峰：《发展与驱动：当代村落精英的社区角色分析》，《济南大学学报》（社会科学版）2010 年第 4 期。

② 陈志永、吴亚平、蒋瑞莹：《农村经济精英与乡村旅游发展初探》，《毕节学院学报》2011 年第 1 期。

③ 朱璇：《新乡村经济精英在乡村旅游中的形成和作用机制研究——以虎跳峡徒步路线为例》，《旅游学刊》2012 年第 6 期。

④ 吴其付：《旅游开发下民族社区精英成长与文化认同——以北川羌族自治县五龙寨为例》，《重庆文理学院学报》（社会科学版）2013 年第 4 期。

畲族是一个普遍缺乏村落精英的民族。中华人民共和国成立前，一方面由于畲族生产力水平低下，生活处于极为贫困状态；另一方面由于分散居住，因而没有形成本民族的市场和独立的工商业，日常生产和生活必需品必须到汉区进行。汉族商人在畲区进行的不等价交换行为使畲民形成鄙商心理，不愿也不善从商。① 由于传统文化的惯性影响，一直过着比较自闭的生活方式，即使在改革开放后的市场经济时代，还是"不愿意出去，就是只肯吃苦，不肯奋斗，勤劳勇敢，但是不愿意出去闯荡"②。沙溪村畲族文化旅游发展完全依靠村民的原始热情，实际上是一缺资金，村集体经济薄弱；二缺专业人才和村落精英。

在东西岩景区旅游发展影响下，沙溪村畲民的市场经济观念意识逐渐增强，希望依托东西岩景区发展，发挥村里畲族文化旅游价值，走上致富之路。在村里缺少强有力的村干部队伍的现实条件下，为了能有一个引领村庄发展，带领村民致富的村落精英，2011 年，在村委换届选举时，沙溪村村民高票推选非本村户口的山哈女婿许永卫为村民主任。在沙溪村村委门口的"沙溪村便民服务中心值班表"上，特别显眼的是其他村委和支委都是姓蓝、雷、钟的畲姓，唯有许永卫是汉族人。许永卫不但不是畲族人，而且户口也不在沙溪村。在到沙溪村之前，许永卫具有早年在浙江、江苏等地的从商经历。1999 年在东西岩景区开办了"畲家山寨"山庄，"畲家山寨"是当时丽水市具有代表性的畲族风情餐饮接待场所。在 2009 年 5 月，东西岩景区启动创建国家 4A 级风景区，其中景区接待中心项目要向外招商引资，许永卫包装的东西岩景区旅游接待中心项目在竞标会上以绝对优势胜出，同年 6 月开始项目建设，2010 年农历正月完成所有投资项目建设内容并投入使用。因怀念曾经的畲家山寨，他把新开张的酒店命名为"东西岩——新畲家山寨"。"东西岩——

---

① 施联朱、宇晓：《畲族传统文化的基本特征》，《福建论坛》（文史哲版）1991 年第 1 期。

② DXY—JAJ，男，中年，在老竹畲族镇工作多年，与当地畲民感情深厚，访谈时间：2015 年 1 月 22 日。笔者 2016 年 4 月 26 日在云和安溪畲族乡调研时，驻乡干部也反映了这个问题。

新畲家山寨"成为当时地方政府的重要接待、大型旅游节庆活动和政府重要会议接待的重要场所。"东西岩——新畲家山寨"先后被评为丽水市市级农家乐特色点、浙江省四星级农家乐、丽水市卫生示范单位、莲都区政府指定政府接待点等荣誉。酒店的多种菜肴被列为丽水市十大特色菜、丽水农家乐百菜谱等，成为丽水畲族风情展示的窗口。2011 年担任村民主任后，许永卫着手筹建成立了以沙溪村为基础的丽水市新沙溪畲族文化有限公司，并委托旅游规划机构编制沙溪村发展总体规划，整合资源，保护和发展畲乡文化，向上级争取项目资金，投入近千万元，对整个村的房屋进行修缮，恢复畲寨风貌。挖掘畲族传统文化，规范组织村庄畲族风情表演艺术团，打造"新沙溪之夜"畲族风情表演品牌，编创砍柴舞、酿酒舞、彩带情丝等一系列畲族歌舞表演项目；将原蓝氏祠堂修建成"山哈大席畲族风情盛宴"场馆，并策划"山哈大席畲族风情盛宴"三月三之夜旅游活动项目；策划的"沙溪村晚"成为丽水市乡土文化符号，入选国家公共文化服务体系示范项目。许永卫先后被评为丽水市十佳美德新丽水人、丽水市乡村能人、丽水市村晚明星等。

地方精英一般深谙本民族文化，对本民族文化通常有着深深的眷念之情，在阐释民族文化传统时有着绝对的权威和自信。他们也通常会具有使命感，把向年青一代以及大众宣扬传统文化视为自己的责任和义务。他们懂得地方经济发展对于本民族文化发展和延续的重要意义，也清楚地知道旅游开发会给传统文化带来怎样的影响，他们常常以一种复杂的心态积极投入到本民族的旅游开发之中。宗晓莲指出地方精英往往充当着本民族旅游开发呼吁者和设计者的角色，也充当着本族文化保护者和民众文化认同引导者的角色。民族文化的定位、旅游产品设计少不了他们的积极参与，许多已经消失的传统文化的恢复和传承也少不了他们的积极参与。①

许永卫虽然不是畲族，也非土生土长的沙溪人，但在长期和畲民接

---

① 吴其付：《旅游开发下民族社区精英成长与文化认同——以北川羌族自治县五龙寨为例》，《重庆文理学院学报》（社会科学版）2013 年第 4 期。

触中，已将自身融于其中，成为沙溪村的一员。2013 年，在其"我的丽水沙溪情节"中写道：

　　由于我妻子是丽水人的关系，我在 1996 年曾和妻子一起第一次来到她的家乡丽水的一处畲族小山村沙溪村，在此住了一些时日，沙溪畲山寨子里人的热情和淳厚，多次让我感动得热泪盈眶，在那时我喜欢上了这片土地和这里的乡亲。

　　1999 年是我到现在都记忆犹新的一年，那时由于初涉人世时年少轻狂致使初次做的工程项目失败，出于种种原因我无奈的离开了家乡天台，我又一次走近了你丽水畲山寨子里的畲家人，依然是那山那水那人，我却仿佛走进了母亲的怀抱，东西岩的山水，畲山寨子里的美酒，畲家人大爱包容让我一下找回了奋斗的斗志，"畲家山寨"是我在 1999 年在东西岩景区开的一家山庄，在那里我把对于畲家人的感情都融合于此间。

　　离开了这个美丽而贫瘠的土地已有了近十年了，在外这么多年了我也经历了当地许多的变迁和发展，而这里良善而淳厚的畲家人还是过着曾经的简单平淡而清苦的生活，没有因为旅游景区的开发而让村庄和畲民们过上更好的日子，有时看到了苦于劳作的乡亲们质朴而纯真的微笑我的心里都在隐隐地作痛，这片土地给予了我个人发展的空间，而我所能回报他们却是很少很少，我突然有种冲动想为这片土地这里的人们做点什么，我把我的想法和我所尊敬的畲山寨子里的几个长者商议，得到了他们的大力支持，我在他们的眼中看到更多的是期望和信任，感动让我内心久久不能平静，于是我以一个外地人的身份报名参加了 2011 年新的沙溪畲族行政村村级换届选举，提名村长候选人，这事一下子就在畲山寨子里沸腾了。

　　在众多的畲山村的乡亲们支持下，我最终以 85% 的高票当选为沙溪村村民主任，在开票的当时我的每一张票都伴着乡亲们的欢呼声，每一次振天的欢呼声都在撞击着我的内心，从那一刻起我觉得我已不能是属于我自己了，我的人生有一部分必须是要回报这些良善而质朴的畲山寨子里的乡亲们，我的身上已承载了他们太多的期许和希望了，就这样我以一个外地人的特殊身份走上了这片美丽畲山村，现代的畲族部落的管理者的岗位。

"千年畲山寨，美丽新沙溪"。沙溪畲山寨子要走的路还很长，我希望我能在此过程中以一个平凡者的小角色为美丽新沙溪拉开一点点的序幕，东西岩，新沙溪，畲山寨，有着我美好的梦想，但执着于梦想并以此为目标为之付出和努力，却需要太多的汗水，泪水，辛酸和无奈相伴着，神奇而美丽的东西岩畲山寨有着我青春里激荡的畲乡情结，为了我所爱的人，所爱的土地，所期待的美好梦想我会坚持地去执着它！也愿这份浓浓的发自内心的畲乡情结能和诸位共勉！祝愿东西岩畲山寨这山里的美丽金凤凰能飞得更高更远。

在他的字里行间无不透露着他对沙溪、对畲乡的依恋情结，对畲族文化深深的眷念之情，以及沙溪畲民对他的认可。正是这种感情，使他想回报畲乡，承担文化传承和社会经济发展的责任。

在相对一致的发展历史、自然环境和宏观社会环境背景下，由于东西岩景区旅游发展对两个畲族村落的影响不同，使其村落文化变迁产生明显分异。沙溪村在旅游经济嵌入的影响下，旅游业在一定程度上替代了传统农业，加速了该村现代化进程，现代化的产业体系和经营模式打破其传统农耕文化赖以生存的环境基础，村落景观发生突变式变迁，变迁进程加快。

在变迁机制上，沙溪村的旅游发展吸引着当地政府、投资商、社区居民和旅游者参与到旅游活动中来，进而推动着村落景观的变迁。首先，旅游者的"凝视"使当地政府、投资商和社区居民在规划设计上突出畲乡风情的吃、住、游、娱和购等功能，畲族文化符号因此成为旅游营销的独特卖点，那些具有较高参与性、体验性和美学价值的畲族文化元素被提取并艺术加工，通过一定的载体在村落被展示宣传，部分畲族传统文化和生活方式被挖掘展示，从而导致村落景观产生旅游化变迁。其次，旅游业发展带来的流动人口使沙溪村与外来文化交流的机会增多，使原本相对封闭的畲族村寨走向开放，受外来价值观念和行为模式影响，改变了村民的观念，提高了村民的商业意识，使沙溪村畲民重新认识到本民族文化的价值，乐意彰显自身的"异质"文化，导致了民族意识的觉醒与强化，增强了民族凝聚力和自豪感，复兴本民族文化。最后，旅游发展使沙溪的畲族文化进入外界民众视野，受到外部世界的普遍关注，使其获得更多的发展机遇和更大的发展空间，各级政府和多种社会力量通过提供优惠政策、项目指导、招商引资等手段参与沙溪村畲族文化挖掘、利用和保护，使沙溪畲族传统文化在相当大的程度上得到复兴和发展，加速了沙溪村文化景观改变的强度、方向和范围。沙溪村的村落景观变迁和社会转型更多的是依靠外界推动。

上塘畈村则仍然处在传统生计农业模式下，村落景观依旧保留着农耕社会形态，发生着渐变式的自然变迁，主要是内部自我更新的过程。

根据李伟研究①：西部少数民族地区在旅游业发展的过程中，民族文化受到强势文化冲击，而不断趋同，逐渐散失了固有特色，降低了对客源市场的吸引力，从而导致旅游业发展乃至整体区域经济发展走入一个死循环。但通过对上塘畈和沙溪两个畲族村落景观变迁的对比研究发现：在东部少数民族地区，由于少数民族长期与汉族杂居，在大家还未意识到民族文化价值和保护的重要性之前，少数民族已进入全球化和现代化，很多少数民族文化已基本汉化，并退出了族人的日常生产和生活。旅游业的发展非但没有使沙溪畲族村像西部少数民族地区一样"逐渐散失了固有特色"，反而使已衰退的民族文化得到一定程度的复兴。为了体现畲族文化旅游特色，原本在畲民生产生活中已消失的文化、畲民不再举办的习俗被挖掘。除了游客外，也使年青一代的族人有机会重新了解、欣赏和体验本民族的传统文化，并致力于传承和创新本民族文化。

---

① 李伟：《民族旅游地文化变迁与发展研究》，民族出版社 2005 年版，第 15 页。

第六章

浙西南畲族村落文化变迁的特征

第一节　非自然变迁是主要路径

一　自然变迁和非自然变迁

就文化变迁的动力而言，文化变迁可以分为自然变迁和非自然变迁。自然变迁是指在特定的时空环境下，没有遭受外来强势文化冲击和影响，以文化主体为主导，沿着本民族或聚落文化发展的惯性轨迹而产生的变迁。民族文化具有相对的稳定性，在自然变迁中，民族文化会按照固有的方式以惯性传承，虽然随着环境的变化也会有一些调整，但不会出现剧烈的变化，文化内核能得以长久保存，并成为民族文化的核心特质为全族群或民族所认同，形成本民族区别于他民族的文化符号或象征①。在自然变迁中，文化主体决定着文化的取舍和发展方向，因而能保持文化的"本真性"。"本真性"（Authenticity）一词源于希腊语的"authentes"，意为"权威者"或"某人亲手制作"，是西方哲学中的一个重要概念，在20世纪60年代进入文化研究的领域。② 这一概念被广泛地运用于哲学、文艺学、民俗学、民族学、人类学等学科的相关研究中，在民族学、人类学和民俗学领域主要用来讨论非物质文化遗产保护和民族旅游带来的

---

① 谢爱国：《畲族文化保护的"原生态"在哪里》，《宁德师专学报》2011年第1期。
② 瑞吉娜·本迪克丝：《本真性》，李扬译，《民间文化论坛》2006年第4期。

文化商品化、文化复制性等问题。① 本真性是指一事物仍然是它自身的那种专有属性，是衡量一种事物不是他种事物或者没有蜕变、转化为他种事物的一种规定性尺度。② "本真性"强调文化保护是在文化变迁中实现的，认为文化的变化是不可避免的，只要变化不失其本真性，只要文化事项的基本功能、该事项对人的价值关系不发生本质改变，就是可以正常看待的。③

非自然变迁是指在特定的时空环境下，由于遭受外来强势文化冲击或外来强势力量影响，以非文化主体为主导，改变本民族或聚落文化发展的惯性轨迹而产生的变迁。在非自然变迁中，民族文化变迁的速度会加快，变迁方向往往脱离惯常的变迁轨迹，文化内核出现变异，文化主体的主导作用难以发挥，文化的取舍和变迁方向是政治权力、民族文化资源开发利用者等多方力量博弈的结果。

二　政治权力的宏观调控

政治权力对文化发展方向有着极大的规定制约作用④和指导性变迁作用。指导性变迁是个人或群体主动和有目的地介入另一个民族的技术、社会和思想的习俗⑤。在我们国家，现行的文化政策虽然与计划经济时期已有很大不同，但文化从来没有背离过政府设定的轨道，从强调社会主义性质的文化到今天的文化市场化，无不是国家政策的体现。国家往往可以通过无形的意识形态、有形的政策法规实现对文化的控制。⑥ 近年

---

① 方清云：《民族文化重构方式与文化本真性保持——以景宁畲族自治县的畲族文化重构为例》，《西南民族大学学报》（人文社会科学版）2013 年第 1 期。

② 刘魁立：《非物质文化遗产的共享性、本真性与人类文化多样性发展》，《山东社会科学》2010 年第 3 期。

③ 同上。

④ 李玉臻、杨梅：《民族节庆旅游与民族传统节日转型研究》，西南交通大学出版社 2013 年版，第 73 页。

⑤ ［美］克莱德·M. 伍兹：《文化变迁》，何瑞福译，河北人民出版社 1989 年版，第 65 页。

⑥ 宗晓莲：《布迪厄文化再生产理论对文化变迁研究的意义——以旅游开发背景下的民族文化变迁研究为例》，《广西民族学院学报》2002 年第 2 期。

来，随着旅游产生的经济效益受到很多地方关注，民族文化因其神秘性和独特性具有较大的旅游开发价值。因此，民族文化不再被单向度地视为"落后"和"蒙昧"，而是被作为提高地方软实力、弘扬传统文化、展示地方特色和形象的旅游资源。政治权力将文化纳入地方政治、经济和社会体系发展建设当中，通过招商引资、文化元素筛选、政策规制和奖励扶持等，影响文化变迁方向。

（一）成立畲族文化发展组织机构

畲族自治县和畲族乡镇的设立，使畲族地区社会经济文化发展注入民族视角的国家意志，通过畲族自治县和畲族乡镇政府机构行使国家权力，将畲族文化与地方社会经济文化发展密切结合。为提高畲族地区的识别性，畲族文化被充分挖掘和利用，以畲族文化为基础的旅游产业成为地方名片，并以旅游为载体，将与旅游有关的事项不断融入畲族文化体系。为了扶持民族地区社会经济文化发展，凸显景宁作为全国唯一畲族自治县的垄断地位，2008 年 5 月，浙江省委、省政府专门出台《关于扶持景宁畲族自治县加快发展的若干意见》（浙委〔2008〕53 号，简称53 号文件），提出到 2012 年，使景宁经济综合实力进入全国 120 个民族自治县前十位，接近全省基本实现全面小康社会的目标，并成为全国畲族文化发展基地，即实现"全国十强、基本小康、文化基地"三大目标。景宁县与畲族文化相关的部门除了民族宗教事务局、文化广电新闻出版（体育）局、非物质文化遗产保护中心、民族经济开发区等一般常设机构外，为落实省委、省政府的 53 号文件，2008 年 10 月，景宁县委、县政府正式出台《"全国畲族文化发展基地"建设纲要（2008—2012）》，设立"景宁畲族自治县建设全国畲族文化发展基地办公室"（简称"基地办"），"基地办"挂景宁畲族自治县"中国畲乡三月三"节庆办公室牌子，是县全国畲族文化发展基地建设协调领导小组的办事机构，相当于正科级事业单位，挂靠县委宣传部，核定全额拨款事业编制 6 名。核定领导职数主任 1 名；副主任 1 名；股级领导职数 3 名。具体职能包括：负责畲族文化发展基地建设规划；指导、协调和督查畲族文化发展基地建设工作；牵头畲族文化的研究转化和宣传培训工作；组织大型节庆活动等。根据上述职能，内设综合科、畲族文化规划科、畲族文化研究科三个职能科室。"基地办"更多时候是发挥事件落实和实际操作功能，像现在景宁在举办一年一度最隆重的畲族"三月三"节庆时，都要另行设立"中国畲乡三月三组委会"。组委会由县长担任主任，分管副书记，常委中的宣传部部长、统战部部长、公安局局长，以及政府分管副县长为副主任，相关部门主要领导为组委会成员；宣传部为总负责单位，宣传部长为常务副主任。组委会下设办公室为实际操作机构。办公室设主任1名，一般由宣传部分管副部长担任，副主任兼各组组长若干名，通常由宣传、文化、民宗、旅游、公安、政府机关事务管理局等单位主要或分管领导担任，分别负责财务、演艺、经贸、民族、安保、后勤等主要工作；工作人员从相关单位抽调，要求责任心强，有相关特长和经验。专职抽调到"三月三"组委会办公室上班的一般有十多人，为期近两个月，结束后回原单位。经过几年的磨炼，景宁形成了一支优势互补的人才队伍，成为每年节庆工作的骨干。①

（二）制定畲族文化相关政策法规

在浙江省《关于建设旅游经济强省的若干意见》（浙委〔2004〕23号）提出的"三带十区"旅游空间格局中，丽水市处于"浙西南山水生态旅游经济带"和"丽水绿谷风情旅游区"，其中的"风情"主要为"畲族风情"。作为全国唯一的畲族自治县，为落实浙江旅游经济强省建设意见，景宁畲族自治县出台了《关于建设民族风情旅游名县的若干意见》（景委〔2006〕37号），提出"打造'神奇畲乡、休闲胜地'，建设在华东地区独树一帜的民族风情旅游名县"的总体目标。通过挖掘、改造、嫁接和创新等各种手段，博采各地畲族风情，加强畲族饮食、建筑、服饰、歌舞、娱乐、工艺品等文化元素与旅游融合，建设吃、住、行、游、娱、购等产业配套。《景宁旅游"十二五"发展规划》提出："开拓节事会展业。每年固定举办'中国畲乡三月三'节庆，把它办成全国畲

---

① 麻益兵：《"中国畲乡三月三"节庆模式的形成和发展》，《畲乡景宁实录》，中国文史出版社2011年版，第56页。

族同胞共同的盛宴，办成各民族同胞共同参与的狂欢节，办成全国知名节庆旅游品牌。'中国畲乡三月三'旅游节，不仅要有传统畲族歌舞表演，还要融入畲族运动会、祭祖大典、踩街等参与性旅游项目，更要文化搭台、经济唱戏，通过举办文化论坛、招商大会、农展会等，把'三月三'办成向中外游客展示景宁的大舞台，扩大景宁旅游在全省、华东地区乃至全国的知名度。"

2008 年，景宁畲族自治县出台《"全国畲族文化发展基地"建设纲要（2008—2012）》，提出将景宁建设成为"全国畲族文化发展基地"（以下简称"基地"）的目标，将景宁打造成全国畲族文化总部，并对"基地"的总体要求、发展目标和基本原则等进行了全面阐述，明晰了"基地"建设的组织领导、工作机制和责任落实等内容，把建设"基地"的目标任务列入党委、政府和领导干部任期目标考核。县域范围全面开展了系列工程建设，包括进一步挖掘"中国畲乡三月三""中国畲族民歌节""中国畲族服饰设计大赛"等特有文化品牌；完善提升中国畲族博物馆，鼓励民间投资建设各类畲族文化主题博物馆；设立畲族文化发展基金，成立畲族文化研究组织；建立一批"少数民族传统体育""畲族山歌""畲族语言""畲族服饰""传师学师"等民族文化传承基地等。通过举办畲族文化研讨会、畲族文化培训班、畲族服饰设计大赛、畲族山歌节、少数民族传统体育运动会等系列活动，发掘畲族文化内涵，营造畲族文化氛围，推动畲族文化旅游发展。在"畲族文化有形化、文化载体项目化、文化成果精品化"的基地建设原则指导下，畲族服饰、建筑等一些具有较高旅游价值的畲族文化元素被提取、展示。同年，景宁县委、县政府提出复兴和重构畲族服饰，经过相关部门和专家讨论决定：畲族服饰统称凤凰装，以凤凰图案、景宁畲族彩带为标志，男子以传统立领，女子以大襟花边衫为基本格调。倡导景宁县服务行业窗口工作人员穿民族服装上岗；实施畲族干部服饰日，规定每周一为畲族干部服饰日，在服饰日畲族干部要穿畲族服装上班。

畲族的传统民居没有相对统一的建筑风格或建筑模式，其突出特点是以居住地的基本建筑风格为基础，依地形山势而建，以宜居和方便生产生活为目的，分布在不同区域的畲族民居表现出鲜明的地域性特征。①
但随着畲汉深度杂居和现代社会发展，原有的建筑风格也已逐步汉化。
针对畲族建筑风格汉化，部分畲族群众对彰显畲族特色的民居建筑缺少
民族认同感和归属感，参与意识不强，较难付诸实施，以及畲族村寨特
色不明显等问题，2009 年，浙江省丽水市委统战部等单位通过到福建、
贵州实地考察畲族村寨、参考历史记载以及邀请专家论证等方式，主持
编纂了《畲族风格民居建筑设计图集》（以下简称《图集》）。该《图集》
是按照传承历史、立足当前、着眼长远的原则设计完成的。从畲族山居
文化、游猎和游耕文化、宗教文化等角度挖掘畲族的传统文化心理和美
学特征，融入了畲族彩带、凤凰、龙角等特色文化元素，根据科学合理、
简单易行的设计思路，对上述元素在屋顶、墙身、山墙、节点细部等的
运用进行了探索研究，并提出了 5 个独立式、5 个多层公寓式和 8 个多层
排屋式的畲族民居建筑实体设计方案，为畲族民居文化的重构寻求理论
依据并将其系统化。上报国家民委和省民宗委，发送到全省各市及民族
工作重点县（市、区）民族工作部门、全省各民族乡镇，用于指导全市
乃至全省畲族聚居地加快社会主义新农村建设步伐，创建一批具有浓郁
民族风情的"畲族特色村寨"。为提升全国畲族文化总部地位，景宁畲族
自治县吸收全国各地畲族建筑特色，对城镇建设进行了重新设计定位，
规划和建设了一批具有畲族风情、山水园林、现代文明特点的文化建筑
群。先后投资建设了占地面积达 2.6 万平方米的畲族文化中心，用以展示
文物、风情演示等畲族文化精华；建成集民族文艺表演、民族餐饮、民
族祭祀活动于一体的畲族封金山寨。② 2012 年，景宁县民宗局编制了
《景宁畲族自治县"民族特色村寨"建设项目实施参考方案》（简称《方
案》），《方案》对畲族特色民居的保护和发展提出具体要求："在墙上镶
嵌畲族彩带，中堂上前廊栏杆、在民居适合处镌刻或镶入彩带、畲等字

　　① 方清云：《民族文化重构方式与文化本真性保持——以景宁畲族自治县的畲族文化重构
为例》，《西南民族大学学报》（人文社会科学版）2013 年第 1 期。
　　② 严慧荣：《谱"畲"字曲 唱"畲"字歌　全力奏响畲族特色文化发展新乐章》，浙江文
化信息网，http://www.zjcnt.com，2017 年 3 月 15 日。

样、图案，协调融入畲族文化特有元素。"如今景宁畲族村落与周边汉族村落有了区别性标志：如畲族村落民居外墙统一用深黄的古泥墙颜色作为墙体主色调，建成具有传统特色的泥巴墙。在民居的前廊栏杆、墙面或镌刻或镶入畲族彩带纹样，在墙面上印制了凤凰图案，用不同字体写上蓝、雷、钟、盘畲族的主姓；畲族民居建筑窗户用木格式，并将木条镶嵌成"畲"字样。目前，在畲族村寨新建或改建的建筑中，建筑的屋顶、山墙、墙身、节点细部等的装饰元素都体现出了畲族独有的标志性特色，畲族彩带、凤凰等具有标志性的畲族文化元素被广泛使用。

与景宁畲族自治县政府部门的高度重视、出台《方案》并给予资金支持相比，莲都区尚未出台专门的指导和规范在民族聚居区实施"畲族特色村寨"保护与发展的规划与建设的相关文件，尚未形成特色村寨建设的强大合力，这有可能导致相关部门在项目规划上缺乏协调，也还有可能导致其他畲族村委会照搬试点特色村寨的模式简单模仿，从而造成风格趋同而无特色。近年来，少数民族地区经济虽然得到较快发展，但大多数村集体经济薄弱，可支配收入少，村级组织无钱办事现象较为严重，用于"畲族特色村寨"建设的专门资金更是严重缺乏。已开展特色村寨的村也面临着同样的问题，前期建设都是通过相关部门补助和奖励完成相关工程，沙溪村则是通过借贷搞建设，再争取部门资金补助。①

畲族"三月三"是目前最受地方政府重视和最隆重的文化节庆，已成为畲族地区对外集中展示畲族文化的平台。在浙西南几个畲族人口集聚区，在政府牵头组织下，结合各地的地理和文化特征形成不同的"三月三"节庆品牌。景宁畲族自治县作为级别最高的畲族自治行政区域，独立命名"中国畲乡'三月三'"为景宁"三月三"节庆品牌，在"景宁畲族自治县建设全国畲族文化发展基地办公室"挂"景宁畲族自治县中国畲乡'三月三'节庆办公室"牌子，负责"三月三"节庆活动的总体策划并牵头进行具体实施工作，研究探索办节模式，改革完善办节机

---

① 张艳：《关于莲都区畲族特色村寨建设的几点思考》，走进畲乡，http：//tzb. lishui. gov. cn/szwh/llwz/201511/t20151109_ 164965. htm，2017 年 3 月 15 日。

制，确定每届"中国畲乡'三月三'"的主题、节目编排、活动内容及时空安排、邀请嘉宾、后勤保障及新闻媒体等。传统畲族"三月三"节庆活动内容主要有吃乌米饭和踏青。当政府首次将"宣扬两岸三地民族大团结的主旋律"引入畲族"三月三"节庆活动中时，曾经引发过畲族政治精英内部的激烈争论。针对这个问题畲族政治精英产生分歧，一部分思想开放的政治精英认为，不应该因循守旧，而应该给传统节日注入新的精神和活力；另一部分较传统的政治精英则认为，畲族"三月三"如果注入时下所谓的"新精神和活力"，无疑就会丧失独特性而逐渐泯灭在众多的节日庆典中。"畲族'三月三'庆典活动在中断了很多年之后，又重新由县政府牵头搞起来，到底怎么搞，我们中间也有争论。如果按照传统的模式搞，畲族老百姓可能喜闻乐见一些，参与热情高一些；但是按照'两岸三地民族大团结'的思路来搞，则上面的支持力度大一些。最后，我们还是统一了意见，按上面的思路来办三月三。"① 近年来，加强与港澳台之间的文化交流，尤其是与台湾少数民族的交流，已经成为景宁"三月三"节日庆典的重点内容。景宁县2008 年、2012 年举行的"三月三"庆典活动，分别被冠名为"中国畲乡三月三暨海峡两岸民族大联欢"和"2012 海峡两岸各民族欢度三月三节庆暨中国畲乡三月三"，"两岸三地民族大团结"日渐成为景宁畲族"三月三"节庆的主题。

丽水市莲都区老竹畲族镇和丽新畲族乡、松阳县板桥畲族乡、金华市武义县柳城畲族镇四个散杂畲族乡镇，具有空间上的毗邻优势。为整合散杂区域的畲族文化资源，1994 年开始由四个畲族乡镇政府牵头的"'竹柳新桥'三月三畲族歌会"在四乡镇之间轮值举办，对整合畲族人口散杂分布地区，整合畲族文化资源、扩大影响力起到很好的示范作用。泰顺、文成、苍南和平阳是温州市四个毗邻县以及畲族人口相对集中分布区，有苍南县凤阳和岱岭、泰顺县司前和竹里、文成县西坑和周山以及平阳县青街七个畲族乡镇。为将畲族"三月三"打造成温州市畲族文

---

① 方清云：《民族精英与群体认同——当代畲族文化重构中民族精英角色的人类学考察》，《中南民族大学学报》（人文社会科学版）2013 年第6 期。

化的重要品牌和载体，2010 年开始，温州市开始在泰顺、文成、苍南和平阳四个县之间轮流举办畲族"三月三"，因温州为"瓯越文化"所在地，遂统一使用"瓯越'三月三'畲族风情节"品牌名称。每届"三月三"畲族风情节由温州市民族宗教事务局和轮值县人民政府主办，轮值县民族宗教事务局和该县畲族乡镇人民政府承办，确定该届"三月三"畲族风情节的主题、活动内容及安排、邀请嘉宾等各项事宜（见表 6 - 1）。

表 6 - 1　　2017 年浙西南"三地"畲族"三月三"相关事项对比

活动名称	举办地	主题	主办、承办和协办单位
2017 中国畲乡三月三暨浙江省第四届畲族风情旅游文化节	景宁畲族自治县	畅游中国畲乡共建和美景宁	主办：浙江省民宗委、省文化厅、省旅游局、省广电集团、共青团浙江省委、市民宗局、中共景宁畲族自治县委、县政府 承办：2017 中国畲乡三月三活动组委会办公室
第二十四届"桥竹柳新"三月三畲族歌会	松阳县板桥畲族乡金村、麒上村	弘扬民族文化共同繁荣发展	领办：松阳县委、县政府 主办：松阳县板桥畲族乡人民政府 莲都区老竹畲族镇人民政府 武义县柳城畲族镇人民政府 莲都区丽新畲族乡人民政府 承办：松阳县板桥畲族乡人民政府 协办：松阳县民宗局 松阳县文广新局
温州市第八届瓯越"三月三"畲族风情旅游节	平阳县青街畲族乡	"山海平阳多彩畲乡"	主办：温州市民宗教事务局、平阳县人民政府 承办：平阳县委统战部（民宗局）、平阳县青街畲族乡人民政府 协办：平阳县文化广电新闻出版局、平阳县风景旅游管理局

服饰是一个民族对外展示的重要文化元素，反映了一个民族的历史和文化特征。到 2017 年止，景宁畲族自治县已举办了三届"中华畲族服饰设计大赛"和三届"中国畲乡三月三暨中国（浙江）畲族服饰设计大赛"，每届服装设计大赛都对参赛作品提出了要求，对畲族服饰的款式、与现代时尚融合以及畲族文化元素在服饰中的运用起到引导作用。如2014 第二届中国（浙江）畲族服饰设计大赛要求："可从畲族传统服饰的样式、结构、工艺、面料、色彩、图案上或其他相关畲族文化中提取设计元素设计……作品均须反映国际、国内最新的流行思潮及流行动向，既有独特的创意设计，兼顾服饰的实用性和可推广性，又具有一定的市场适销性……"

在课题组对大均和泉坑两个畲族村寨的调查中，41.9% 的被调查者认为政府是影响畲族文化变迁最大的因素；其次是游客，占 25%，游客对畲族文化的兴趣和关注激发了畲民对本民族文化的自觉和自省，对畲族传统文化的挖掘、保护和传承具有导向作用。地方政府作为国家权力的执行者，对地方负有发展经济、传承和保护民族文化等多重责任，但是由于相比较传承和保护民族文化，发展经济往往见效快、易考量，在我国当前体制下，更能在较短时间里体现政府和执政者的业绩。因此，当发展经济和文化传承保护出现不协调时，往往会出现以经济发展为中心，文化传承与保护为经济发展让道的状况，有利于经济发展成为文化变迁的方向。在当代畲族发展进程中，国家权力决定了文化变迁的方向，是畲族文化变迁的重要推动力量。在浙西南地区，由于畲族自治县、畲族乡镇以及零散的畲族村落行政级别不同，行政权力对畲族文化变迁的影响也存在差异，行政级别越高，重视程度越高。与景宁畲族自治县举全县之力举办每年的中国畲乡"三月三"相比，邻县的云和主要依靠民间力量，"前几年三年两头办，民宗局这边本来畲族文化这块是应该要重视的，可现在都是随随便便的，你弄得起来你就自己搞，搞得起来'我'（政府）也支持，不是'我'直接来支持。我们云和的'三月三'不如丽水的板桥、老竹、丽新、柳城（武义），它们都是每一年规定这样办的。我们这里畲族文化保护方面，最困难的目前来说是政府的扶持力度"。① 由于行政级别越高，能整合和调动的各种资源越多，"景宁她可以去国家要钱，所以建设得比较快，我们这些地方都最多只能去省里要钱"②。影响的行政级别越高，对畲族文化资源挖掘、利用越充分，融合其他文化资源越多；畲族文化创新力度越大，畲民的主体地位越弱，畲族文化变迁的速度越快，范围越广，与传统文化本真性的差异也就越大。因而，景宁自治县的畲族文化的代表地位受到了非难和质疑。③

三 旅游企业的市场行为

旅游企业是追求利益最大化的生产单位。旅游企业主要利益诉求为通过投入一定的资金，采取或买断旅游景区经营权，或以租赁经营，或以合作开发等方式进行旅游开发，追求旅游利益最大化，以获得投资回报。旅游企业根据政府的招商引资优惠政策，以及市场需求等进行资本投资，旅游企业的意志一定程度上体现了市场的力量。市场需求是旅游企业开发的主要导向，为了满足不断变化的旅游市场需求，旅游企业需要持续投入资金和人才力量，研发新的旅游产品。在以畲族文化为最大特色和卖点的畲区，市场这只无形的手通过旅游企业的力量影响到畲族文化，以及与畲族

---

① PYGC—LGH，男，老年，云和县雾溪畲族乡坪垟岗村人，访谈时间：2013 年 10 月 27 日，坪垟岗由雷岗、蓝岗、坛门三个自然村组成，是个纯畲族行政村，自明代万历年以来一直保存着畲族"三礼二文化"（行礼、婚礼、葬礼，服饰图腾文化、歌舞民俗文化），是国内外畲族学研究注目的焦点，包括德国、法国、日本、加拿大、新加坡和比利时等国的客人。1999 年，在政府部门的重视支持，以及村民 PYG—LGH 的牵头组织下，对坪垟岗畲族历史传统民俗文化进行了挖掘、开发和利用，创建了畲族风情文化村，是浙西南旅游开发最早的畲族村落（2010 年收费情况：景点票价：30 元/人；其他费用：婚俗演绎费 800 元、畲族歌舞表演 500 元，餐费 20—30 元/位）。该村先后被评为浙江省文明村、浙江省民间文艺家创作基地、浙江省畲族"三月三"传统节日保护基地、浙江省非物质文化遗产"畲族民歌"传承保护基地、浙江绿谷十佳旅游景点、丽水市文化名村、丽水市摄影创作基地、国家 AA 级旅游景区等。近几年由于周边云和梯田等景区开发，政府重心转移，以及原先牵头人 PYGC—LGH 迁到村外居住，村里已不再具有当年的景象，一些设施、藏品处于尘封状态。

② PYGC—LXG，男，老年，云和县雾溪畲族乡坪垟岗村人，访谈时间：2015 年 8 月 18 日。

③ 方清云：《民族精英与群体认同——当代畲族文化重构中民族精英角色的人类学考察》，《中南民族大学学报》（人文社会科学版）2013 年第 6 期。

文化旅游相关的事项。在旅游场域中，按照市场需求对畲族传统文化及其他文化事项进行改造，以游客凝视选择和创新旅游资源要素，开发旅游产品，并使其改头换面成能为旅游企业带来经济效益的文化资本。

　　最先进入旅游市场的是由当地村民主导开发的畲族婚俗表演，村民自导自演，将传统畲族婚俗压缩后搬到游客的旅游空间。随着旅游推进，专业旅游企业承包畲族文化旅游景区进行开发。旅游企业的诉求是追求经济效益最大化。降低生产成本、争取更多的客源都是实现经济效益最大化的途径。2013 年 8 月 10 日，课题组到景宁畲族自治县开发最早的以畲族文化为主题的"中国畲乡之窗景区"调研时，看到演员中有 4 位特征比较明显的佤族演员。当笔者问景区负责人，表演畲族文化为什么使用佤族演员时，对方回答说："（佤族演员是）我原来带队演出时的一批专业演员，还有一些是从阿瓦山特意请过来的。这个怎么说呢，你说全部都用畲族的好不好，肯定是好的。但是很多东西都要从现实的角度去看，毕竟我这是一个公司，我要经营。畲族小伙子一个月的工资和佤族小伙子的那肯定是不一样的，而且现在学舞蹈的和以前学舞蹈的概念是不一样的。以前都是穷孩子去学舞蹈，现在是富孩子才去学。现在穷孩子对舞蹈好像都没什么概念了。所以现在舞蹈演员很紧缺，这也是现在景区演员难找的一个原因。不过这也不违背我们打造畲族文化，只是我们想略微地降低成本而已，我相信这也是很多人都能接受的。他们的参与会让民族性更强，因为佤族的舞蹈表现力在所有民族中是最强的，苗族的歌曲表现力最强。而畲族的歌曲和舞蹈表演形式都不够丰富，所以我们必须要外请一些人来。也许他们（游客）会问：为什么这么黑？因为佤族和畲族毕竟有区别的，那我们会说：这是我们从山上请来的，山上比较热，所以晒黑了。"① 当笔者再问游客是否会相信这几名演员是畲族青年时，对方回答："这个东西只是当作一个笑话的，你笑了也就笑了，不笑也就这么过去了。他们也只是随口一问，不会去追究什么的。因为这个演出已经打动他们，所以不用再去纠结某些东西。我觉得，无

---

① SXZC—YHQ，男，青年，中国畲乡之窗景区经理，访谈时间：2013 年 8 月 10 日。

论是畲族文化还是汉族文化，我们都不用太去追究这个到底有没有。包括这个洗井，很多人问畲族真的有洗井这个活动吗？你要说有也可以有。其实畲族真正有的是祭祖活动。但是祭祖我们一般只会在晚会上做。例如我们的篝火晚会，就有祭祖这么一个环节在，会有这么一个体现，让你能感受得到，看得到原来少数民族是怎样祭祖的，祭祖祭好之后我们应该做什么，然后通过这个舞蹈知道我们要开始酿酒了，酒酿好就请游客来喝，那种感觉就不一样了。当你看完这个舞蹈以后，会明白：原来这酒是这样酿的。喝过后会说：原来这就是这个味道啊。那就 OK 了，我不需要很大的什么，我只要画龙点睛就好。"[1] 畲族传统婚俗中，对歌是重头戏。由于现在年轻畲民基本不会唱传统畲族山歌，在婚俗表演中，"中国畲乡之窗景区"只请了一位会唱传统畲族山歌的演员，整个过程在三个环节[2]唱传统畲族山歌，其他对歌都用流行歌曲替代。

图 6 - 1　景区的佤族演员

服饰是体现一个民族特征的重要元素，也是演员的重要装备。传统畲族服饰色彩单一，为提高舞台视觉效果，景区和服饰生产企业对畲族服饰进行改造，在色彩、样式、配饰等融入其他民族文化元素。传统畲族服饰色彩以青蓝为主，但在景区演员的畲族服饰上，青蓝色彩的比例已经很小了。"（畲族）服装是凤凰装，那是我们找服装店一起研发的我们认为真正的凤凰装，我个人觉得非常漂亮，整体有我们想要的那个图案，那就 ok 了。"① 在游客凝视下，旅游开发商为开发具有市场吸引力的产品，以实现自身的利益诉求，在对畲族文化元素选择、整合和创新过程中，往往会根据市场的逻辑和方式来宣传、改造和包装畲族文化，这些行为和措施的最终结果是直接导致畲族传统文化的变迁，并在游客心中形成畲族文化印象。随着旅游深入发展，旅游活动项目也日益丰富，其他一些民族文化习俗不断被融入，成为畲族村寨和畲族文化旅游景区项目的重要组成部分，也被游客作为畲族文化习俗体验。如长桌宴、洗井泼水节近年在畲族文化旅游景区和畲族村寨开发。在调查中，六七十岁的当地畲民都说以前没有长桌宴和泼水洗井节，不知道这是哪里来的习俗。一位上海游客说："蛮好玩的，原来在贵州西江吃过长桌宴，没想到畲族也有长桌宴，一直知道傣族有泼水节，没想到畲族也有泼水节。"在经济全球化的大背景下，市场力量具有极为强大的推动力，在强大市场力量的推动下，开发商会根据市场需求改变和影响着传统民俗文化。而文化的改造和包装过程必然是民俗文化与目的地居民本真生活剥离的过程，也是当地居民的角色转化过程。② 但由于居民受意识观念影响，角色转化过程往往滞后于文化改造过程。在游客看来，这些都是属于畲族文化的体验性和表演性等方面，这些体验的和表演的畲族文化已经以它适应旅游产业发展的内容和形式而强势存在。

---

① SXZC—YHQ，男，青年，中国畲乡之窗景区经理，访谈时间：2013 年 8 月 10 日。

② 吴亚平：《天龙屯堡乡村旅游兴起与民俗文化变迁研究——一个利益相关者的视角》，《贵州师范学院学报》2010 年第 11 期。

图 6 - 2　村民的　　　　图 6 - 3　城市馆讲解员　　　图 6 - 4　景区演员
　　　畲族服饰　　　　　　　　　畲族服饰　　　　　　　　　畲族服饰

　　旅游企业作为独立经济利益的经济体，自主经营、自负盈亏，为追求自身利益最大化，降低生产成本是其开发旅游产品要考虑的重要因素。使用工资成本较本地畲族演员低的佤族演员，移植长桌宴、洗井泼水节等其他一些少数民族已开发比较成熟的旅游项目，都是旅游企业作为"理性经济人"的合理解释，因为移植这些旅游项目毕竟比研发一个新的畲族文化旅游项目具有较低的时间成本和资金成本优势。畲族文化是畲区旅游的核心吸引物。作为民族文化旅游产品，畲族文化已经遵照市场的逻辑被舞台化和泛化，沦为被观赏的对象，向旅游者展示的已经不是属于畲族居民生产生活范畴的本真文化；或者是融合了其他元素被再生产为一种供游客消费的文化产品。但与此同时，一度被忽略的民俗文化通过旅游产品开发，并进行市场化运作，使民俗文化的经济价值得以体现，当地政府和居民由此而认识到传统民俗文化的重要价值，于是激发了政府和居民抢救、挖掘和保护传统民俗文化的积极性，一批业已消失或正在消失的传统文化又焕发出新的生机。[1] 畲族文化亦是如此。

---

　　① 吴亚平：《天龙屯堡乡村旅游兴起与民俗文化变迁研究——一个利益相关者的视角》，《贵州师范学院学报》2010 年第 11 期。

由于旅游市场需求的变化，以及各方面利益诉求的变动，在旅游场域被再生产出来的新的文化体系也并非一成不变，文化总被随时赋予新的价值意义而改变。为适应游客需求的变化，被作为畲族文化旅游资源开发的要素也要日益翻新，其翻新速度之快已远超出本真文化变迁速度。对于大众游客，到旅游目的地接触的主要是经旅游开发者包装后在前台展示的旅游项目，这些旅游项目里蕴含的文化就理所当然地被游客认为是畲族文化。因此，可以说旅游开发商和游客是外来文化旅游资源畲族化，以及畲族文化加速向旅游价值维度变迁的主体。

四　畲族传统文化变迁的精英导向

文化变迁是多方力量综合作用的结果。在影响文化变迁的诸多因素中，精英在很多时候会起着主导作用。地方精英或民族精英对推动历史进程发挥着重要作用[1]。在全部社会阶层中，精英属于少部分群体，同时对社会事务的管理与决定享有重要的影响力。精英有广义和狭义之分，广义的精英是指在自己从事的领域内取得成功从而达到较高层次的人，狭义的精英则是指这少部分人中从事政治和社会统治的领袖者中的少数人，因此，狭义精英又被称为统治精英，一个社会的特征并非由占多数的人民群众所决定，而是由精英特别是统治精英的性质所决定[2]。按照掌握资源的类型差异，可以分为政治精英、经济精英和传统文化精英等不同类型。

民族精英是指"那些深谙民族文化精神，拥有一系列的方式、方法和资源，能够直接或间接地影响全民族与全社会的生存及发展方向的人"[3]。民族精英具有双重性，作为民族群体的一员，他们在民族意识和民族生活方式上与普通成员具有高度的认同感。但作为民族群体中的少

---

① 杨筑慧：《民族精英与社会改革——以西双版纳傣族地区为例》，《云南民族大学学报》（哲学社会科学版）2008 年第 5 期。

② 高永久、柳建文：《民族政治精英论》，《南开学报》（哲学社会科学版）2008 年第 5 期。

③ 周星：《民族政治学》，中国社会科学出版社 1993 年版，第 104 页。

数精英分子，他们在政治经济文化等领域处于优势地位，具有与大多数群体成员利益相对的特点。在民族文化重构的过程中，民族精英非常重要，它发挥着"上"（国家）"下"（民族群体）衔接和润滑的作用。国家意志和政策需要借助民族精英的理解、倡导、示范、推广来加以实施；民族群体需要通过民族精英这个媒介来实现与国家权力的沟通对话，了解国家民族政策的内容和导向，以抓住本群体发展的最佳境遇。[1]

畲族知识精英在畲族文化变迁中一直起着指向性作用。在清朝中后期，随着畲族与汉族在政治、经济和文化观念等方面的融合，畲族信仰盘瓠形象经历了由犬到龙、麒麟的转变。在这一过程中，畲族知识分子为其民族信仰文化观念的变化起了"指向性"作用，选择了有利于民族生存发展的文化信仰。因清朝嘉庆七年，"福鼎童生钟良弼被诬为犬而不准与试"[2]，以及类似的事情多次发生，迫使已经接受汉式教育和汉族文化的畲族知识分子为改变不利状况而极力寻求汉文化的正统性认同。先是有部分畲族接受了汉文化的教育，成为掌握了汉族文化的知识分子。紧接着，在畲族文化与汉族文化发生激烈碰撞时，这些畲族知识分子根据情势对原来的畲族文化做了依附汉文化的改造。之后，才有畲族群众对这种改造后的畲族文化的逐渐认同[3]。当代畲族精英正是因为在文化重构过程中提供了有利于激发民族自豪感的象征符号和文化载体，并借助广播、电视、网络等现代媒体推动而实现了民族群体的认同[4]。

当代畲族文化精英在畲族文化重构中，以自身掌握的特定技艺为畲族文化重构提供了载体。传统文化精英多指宗族族长、宗教领袖或资深的社区传统文化学者以及民间艺人等掌握地方传统文化资源的人士，是

---

① 方清云：《民族精英与群体认同——当代畲族文化重构中民族精英角色的人类学考察》，《中南民族大学学报》（人文社会科学版）2013 年第 6 期。

② 杨正军：《从盘瓠形象变化看畲族文化的变迁》，《漳州师范学院学报》（哲学社会科学版）2005 年第 2 期。

③ 同上。

④ 方清云：《少数民族文化重构中的精英意识与民族认同——以当代畲族文化重构为例》，《广西民族大学学报》（哲学社会科学版）2013 年第 1 期。

地方传统文化的主要承载者和维护者。① 畲族由于长期迁徙，很多畲族村落缺少宗族族长和宗教领袖，畲族传统文化精英主要是社区传统文化学者以及民间艺人。传统文化精英作为民族文化的主要承载者和最直接的呈现者，在以民族文化为主要吸引物的旅游语境中，与旅游产生相互影响。传统文化精英因旅游业发展受到地方政府和旅游开发商的重视，知名度不断提高，活动范围不断扩大。同时，传统文化精英因为深谙民族文化内涵和精髓、具有传统文化技艺，在文化变迁中能抓住关键要素，对保持文化本真性起着关键作用。传统文化精英承载着民族文化传统保护与传承的责任，通过传、帮、带，培养新一代文化传承人，起到文化传承的作用。

由于长期汉化，并非所有畲族人都懂畲族文化、了解畲族文化。目前懂得畲族文化、掌握畲族文化的仅仅是畲民当中的少数群体，他们是承载畲族传统文化的精英。由于畲族传统文化传承的主要场域是家庭，因此，这些畲族传统文化精英往往是家庭世代具有较高的民族文化自觉、注重畲族文化使用和传承，从小在家里耳濡目染，习得本民族文化的。如东弄村畲族彩带传承人蓝延兰的太祖母就是彩带编织能手，她自己也是从小跟外婆学织畲族彩带；畲族民歌传承人蓝仙兰从外婆到她自己的女儿、外孙女已是五代传承，等等。

畲族传统文化精英有两种类型，一类是既懂畲族传统文化，又接受过较好教育的畲族传统文化精英，这类精英有的进入政府部门，如在民族自治县和民族人口相对集中的民族乡（镇）、民族村等各级民族自治区域担任行政领导职务，是国家政策的执行者，兼具民族政治精英和畲族传统文化精英两种身份（双重精英），他们对文化变迁的影响最终会通过国家意志的形式变现，但其中往往也会体现个人意志。由于他们拥有一定的政治权力和较多的社会资源，往往决定了文化变迁的方向，并成为推动文化变迁的重要力量。当遭遇国家认同和本族群认同冲突时，他们

---

① 孙九霞、黄凯洁：《旅游发展背景下民族社区宗教精英的权力变化研究——以三亚凤凰镇回族为例》，《青海民族研究》2016 年第 4 期。

往往会选择国家认同，成为国家政策的坚定执行者。① 因此，这类双重精英对文化变迁的影响有时与国家政治权力产生的影响是很难剥离的。如2012 年，当景宁畲族自治县政府首次将"宣扬两岸三地民族大团结的主旋律"引入"三月三"节日庆典活动中时，也曾经引发过畲族政治精英内部的激烈争论。一部分政治精英认为，不应该因循守旧，而应该给传统节日注入新的精神和活力；另一部分则认为，畲族"三月三"如果注入时下所谓的"新精神和活力"，就会丧失独特性而逐渐泯灭在众多的节日庆典中。最后，还是统一了意见，按照政府的思路办畲族"三月三"。此后，加强与港澳台的文化交流，尤其是与台湾少数民族的交流，就成为近年景宁畲族"三月三"节庆的重点内容。接受高水平教育的畲族精英，还有一部分进入高校或研究机构或文化、民宗部门等，从事与畲族文化相关的挖掘保护、研究和创作工作，他们兼具知识和畲族传统文化，拥有系统的理论知识和严谨的逻辑推理能力。与前者相比，这类精英相对比较独立，具有强烈的批判意识和反思精神，是民族优秀文化传承与创新的主体力量，在文化变迁中具有引领作用。如当前畲族文化重构中最具争议的话题是畲族的始祖崇拜，畲族知识精英对此问题的态度和表述主要有三种：第一种是福建省的"盘瓠崇拜"。认同"盘瓠崇拜"否认其他任何崇拜，代表人物是福建省政协教科文卫体委员会的 LWQ 先生，他主张尊重历史，认为"张扬盘瓠传说的内涵和价值，体现盘瓠传说的意义和能量，保存和弘扬盘瓠精神，是全体畲族人共同的责任和使命"。第二种是批判"盘瓠崇拜"，回避和淡化对始祖崇拜问题的讨论，代表人物是原浙江省景宁县的 LXG 先生，认为将盘瓠神话故事当作历史事实是错误的，应该坚决加以反对和抛弃。第三种是"凤凰崇拜"，力推"凤凰崇拜"，努力化解当前畲族始祖崇拜问题遭遇的困境，代表人物是原浙江省温州市文成县干部 ZJ 夫妇，主张"畲族自古拥有凤凰崇拜，畲族人民是凤凰的传人"。这一观点虽然遭到 LWQ 等畲族知识精英的强烈质疑与

---

① 方清云：《民族精英与群体认同——当代畲族文化重构中民族精英角色的人类学考察》，《中南民族大学学报》（人文社会科学版）2013 年第 6 期。

批判，但在现实发展中却日益得到推崇和践行。持上述三种观点的畲族知识精英各持己见、激烈争论，充分地体现了民族知识精英的独立意识和批判精神。① 相比于福建省的畲族人口分布，浙西南畲族人口大多分布于畲汉杂居程度相对高、畲汉互动频率相对高的地区。频繁交往虽然加深了两个群体的交流互动，但也增加了摩擦冲突的机会。历史上，曾有"大汉族主义者"用汉族语义中对"犬"的歧视性意义来侮辱畲族，给畲族人民造成了极大的伤害。② 这一地区的一些畲族文化精英认为盘瓠图腾是封建社会民族歧视的产物，应该坚决反对和抛弃，为此还发生了轰动一时的"六一八事件"。2006 年 6 月 18 日，以浙江省苍南县畲族为首的畲族人上访、申诉，集体抗议"盘瓠图腾"的说法，是畲族人民反对"盘瓠图腾"提法的最尖锐、最激烈的一次行动，被称为"六一八事件"。该事件使畲族"盘瓠图腾"在民众中成为敏感话题，在研究领域成为禁忌话题。为将畲族图腾朝着更加"美化""神话"的"凤凰崇拜"方向进行建构，今天在景宁畲族自治县，"盘瓠图腾"已经不再为人们所提及，"凤凰图腾"取得了广泛共识并得以推广。③ 自 2000 年始，景宁畲族自治县每年由县政府主持操办大型"三月三"节日庆典，大力宣扬"凤凰崇拜"，宣称"畲族是凤凰的传人"④。在景宁畲族自治县的畲族聚居村落，精心设计的凤凰图案被作为本民族标志，印制在畲族民居的外墙面上；在景宁畲族每年最隆重、规模最大的"三月三"传统节日庆典活动中，凤凰已作为本民族图腾向来宾推介；在景宁对外宣传的各类印刷品、包装袋上，凤凰图案占据了醒目的位置；在各大媒体的新闻报道中，

---

① 方清云：《民族精英与群体认同——当代畲族文化重构中民族精英角色的人类学考察》，《中南民族大学学报》（人文社会科学版）2013 年第 6 期。

② 方清云：《少数民族图腾文化重构与启示——对畲族图腾文化重构的人类学考察》，《云南民族大学学报》（哲学社会科学版）2015 年第 2 期。

③ 方清云：《民族文化重构方式与文化本真性保持——以景宁畲族自治县的畲族文化重构为例》，《西南民族大学学报》（人文社会科学版）2013 年第 1 期。

④ 方清云：《少数民族图腾文化重构与启示——对畲族图腾文化重构的人类学考察》，《云南民族大学学报》（哲学社会科学版）2015 年第 2 期。

"凤凰的传人"已经成为描述畬族人民的典型修饰语。① "凤凰元素"在浙江畬族文化旅游中的开发利用，除在畬族服饰、畬族建筑、畬族"三月三"节标、城市街道等建筑小品大量使用凤凰图案外，景宁畬族自治县还引进工商资本，投入 24.9 亿元新建了具有商务、购物、餐饮、休闲、娱乐和会展等多重城市要素的"凤凰古镇"旅游项目综合体。在《景宁畬族自治县文化产业发展规划》（2014—2024）中，提出："构建'凤凰展翅'产业架构：以县城为核心包括澄照、外舍、大均形成凤身，向西沿景泰公路及其支线至望东垟为脊线，包括县域西部各乡镇形成凤之西翼，向东沿千峡湖到下金山为脊线，包括县域东部各乡镇形成凤之东翼，构筑'凤凰展翅'形文化产业空间布局。"凤凰图腾借助媒体和网络等传播媒介的力量，在族群内外的影响日渐增大，越来越多的新生代畬族接受了凤凰图腾。②

另外，畬族传统文化精英是指接受教育少，没上过学或只接受了很有限的教育，但掌握着一种或多种畬族传统民族文化（这里的"文化"主要包括传统民俗，如节日庆典、人生礼俗、宗教仪式等；各类传统表演艺术，如山歌、舞蹈、戏剧等，以及各类传统工艺，如彩带编织、银饰制作、剪纸、生产技艺、畬医畬药等）的民间艺人，我们可以称之为"草根精英"。有些杰出的"草根精英"甚至成为民族文化符号。"草根精英"们拥有的畬族传统文化主要在日常生产生活中习得，家庭是传统文化习得的主要场域，言传身教是主要习得方式。由于这些文化事项的主要载体是人，其传承与创新需要在生产生活过程中进行，属于"活态传承"的民族文化事项，具有"人亡艺绝"的特点，即一旦传承载体消失，文化事项也就随之失传而消失。"草根精英"属于单纯的畬族传统文化精英，这类精英主要分布在畬族村落。如景宁畬族自治县鹤溪街道双后降村的蓝陈启，是国家级非物质文化遗产畬族民歌传承人，也是畬族

---

① 方清云：《民族文化重构方式与文化本真性保持——以景宁畬族自治县的畬族文化重构为例》，《西南民族大学学报》（人文社会科学版）2013 年第 1 期。

② 方清云：《少数民族图腾文化重构与启示——对畬族图腾文化重构的人类学考察》，《云南民族大学学报》（哲学社会科学版）2015 年第 2 期。

彩带编织能手；东弄村的蓝延兰，是浙江省非物质文化遗产畲族彩带编织技艺传承人，也是当地有名的传统畲族山歌手。畲族"草根精英"在文化变迁过程中所起作用的大小，对畲族文化变迁过程中的本真性保持起着关键作用。由于"草根"精英除自身具有的畲族传统文化之外，没有其他可动用的政治和社会资源，相比较而言，在决定文化变迁的方向上，双重精英更具有话语权，所起的作用更大。"草根"畲族传统文化精英更多的是起到传统文化载体和传承的作用，他们能发挥作用的大小更多地要依赖于国家意志。如近年由于国家对文化建设的重视，一些"草根"畲族传统文化精英根据其拥有畲族传统文化知名度和影响力的大小，分别进入不同级别的"非物质文化遗产项目的传承人"行列，成为被官方认定的"非物质文化遗产项目的代表性传承人"，并因此成为传统文化的法定代表人和实际受益者。"非遗"传承人被官方认定为民族文化精英后，使他们从民族群体中脱颖而出，成为畲族文化的象征性符号。当笔者在东弄村调研时，问非遗传承人 DNC—LYL 评上非遗传承人前后有什么变化时，她说："对我们来说评上是最好的一种出路，我们觉得文化这一块是要评上非遗、民间艺术家就好啦，这个名称拿得下是最好的，最有吸引力嘛。不管怎么样，客人问你是哪里的传承人，是全省的呀，还是市里的呀什么的，好像名气就不一样，产业做起来也不一样。"① 而在非物质文化遗产受到政府重视之前，他们一直埋没在畲族村寨中，是传统社会民族群体中的普通一员，由于政府对民族文化的重视才使他们逐渐凸显，走出村寨，从社会边缘走向中心，成为社会关注的焦点。在地方政府对外宣传推广时，他们往往成为地方形象代表和民族文化符号。对畲族文化传承和发展的本真性来说，"草根精英"所起的作用应该更大，他们承载的文化更具有代表性。

文化是与特定人群相联系的，因此具有表征某个人群和代表该人群的作用，是该人群的见证和身份标志。构成文化本真性的基本要素是该文化事象的基本性质、基本功能、基本结构和基本形态，以及作为主体

---

① DNC—LYL，女，中年，景宁县东弄村人，访谈时间：2013 年 8 月 11 日。

的个人、社群、族群对该事象的价值评估。[①] 畲民是文化的主体和载体，畲族文化的创造发明和保护传承都需要他们的参与，文化的传承发展和变迁方向应根据他们的实际需求和价值取向而定。

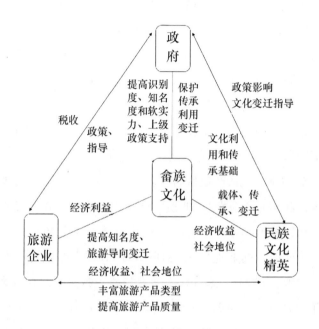

**图 6-5 地方政府、旅游企业、民族文化精英的相互关系及
对畲族文化变迁的影响**

当代旅游场域中，传统畲族文化正在发生的快速变迁，已脱离了原本的自然变迁轨迹，其变迁过程浸透了政治权力、民族精英和旅游开发商等的主观意识。由于各方利益诉求不同，以及其在文化变迁中所处的地位和所起的作用不一样，导致不同文化元素变迁的模式、方向和功效差异，有的起着积极的推动作用，有的则起着抑制作用和破坏作用。整个畲族文化体系的变迁模式是由政治权力、民族精英、旅游开发商和传播媒介等多方力量共同博弈的结果（见图 6-5）。一个民族的文化及其民

---

① 刘魁立：《非物质文化遗产的共享性本真性与人类文化多样性发展》，《山东社会科学》2010 年第 3 期。

族的特性，归根结底是由这个民族的族民的人文素养和文化特性决定的，失却了族人的认可和自觉的保护，民族的特质便会很快地消失。① 畲族文化存在和延续的形式可以有多种，但是畲民自身的文化固守和坚持才是文化得以保存的最坚实的基础。离开畲民自身的文化认同和精神信仰的凝聚，无论政策文化的力度有多大，民族文化的保护都将是空中楼阁，也注定会以失败告终。

第二节　文化重构是变迁的主要形式

一　文化重构及类型

随着文化之间互动加强和文化现代化发展，传统文化变迁面临着双重整合，即与外来文化的交流与融合，以及与近现代文化的交流与融合。各种交流与融合的结果是必然导致文化重构，而民族文化的传承就在这种重构中得以实现，并形成新的生产与传播机制。② "重构"（refactoring）一词最早使用于计算机软件设计，依照"重构之父"Martin Fowler 的说法，重构（refactoring）是"以这样的方式改变一个软件系统的过程：它不改变代码的外部行为而只改进它的内部结构"。③ 文化重构在文化人类学中的应用，源于美国人类学家斯图尔德的"文化适应"。④ 国内学者罗康隆认为，文化重构是本土文化与外来文化互动过程中将其中有用的内容有机地植入固有文化之中，导致了该种文化的结构重组和运作功能的革新，这种文化的适应性更替就是文化重构。⑤ 文化重构是在族际文化制

① 谢爱国：《畲族文化保护的"原生态"在哪里》，《宁德师专学报》（哲学社会科学版）2011 年第 1 期。

② 刘宗碧：《我国少数民族文化传承机制的当代变迁及其因应问题》，《贵州民族研究》2008 年第 3 期。

③ 《重构：refactoring》，百科，http://www.searchsoa.com.cn/whatis/word_4031.htm，2017 年 3 月 8 日。

④ 何才、牛青：《民族旅游与民族文化重构——以平武县白马藏族为例》，《商业文化》2007 年第 11 期。

⑤ 王秀娟：《探析旅游语境下古村落的文化重构与旅游真实——以桂林秦家大院为例》，《南宁职业技术学院学报》2013 年第 5 期。

衡中一种文化受到来自异种文化的一组文化因子持续作用后，将这组作用作为外部生境的构成要素去进行加工改造，从而将其中有用的内容有机地置入固有文化之中，引致该种文化的结构重组和运作功能的革新，这种文化的适应性更替就是文化重构。① 文化重构不仅存在族际文化之间，也存在于同族文化的不同元素之间。文化重构有不同的类型（见表6－2），根据重构要素可以分为文化空间重构、文化元素重构和文化内涵重构；依据重构是否借用外来文化因子，可以分为"原生性"文化重构和"创生性"文化重构。"原生性"文化重构，即文化重构过程中未借用外来文化因子，文化重构建立在内部文化因子的演绎、创新和重组的基础上。"原生性"文化重构共有三种形式，即内部文化因子的替代性重构、内部文化因子的结构重组性重构和内部文化因子的新造性重构。"创生性"文化重构，也称为外来文化因子的"借用性"重构，即文化重构过程中大量借用外来文化因子，文化重构中会产生与传统文化事项无渊源关系的全新的文化事项。重构主体根据需要将原来不同文化要素之间的文化在文化元素、文化空间和文化内涵等多个方面进行结构重组和功能革新。文化重构是文化变迁中的有意识变迁，虽表现为各种文化事项的演绎和发展，但却植根于文化的社会、政治和经济土壤。当代民族文化重构的方向和路径是各种社会力量博弈互动的结果，是民族精英引导民族草根群体迎合国家意志及主流文化的曲折表达。②

表6－2 文化重构类型

分类依据	类型	内涵
重构要素	文化空间重构	在原有文化空间上对其所承载的文化及符号进行重新改建或创造
	文化元素重构	将原有文化元素进行重新组合，或将外来文化元素融入固有元素，或创新文化元素
	文化内涵重构	赋予固有文化元素不同于原有的内涵

① 罗康隆：《文化适应与文化制衡》，民族出版社2007年版，第178页。
② 方清云：《民族文化重构方式与文化本真性保持——以景宁畲族自治县的畲族文化重构为例》，《西南民族大学学报》（人文社会科学版）2013年第2期。

分类依据	类型	内涵
重构因子关系	原生性文化重构 创生性文化重构	文化重构过程中未借用外来文化因子，文化重构建在内部文化因子的演绎、创新、重组的基础上 外来文化因子"借用性"重构，即文化重构过程中大量借用外来文化因子，文化重构中会产生与传统文化事项无渊源关系的全新的文化事项

在旅游场域，文化重构是现代畲族文化变迁的主要形式，为适应当代旅游产业需要，畲族文化生存空间、文化内容和内涵都进行了现代重构。以《千年山哈》为例，在舞美、服装和音乐设计上较《畲山风》都有很大的突破，吸收了一些异质文化元素进行整合，整个演出有600多套民族服饰，在服饰中融入了苗族和瑶族服饰特点，尤其是饰品很多体现了苗族特色，对畲族服饰进行了现代重构。在《千年山哈》中被挖掘和创新的山歌、舞蹈、建筑和服饰等元素，目前在旅游发展中都得到了较好的运用。为使畲族文化更好地走市场化道路，歌舞团对《千年山哈》进行二度缩编，保留了最有畲族特色节目，增加了与游客互动环节，利用了声光电、立体环幕投影等高科技手段给游客带来了美妙的视觉体验，演职人员由原来近200人减少到52人，演出时长由85分钟缩短到50分钟，使游客能在"50分钟走进千年山哈"。

二　畲族文化空间重构

《国家级非物质文化遗产代表作申报评定暂行办法》（国办发〔2005〕18号）将非物质文化遗产可分为两类：（1）传统的文化表现形式，如民俗活动、表演艺术、传统知识和技能等；（2）文化空间，即定期举行传统文化活动或集中展现传统文化表现形式的场所，兼具空间性和时间性。这一时间和自然空间是因空间中传统文化表现形式的存在而存在的。文化旅游强调了立足文化资源，满足游客文化需求的基本特性，从而要求旅游区构建起能让游客体验到真实的文化空间①。文化空间的形成受到地格（地域范围）、文脉（传统文化）、经济与行政等因素的影响，在旅游发展过程中，又受到社会团体、民族文化、社区居民和外来旅游者等多元主体的主导。② 空间是具有生产属性的。"文化空间生产出了诸如象征、符号、价值观、叙事行为、集体记忆与历史记忆之类的要素，并为这些要素之间发生各种关系而提供场所、条件和背景，也为不同的文化要素的展现提供可能性。"③

　　文化、空间和人是一个统一体，人是文化的载体，人具有一定的活动空间。因此，随着人活动空间的变化，其所承载的文化也出现相应的变化。由此，空间与文化具有直接的联系，空间是文化赋存的依托，一定的文化需要特定的承载空间，空间特征影响文化特征。畲族传统文化是畲民在生产、生活及社会活动中创造并传承的，在畲族长期的历史发展中，畲民家庭、畲族村镇以及畲乡田园是畲族传统文化的赋存空间。赋存于上述空间的畲族文化，与畲民生产生活息息相关，传统畲族文化及其赋存空间具有本真性特征，基本是族群的独享空间。随着畲汉互动融合，畲族文化趋同汉化，汉族文化逐渐渗透到畲民日常的生产生活，进入畲族文化赋存空间，许多畲族文化被挤压并最终退出原有赋存空间。20 世纪 80 年代，随着民族政策的实施，畲族文化被重新挖掘、传承，这时候的畲族文化主要记录在书籍史料中。20 世纪 90 年代末期，随着旅游业的发展，畲族文化空间被重构，旅游民族村寨、畲族文化主题旅游景区、畲族乡镇街道等空间成为旅游视角的畲族文化集聚空间。畲族居民生产、生活、社会、文化和环境空间因旅游嵌入而不断重构。这种重构既表现在物理空间的符号化（居民建筑装饰、建筑的符号强化、旅游景点命名等）和结构化（畲族村镇和旅游景点设施的打造、村落空间的变迁等），也体现在空间内的社会生产随着规则的改变而发

---

①　杨振之、胡海霞：《关于旅游真实性问题的批判》，《旅游学刊》2011 年第 12 期。

②　刘安全、余继平：《武陵山土司遗址文化空间重构：大遗址旅游形态》，《长江师范学院学报》2014 年第 4 期。

③　李玉臻：《非物质文化遗产视角下的文化空间研究》，《学术论坛》2008 年第 9 期。

生的重构，如权力、利益和社会关系，以及空间内行动主体的认知和心理结构等体现空间性的要素都历经了再生产的过程。如在畲族村落，由于受山区地形地貌影响，传统民居在建筑形制上往往以居住地的基本建筑风格为基础，依山就势，以宜居和方便生产生活为目的，没有相对统一的建筑风格和模式；在建筑材料使用上，在不同时期，畲族传统民居建筑有茅草寮、树皮寮和泥木结构的瓦寮。畲族瓦寮大约出现在清末，与当地汉族的瓦寮没有多少区别，但不同地区的畲族民居存在一定的区域差异。如贵州畲族民居往往具有干阑式建筑的特征，民居分为上、下两层，底层局部或全部架空，用作厨房、厕所、猪圈、堆放农作物、柴草，或放养家禽、牲畜及雨天做活等用，楼上为卧室和起居室；浙南畲族的民居呈现出明显的江南徽派民居特色，是浙南畲族原生的居住文化与江南的徽派民居文化相交融的产物；居于福建的畲族民居则表现出显著的闽南风格，屋檐以白灰装饰成白色条带，屋脊端头瓦件高高上翘。① 目前，浙西南地区的景宁、莲都区等地的畲族旅游村寨，民居都经过了统一设计，通过在民居的构建中使用畲族元素，以显示与周边汉族村落的不同，突出畲族村落特征。如民居窗户用木格式，并将木条镶成"畲"字样，在墙体或前廊栏杆镌刻或镶入畲族彩带纹样，用不同字体写上蓝、雷、盘、钟畲族四姓，在墙面上印制了畲族标志性的凤凰图案等。在莲都区老竹畲族镇沙溪村，房屋外观统一为白墙黛瓦，外墙层间位置装设畲族彩带图文饰样的钢板，门窗上雕刻畲族图腾凤凰图案；对保存相对比较完整的 9 幢畲族古民居、牛栏、材寮也进行了改造，墙基为排列整齐鹅卵石，墙体以土色胶水涂料粉刷，凸显畲族传统瓦寮特色。②

为了提高旅游场域下畲族文化空间的识别性和对游客的吸引力，政府或旅游开发者对这些空间进行精心挑选和重构。在这些空间里，畲族

---

① 方清云：《民族文化重构方式与文化本真性保持——以景宁畲族自治县的畲族文化重构为例》，《西南民族大学学报》（人文社会科学版）2013 年第 1 期。

② 邱云美：《不同语境下民族村落景观变迁的差异化研究——以浙江莲都区上塘畈和沙溪畲族村为例》，《中央民族大学学报》（哲学社会科学版）2015 年第 6 期。

文化元素往往高度集聚，且集聚其中的畲族文化元素一般是经过筛选的，旅游价值高，具有较高的观赏性、娱乐性和体验性，并经过包装和美化后进行符号化展示。

法国著名社会学家鲍德里亚在其《消费社会》一书的"符号消费理论"中指出：消费社会时代，人们的消费在形式上虽表现为物，但在实质上却是对物所代表的象征性符码意义的消费，亦即对符号价值的消费。人们消费的主要不是物的使用价值，而是其符号价值，人类社会已经进入符号消费的时代。① 人们对商品的消费需求从强调其所具有的物质功用性转向强调其能够赋予消费者以特定的人文意蕴、审美情趣和意义象征等的文化元素，亦即满足人们精神消费需求的内在文化"符号价值"。甚至对商品消费价值的追求已经逾越了它本身的使用价值，开始追求附着在商品上的符号价值。当代旅游业生产的旅游产品，主要是满足旅游者精神消费需求的符号化旅游商品。在此意义上，民族文化间接旅游商品化实质上就是利用民族文化元素独特的符号价值，提升旅游产品的文化附加值，促进旅游商品销售的一个过程。②

在畲族文化旅游发展过程中，畲族文化元素的符号化成为一项重要的工作内容。一些文化元素被提取，通过符号化有形表达后，以不同方式、在不同场合被反复利用。如作为畲族代表性文化的畲族彩带，目前被利用在多种场合，有的被作为畲族节目表演的道具和演艺舞台背景元素，有的被织成彩带和彩带围巾作为旅游商品销售，也有用在垃圾箱、沿街和道路灯柱、建筑外墙和解说牌上等的装饰，更常见的是演员或工作人员服装的镶边。畲族的凤凰情结源于畲族发源地广东凤凰山和忠勇王与三公主的传说，畲族将凤凰视为本族的吉祥物，同时，凤凰崇拜也是中华民族共同的文化心理。作为吉祥美好事物的象征，凤凰元素在畲族文化空间重构上得到了充分的利用。一是凤凰各种造型的利用。凤

---

① 张中波、周武忠：《民间艺术旅游商品化的路径》，《民族艺术研究》2012 年第 6 期。
② 吕洋：《市场化与少数民族文化建设》，《内蒙古民族大学学报》（社会科学版）2010 年第 3 期。

凰艺术造型被广泛应用在畲族城镇、村寨及畲族文化旅游景区空间重构中，如在景宁高速公路出口，在边坡山体上有巨幅绿植凤凰造型，让游客感受到已进入了畲乡；在民居外墙美化、通景公路灯柱造型等基础设施和建筑小品上都有凤凰的身影；不管是男女现代畲族服饰，凤凰图案是必备畲族元素；凤凰卡通形象凤妮被作为中国畲乡"三月三"的吉祥物，等等。二是凤凰被作为艺术团体、艺术作品名称和新建旅游项目的"畲族标签"。为实施"文化名县"发展战略，推进"全国畲族文化总部"建设，打造一支具有独特浓郁畲族风格演唱特点的合唱团队，2013 年，景宁畲族自治县组建了"中国畲乡——景宁'凤凰'合唱团"，该"合唱团"隶属于景宁县委宣传部主管，是景宁县第一支合唱团队，也是浙江乃至全国目前唯一具有独特浓郁畲族风格演唱特点的合唱团队。[1] 2014 年"三月三"期间，由景宁畲族自治县委结集推出的《畲族新歌选编》（第一批）中，有《和凤凰一起飞》《凤凰腾飞的地方》《凤凰传奇》等曲目。在《景宁畲族自治县旅游发展总体规划修编（2015—2030）》中有外舍凤凰古镇和凤凰公园两个以凤凰命名的旅游项目。在旅游场域重构的畲族文化空间中，文化载体已发生变化，这些畲族文化主要由一些专业演员进行演绎、展示，畲民因缺乏专业的演绎技能和有效的表达能力，未能成为上述空间畲族文化的主要载体。

早期在村寨的畲族文化旅游项目开发，畲族文化元素的选择、文化展现形式和参与主体基本是畲民，畲族文化的本真性保持较好。随着外来投资者介入，当地畲民的旅游项目被挤占，重构过程中文化元素的选取当地居民难以表达和控制，文化元素的选择根据旅游价值不同而有所差异，畲族文化呈现碎片化，专业演员逐渐取代了本土演员。畲族传统文化依附于畲民的日常生产、生活中，畲民生产生活空间亦即畲族文化存在空间。旅游场域中，众多畲族文化被从传统空间剥离，移位到城镇、

① 陈莹莹：《中国畲乡——景宁"凤凰"合唱团成立》，中国景宁新闻网，http：//jn-news. zjol. com. cn/jnnews/system/2013/10/25/017201219. shtml，2017 年 5 月 20 日。

景区、剧场等旅游空间。景宁凤凰古镇是基于以畲族文化旅游为核心的畲族文化产业发展需要而建的一个全新小镇,其目标是打造全国知名畲族文化街区和会客厅,以及类似于丽江古城的满足游客夜间休闲之胜地。畲族文化中一切具有特色的部分,都将在这座崭新的古镇里被放大和凸显;与此同时,一切与特征无关的部分,则将被掩饰或者淘汰;而选择的依据则是游客凝视的需求以及市场的喜好。所以,凤凰古镇必将是比其他畲族村镇更具"畲族"特色的空间。在凤凰古镇,采用的是畲族文化的舞台化生存模式,将畲族文化符号化和重构后进行集聚,为游客提供休闲和体验空间,是旅游场域中畲族文化商品化后的畲族文化旅游空间。

为推介畲族文化旅游,有些畲族文化元素被移位到畲族分布区之外的更大空间,如客源主要产生地的上海、北京等经济发展地区大城市,甚至海外空间,旅游极大地扩展了畲族文化空间。如果说初期以畲民为主体的畲族村寨婚俗表演是为了满足自身需求,是一定程度上的文化自觉行为,那么开发商的介入、旅游版《印象山哈》以及"嘉年华"式的畲族"三月三"是利益理性主导下的文化展演。

三 畲族文化元素重构

"文化元素"又称文化因子、文化特质,是文化人类学文化传播学派从微观的角度分析文化传播路径的一个重要术语,是对文化复合体进行解构研究的最小单位。[1] 一个文化体系是由多个文化元素组成的。在旅游场域中,文化的丰富性、异质性、观赏性和体验性价值高低都可以影响其旅游吸引力。为提高旅游吸引力,政府相关部门和旅游开发商对畲族文化元素进行了重构。畲族文化重构既有畲族文化体系内不同文化元素之间的重构,也有畲族文化与其他民族文化和现代文化之间的重构。

---

① 方清云:《民族文化重构方式与文化本真性保持——以景宁畲族自治县的畲族文化重构为例》,《西南民族大学学报》(人文社会科学版)2013年第1期。

一年一度的"三月三"是畲族当前最隆重的节庆。传统畲族"三月三"原本是部分畲族地区的民间习俗，主要活动内容是对歌、染吃乌饭和祭祖等，活动形式大多以家庭或家族为单位举行。"那个时候是这样的，我们附近的云和县范围内的畲族村先发一个通知，后来日子定下来了，就确定了，以前是一个预约，那后来就送礼的，送茶油的，送豆的都是这样自己搞起来的。这是一个畲族的民歌集会。还有一些民间体育活动，有抄杠，操石磉，稳凳都有的，都是本民族的人参加的。"① 到了20世纪80年代，民族政策得到恢复与发展，民族部门有意识地组织畲民在"三月三"这天举行活动，畲民们开展赛歌、吃乌米饭等文化活动，规模越来越大，内容不断丰富，形式不断创新，"三月三"成了东南沿海畲族人民特有的民族节日。② 近年来，随着畲族文化旅游发展，畲族"三月三"作为畲族地区最盛大的节事活动，承载着地方对外形象展示、整合畲族文化、集聚旅游人气和旅游宣传推广等多种功能。现代化发展进程和现代科技的使用，推动畲族"三月三"节庆元素不断重构。每届畲族"三月三"除了保留传统的对歌、吃乌米饭等活动内容外，还不断增加新挖掘的畲族各类非遗文化、产业文化和工艺文化等，并结合当时的社会政治环境和旅游行业热点，充实与地方政治、社会、经济和文化等相关的内容。如景宁畲族自治县在2005年畲族"三月三"节庆中增加了畲族婚俗表演、畲族歌舞表演、畲族打草鞋等非遗表演、畲族惠明茶道表演等项目；2007年"三月三"举办了音乐作品创作演唱与研讨会、摄影展、旅游推介洽谈会等文化事项；2008年"三月三"增加了与台湾少数民族联欢活动的文化事项；2009年"三月三"举办了"畲族服装大赛"；2010年畲族"三月三"活动借用网络媒介手段，举办了"首届网络文化节"，组织网友发博文、发帖参与景宁"三月三"活动；

① PYG—LGH，男，老年，云和县雾溪畲族乡平阳岗村人，访谈时间：2013年10月27日。

② 雷弯山：《畲族风情》，福建人民出版社2002年版，第134页。

2011 年"三月三"举办了"中国电影家协会送欢乐下基层"活动；
2012 年"三月三"节庆增加了植树活动、海峡两岸民族乡镇发展座
谈会、"中国畲族博物馆开馆仪式"等活动。每年畲族"三月三"都
会有新的活动内容增加。2017"中国畲乡三月三"暨浙江省第四届
畲族风情旅游文化节活动涵盖七大板块，涉及旅游多要素，景宁各个
乡镇和全年时间（见表 6 - 3）。

表 6 - 3　2017 中国畲乡"三月三"暨浙江省第四届畲族风情旅游文化节活动内容

板块	活动	内容
开幕式		开幕式、浙江省特色村寨示范单位培育名录授牌、中国好畲"居"十大特色民宿等颁奖、浙江广电集团百名主持人走进畲乡文艺晚会
"畲乡三月分外美"百名主持喊你游畲乡系列活动	中国好畲"娘"——"好畲娘"评选活动暨音乐剧《畲娘》展映	"好畲娘"评选、表彰，观看音乐剧《畲娘》展映
	中国好畲"艺"——畲族特色民俗文化展示	非遗技艺展示
	中国好畲"味"——"畲家十大碗"特色菜系评选	"畲家十大碗"畲族特色菜系评选、厨艺比拼
	中国好畲"景"——旅游专列游畲乡启动仪式	万名游客畅游畲乡
	中国好畲"技"——第十一届畲乡传统体育节	游客"千人押加"争霸、"山哈嬉情"体育大闯关、畲族传统体育项目竞技展示
	中国好畲"音"——第九届中国畲族民歌节畲族民歌邀请赛	畲歌比赛

续表

板块	活动	内容
	中国好畲"剧"——畲族精品剧目展示	旅游风情剧《印象山哈》展演，大型畲族风情歌舞《千年山哈》《畲家谣》、电影《山哈女友》、音乐剧《畲娘》等展映，花鼓戏、木偶戏、菇民戏等地方剧目展示
	中国好畲"品"——畲族特色旅游商品一条街	特色文化旅游产品展销
	中国好畲"居"——十大特色民宿评选	"畲文化"主题创意民宿评选
青年浙商"回乡过节"—走进畲乡三月三		畲族特色文化考察体验、重点招商项目推介会
第五届惠明茶斗茶大赛		斗茶比赛、茶艺表演
第二届中国少数民族工艺品设计制作大赛		少数民族工艺品设计制作大赛启动仪式、第一届工艺品设计大赛获奖作品展示
"网游畲乡"主题体验系列活动		"三月三"官网、微信互动活动、网上情景体验、网络直播、海外直播、网红直播
"寻梦畲乡"全域旅游漫游系列活动		"畲寨欢歌·云漫梯田"郑坑非遗文化节（5月）
		"泛舟千峡·欢乐渔村"渤海垂钓主题文化节（5月）
		"心漫云尖·品悟忠孝"景南仁孝文化节（6月）
		"红色小镇·多彩梅岐"红色文化节（7月）
		"伞渡情浓·十里红妆"大均传统渡亲节（8月）
		"马仙故里·情满芦山"鸬鹚马仙文化旅游节（8月）
		"舌尖盛宴·膳待八方"深垟村养生文化节（10月）
		"水韵沙湾·纤夫故里"沙湾风情文化节（11月）
		"忠义千秋·风漫红杏"雁溪摄影节（11月）
		"边界红镇·歌满三洋"毛垟带溪文化节（12月）

丽水市莲都区、松阳县和金华市武义县交界处的四个畲族乡镇联合举办的"竹柳新桥"三月三,从最初民间的"三月三"歌会,到由政府牵头、民间支持、群众参与的"竹柳新桥"畲族三月三歌会,通过畲歌盘唱、畲舞表演等,继承和弘扬畲族文化。随着歌会内容和形式的不断创新和发展,歌会增加了畲族服饰表演、畲族工艺展示、织彩带和打草鞋竞赛、祭祖舞和火把舞表演、畲族传统体育表演、畲医药开发、畲乡风情摄影图片展、畲族文化经济发展研讨等内容(见表6-4),涵盖了诸多原本畲族"三月三"不具备的文化元素。

表6-4　　2017松阳板桥乡"桥竹柳新"三月三畲族歌会活动内容

活动	内容
开幕式暨文艺会演(金村村)畲乡历届摄影作品展(金村村)	升旗仪式(国旗、会旗);乡长蓝良松致辞;县领导致欢迎词;市领导讲话;领导宣布开幕;文艺会演:《桥竹柳新》三月三文艺演出;通过历届的摄影大赛,评选出一批优秀的获奖照片进行展览
四乡镇成果图片展(金村村)	在主会场展出,图片体现四畲族乡镇近年来在经济、社会、文化等方面取得的主要成就及民俗民族风情
畲族风情展 (金村村)	畲族手工艺展示:编草鞋、编彩带等体验制作销售;畲族美食体验展示:现场制作麻糍、乌米饭、豆筒、泡豆腐等;畲族传统娱乐项目互动:在广场周边进行竹竿舞、摇锅等娱乐项目供游客参观体验;特色游戏体验:在舞台进行畲族传统服饰体验和展示,畲乡风情拼图竞赛
"三韵板桥"实地自娱自助游(各村)古道趣味活动	推荐点:金村特色畲族村寨、麒上民宿特色村、板桥村古廊桥、桐榔村崇觉寺、张山村古民居、十里桃花、东坑千亩梯田茶园等地,感受古韵、茶韵、畲韵气息古道有"油茶古道"与"金麒古道",并分别在古道上设置游戏及畲族风情展板布置,游客通过古道前往麒上。
畲族祭祖仪式(麒上村)	在麒上祭祀平台进行
四乡镇特色运动会(麒上村)	四乡镇特色运动会由畲族传统体育项目组成,四乡镇成员共同竞技
交接旗仪式 (麒上村)	本届歌会举办方板桥畲乡人民政府乡长,将歌会会旗交给下届举办方老竹畲族镇人民政府镇长,并作表态发言
篝火晚会(金村村)	金村精彩篝火晚会
畲族对山歌大赛(麒上村)	在麒上进行畲族山歌大赛,由四乡镇选送的歌手一同进行

2017 年温州市第八届瓯越"三月三"畲族风情旅游节以"山海平阳·多彩畲乡"为主题，在平阳县青街畲族乡举办，活动内容包括"欢腾畲乡、春回畲乡、喜满畲乡、印象畲乡"等篇章，全方位展示青街畲族乡地域文化、畲族民俗文化。此次活动除了有彩带编织、银饰制作、盘发等最具畲族特色的传统民俗技艺，以及畲族婚嫁仪式表演等畲族传统文化民俗展示外，较过去七届有着多种创新之处。如通过民俗风貌与现代科技相结合，现场举办了"百家宴""飞越竹海"VR 体验活动，体验科幻竹海、绿道和畲族风情等游乐参与项目；邀请知名直播活动，提高平阳青街网络知名度；主推精品旅游线路，组织各地知名旅行社进行实地勘探，有效推介旅游产品……①各地"三月三"节庆一直在做加法，通过对畲族文化元素或外来文化元素整合，不断补充到畲族"三月三"节庆活动中，使畲族"三月三"节庆的文化元素不断重构，活动变得更加丰富多彩，也使其与传统畲族"三月三"形成很大差异，不管从内涵层面还是形式上都与传统畲族"三月三"的内核发生了较大偏离，也在一定程度上冲淡了畲族"三月三"的民族性特色。

畲族"三月三"节庆已不再是本地畲民自娱自乐各自欢庆的节日，而是以此为平台，向开放的国际性的文化娱乐、文化产业和经贸活动相结合的旅游产业发展。为实现畲族文化和旅游产业可持续发展，畲族"三月三"节庆开发必须获得公众的支持和参与，注重历史传承、文化底蕴和群众基础，从传统畲族"三月三"节日中吸取精华，注入现代审美和现代价值因素，提高畲族"三月三"节庆对公众的吸引力和参与度，增强节庆活动魅力。

婚嫁习俗是开发最早的畲族文化旅游项目。20 世纪 80 年代之后，传

---

① 平阳县新闻信息中心：《温州市第八届瓯越"三月三"畲族风情旅游节开幕》，平阳政府网，http://www.zjpy.gov.cn/art/2017/4/1/art_ 1250935_ 6188058. html，2017 年 6 月 20 日。

统畲族婚俗已退出大部分畲民生活，21 世纪初畲族婚俗经过重构后以婚俗表演的形式在一些畲族村落和景区开发。早期在畲族村落以畲民为参与主体的婚俗表演能本真性地重现畲族婚俗。"婚俗表演是舞台上的，婚嫁它是另一回事，婚嫁就是从开始到夫家的一个过程，那主要的就是说我们游客一到，敲锣打鼓迎接客人。客人进来后就是在礼堂里坐下来敬茶歌，敬茶歌后就是祭祖舞，之后就是选种，竹竿舞，砍樵舞还有采茶舞，这些都是畲族节目。接下去就是婚嫁，就是从男方出发后到女方家经历一个个环节，我们表演就是原始的原原本本的一个过程。像：行嫁，留筷，姐妹饭，盘歌，脱草鞋，杀鸡罚酒，等等。原来传下来是怎么样的我们就怎么演，都保留了下来。以前演员也全部都是我们自己村里的，现在长大了，有的出嫁了，有的去打工，都到外面去了。现在都是外面临时招的。这个队伍里面正宗的保留下来的畲族还有 2 个，其他的都是后来参加表演的。表演内容还是和以前一样的。如果是大型的婚嫁那人就要多了，小型的话那就 14 个人就够了，大型的要 20 多个人，它要抬轿，要跳狮子，打油枪，小型的打油枪有是也有的，但是节目比较小，花样没那么多。"[①] 因为婚俗表演是另行收费项目，一般要提前预约，主要是针对团队游客。现在随着旅游景区的增加，团队游客一般很少到村寨，同时，由于到外地请演员成本较高，村寨畲族婚俗表演基本处于停滞状态。与村寨旅游相比，景区里的婚俗表演商业化程度更高，不管是演员、服饰还是表演内容与传统畲族婚俗已有较大差异。现代很多年轻畲民，没经历过也不了解传统畲族婚俗，他们对畲族婚俗的了解也基本上是看了婚俗表演之后形成认知的。受婚俗表演项目影响，也有些畲民和当地汉人举办婚礼时，采用畲族婚俗，使用的仪式也基本是看了畲族婚俗表演之后模仿的。由此，或许后代畲民认为自己民族的婚俗原本就是如此。

　　经过重构的畲族文化事项，在重构过程中，有些是未借用外来文化

---

① PYGC—LGH，男，老年，云和县雾溪畲族乡平阳岗村人，访谈时间：2013 年 10 月 27 日。

因子，是畲族内部文化因子的演绎、创新、重组过程的"原生性"文化重构，这部分文化能较好地保持畲族文化的本真性，重构后的文化呈现出"熟悉的陌生"的特质，畲民会感觉到似曾相识，易得到畲族群体和社会的认同。如我们在对莲都区沙溪村、仁宅村，景宁县东弄村、金丘村做调研时，对于"现在村里的房子上镶有畲族彩带纹样，您觉得能体现畲族村寨特征吗？"的回答时，有82.9%的被调查者认为能代表畲族村寨特征，17.1%的被调查者认为不能。沙溪村的一位村民认为"以前我们房子和边上'明家人'（畲民称汉人为明家人，目前沙溪村很多畲民还是这么称呼）没什么区别，现在把彩带的花纹镶上去以后和他们的就不一样了，彩带本来就是我们畲族的，现在上海、温州过来的游客一看就认出我们是畲族村，还说挺漂亮的"①。认为不能体现畲族村寨特征的，是对畲族彩带比较了解的畲民，认为"房子上镶嵌的彩带图案选择太随便，我们畲族彩带的图案本来是有意思（内涵）的，感觉现在镶在房子上的花纹图案初一看像彩带图案，仔细看就不是了，可能做图案的人不懂彩带的"②。

另外一些文化在重构过程中借用了外来文化因子，外来文化因子与固有文化没有内在联系，文化重构中会产生与传统文化事项无渊源关系的全新的文化事项，即"创生性"文化重构过程。在关于"您觉得现在畲族'三月三'节庆活动与原来的'三月三'一样吗？"的调查中，4个村被调查村民认为"不一样"、"差不多"和"不清楚"的比例分别为84.2%、8.2%和7.6%。旅游场域中，各个畲族地区对"三月三"平台的打造越来越重视，把畲族"三月三"作为整合各类资源和文化元素的重要平台。尤其是景宁畲族自治县，中国畲乡"三月三"已经不具有"农历三月初三"的时节概念，中国畲乡"三月三"成为区别于其他地方的品牌，活动时间已贯穿一年12个月；活动内容增加服装设计大赛、服装表演、工艺品设计大赛、摄影展、武术展演、音乐作品创作演唱与研

① SXC—LWJ，男，中年，莲都区老竹畲族镇沙溪村畲民，访谈时间：2014年10月28日。

② SXC—LCL，女，老年，莲都区老竹畲族镇沙溪村畲民，访谈时间：2014年10月28日。

讨、旅游推介洽谈会、旅游商品展销等文化事项，是与传统畲族"三月三"不相关的，有些也是畲族文化原本不存在的，是从现代文化中借用而来，而畲族传统"三月三"习俗的染吃乌饭、对歌、祭祖等活动内容则成了点缀。

第三节　创新是畲族文化变迁的主要机制

机制通常表现为组成结构各部分的相互关系及其具体运行方式①。文化变迁的主要机制有创新、传播和涵化。文化传播和文化涵化是引发文化变迁的外部机制，从内部机制考察，创新才是文化变迁的根本动力。文化学研究理论认为，文化变迁的主要路径及原因是文化创新。"整个人类文化的真正社会学动因，就在于社会需要，这种需要一旦产生，就将以前所未有的力量促使人们去克服文化悖论，创造新文化。"② 文化创新的路径一般认为来源于两个方面，一是本民族文化内部的累积和突变，二是对外来文化的吸收。③ 文化创新的类型包括内容创新、功能创新、形式创新，以及发明创新等。

一　畲族文化功能创新

文化功能创新是现阶段畲族文化变迁的主要内容。如果一种文化能够广泛参与社会生活，具有较强的社会功能，则在一定意义上表明这种文化处于强势地位。相反，当一种文化逐渐退出社会生活，社会功能减弱，则意味着这一文化出现了某种意义上的衰落。④ 畲族文化功能创新是指对原有畲族文化体系中已存在的一些文化元素，根据现

---

① 刘源：《徽州古村落社会发展与文化变迁机制探索》，《建筑与文化》2016年第1期。

② 司马云杰：《文化社会学》，中国社会科学出版社2001年版，第147页。

③ 刘晓燕：《借用与创新——战国秦文化变迁机制分析》，《湖北社会科学》2017年第4期。

④ 吴德群：《衰落与创新：社会转型期壮族传统民间文化变迁的辩证特征》，《广西社会科学》2013年第9期。

代社会需要，赋予其不同以往的功能，使之顺应社会经济发展，获得生存空间。随着时代变迁，畲族很多传统文化已不适应现代社会，逐渐退出畲民生产生活。"畲民是这样的，现在时代变化，他感觉到跟汉族不一样。没有这种把它（指畲族文化）看得很重视的观念。为什么失传了没人管了，失传了也就算了，反正这个对社会也没什么用处，它就是这个意思。"① 畲族文化要复兴，应该进行创新，使之适合现代社会，重新与畲民的生产生活关联。西方著名人类学家霍默·巴尼特认为，创新是所有文化变迁的基础，创新应被界定为任何在实质上不同于固有形式的新思想、新行为和新事物。创新可以是科学的发明、技术的进步，也可以是工艺的发展。② 功能创新是让畲族文化回归畲民生产生活的重要机制。在旅游语境下，畲族文化成为重要旅游吸引物，提高畲族文化资源的旅游价值，产生旅游经济收益，是使畲民认识到文化价值的重要途径。近年来，越来越多的畲族文化经过创新后被利用到旅游中来。如随着传统畲族彩带退出畲民日常生活，地方政府和相关企业通过对畲族彩带图案提取，用于畲族服饰镶边，以及城乡建筑小品、城市公交车、景区旅游设施、畲寨民居建设中，营造浓厚的畲乡旅游环境氛围；用于舞台布景元素、舞台和景区表演道具，突出畲族特色。畲族彩带经过加宽、加长，编织材料改进后，发明了"彩带围巾"，增加了畲族彩带的御寒和装饰功能等。畲族传统体育项目源于畲民抗敌自卫，从事生产实践、健身娱乐、祭祀祖先、传师学师和做福请神等。景宁县民族宗教事务局和丽水学院的部分体育教师，通过对一些传统体育项目器械和功能改进，制定比赛规则、场地器械要求，使之成为游客观赏体验娱乐项目，《民族传统体育》现为景宁畲族自治县中小学的校本课程，《畲族体育》是丽水学院大学体育课程中的一门选修课。畲族传统体育竞技也是每年畲族

---

① PYGC—LGH，男，老年，云和县雾溪畲族乡平阳岗村人，访谈时间：2013 年 10月 27 日。

② 梁自玉：《湘西凤凰县民族文化变迁机制探析——以苗族为例》，《贵州民族大学学报》（哲学社会科学版）2010 年第 1 期。

"三月三"节庆表演和游客体验的固定内容。多种原已退出畲民生活的文化元素经过挖掘、整理后，赋予其现代旅游功能，通过在旅游场域中对畲族文化元素的展示，提高了畲民对本民族文化的认识。在"旅游发展是否使当地人对畲族文化的认知有所提高？"的调查中，有78.9%的被调查者认为"有较大提高"。

二　畲族文化发明创新

创新包括发现创新和发明创新。发现是将某些已存在的过去不为人所了解的事物变得为人所知。发明是对先前的材料、条件进行新的综合，从而产生出一种新的东西。① 发明创新是从无到有，是一种更高要求的创新。当社会接受了发现和发明并有规律地加以运用时就引起文化变迁。畲族传统文化是畲民在长期的游猎、游耕以及定居之后的山居农耕社会时期创造的。在与汉族互动融合之前，这些传统文化在畲民的生产、生活中因普遍使用而得以传承。随着畲汉互动融合，许多畲族文化逐渐退出畲民的生产生活，并面临失传。20世纪80年代，随着相关民族政策实施，尤其是20世纪90年代后期，随着畲族文化旅游发展，一些畲族文化元素被挖掘利用。但由于原来农耕时期的畲族传统文化已无法满足现代旅游发展需要，旅游产品开发者对畲族传统文化进行了创新，使之满足现代旅游发展需要。

没有文化的创新，就没有文化的发展，只要这个创新是在继承传统文化精华基础上的适应性创新，就是符合文化自身发展的规律的。以畲族民歌的创新为例，当前畲族民歌日渐式微，不是因为畲族群众对畲歌没有需求和畲歌艺术自身存在的缺陷，而是因为缺乏创新，因为没有符合现代审美和传唱的畲歌作品创造出来。如果我们的畲族音乐工作者，能抓住畲族音乐节拍无定数、节奏以细碎平均断分、旋律有时以六度上行紧接五度或四度返身下迭、框架性音调多重变唱等鲜明特征，完全可

---

① 田增志：《文化传承中的教育空间与教育仪式》，博士学位论文，中央民族大学，2010年。

图6-6　景宁县城中心有"凤妮"、"幸福吉祥"手势、"三月三"节标
及彩带等多种文化元素的大型展板

以创作出既保留了畲歌传统又体现时代特色的好作品。① 因此，畲族地区的政府部门、旅游企业和畲族文化精英，从旅游要素视角对畲族地区的文化进行发明创新。或许有些文化事项并非一定与畲族有关，但为了凸显畲族地区的民族特色和旅游主题，都将其纳入畲族文化体系中，使畲族文化内容日益丰富。如根据"畲族文化有形化"的要求，在畲族"祝福礼仪"文化的形式和载体表达上，将畲民热情好客的精神内涵有形提炼，把原本杂乱无形的手势进行内涵固化，推出了"幸福吉祥"祝福语和手势（见图6-6），制作海报、动漫等进行强力推广，并迅速在全国畲族地区推广运用，成为畲乡人民迎宾的标准礼节。② 这个寓意

① 楼跃文、吴梦宝：《"竹柳新桥"畲族三月三歌会的启示》，国家民委，http：//www.seac. gov. cn/gjmw/zt/2009-06-08/1244170372232035. htm，2017 年 5 月 11 日。

② 景宁县民宗局：《景宁"四先四化"推进畲族文化深度利用》，浙江省民族宗教事务委员会，http：//www. zjsmzw. gov. cn/Public/NewsInfo. aspx? id = 04e00cb0-5948-477c-9d5a-d3754240732e，2017 年 3 月 15 日。

着"幸福吉祥"的礼节手势，正随着畲族风情舞蹈诗《千年山哈》被越来越多的人所熟知。① 根据畲民族的历史变迁和精神向往，创意推出了"凤妮"形象。"造型精美，卡通可爱"的中国畲乡"三月三"吉祥物"凤妮"，以凤凰为原形，运用动感、现代的方式进行拟人拟景化表现，整体风格将传统和时尚有机结合、相得益彰。既表现了吉祥物的可爱、大方、机灵，也体现了畲民族勤劳宽厚、坚韧善良、热情纯朴的民族性格。"凤妮"头顶凤冠，凤眼灵动，灿烂甜美的笑容，表现出对美好生活的幸福感受；身着华美的畲族彩衣、张开热情的双臂、"幸福吉祥"的畲族手势，表达出对四海宾朋的诚挚欢迎和美好祝愿；昂首前奔的姿态、亮丽多彩的色调，体现出幸福畲乡走向世界的文化自信。②

随着互联网技术的普及，景宁对畲族"三月三"节庆营销方式进行了创新，从以往的传统媒体营销进入新媒体营销，从一贯的线下庆祝进入线上线下共庆模式。2012 年"海峡两岸各民族欢度三月三节庆暨中国畲乡三月三"活动期间，景宁县委宣传部和浙江在线新闻网站共同承办了"全国畲民网上共庆三月三"活动，融入了当时流行的"微博互动""动漫体验""网络视频直播"等新元素，举办微博大赛。借助网上互动这一平台，推出当年新出炉的以"幸福吉祥"为主题的活动宣传照。互联网让遍布各地的畲族人能隔空共庆畲族"三月三"，一定程度上弥补了一些在外的畲乡游子不能现场参与的遗憾。活动内容突出畲乡民族特色，让更多网民在娱乐和游戏中认识景宁、了解畲乡，全面感受景宁经济发展情况以及畲乡独特的风土人情。

---

① 陈宁、叶尚蓉：《畲族之美千年流传一支山歌的华丽转身》，浙江新闻，http：//zjnews. zjol. com. cn/05zjnews/system/2012/07/13/018652895. shtml，2017 年 3 月 15 日。

② 2013 中国畲乡三月三活动组委会：《中国畲乡三月三吉祥物"凤妮"精彩亮相》，中国景宁新闻网，http：//jnnews. zjol. com. cn/jnnews/system/2013/03/28/016251940. shtml，2017 年 3 月 15 日。

表 6 - 5　　　　　　2012 全国畬民网上共庆"三月三"活动安排

活动口号	活动方式	活动内容
到畬乡吃乌饭去，到畬乡盘歌去，到畬乡狂欢去	官网发布新闻报道微博互动动画体验等	（一）宣传报道计划 1. 专题网页制作：推出活动官网页面，浙江在线对相关三月三节系列活动进行全程跟踪报道，着力宣传景宁民族特色以及三月三文化内涵，并对景宁经济发展情况、风土人情进行宣传展示，专题将着重突出畬乡民族特色。专题栏目设置： （1）动态专区：及时发布活动相关信息及新闻报道； （2）微博专区：专题设立的微博互动平台； （3）动漫专区：与畬族风俗相关的动漫小游戏； （4）视频专区：滚动播放 2012 中国畬乡三月三节开幕盛况及宣传视频（《千年山哈》《飞越景宁》《千峡湖》等）； （5）展示专区：链接历年三月三官网、全国畬族文化发展基地专题网页、畬乡旅游网、移动 WAP 三月三专题网页等 2. 记者驻点报道：浙江在线在三月三活动期间派出主力记者赴景宁驻点采访进行图文报道，并对三月三节开幕式进行全程视频直播 3. 专访县领导：浙江在线邀请景宁相关领导接受记者视频专访，结合本届"三月三节"，介绍景宁县畬乡文化特色以及当前经济社会发展情况 （二）互动活动计划 1. 论坛抢票：在景宁新闻网"畬山风"互动社区号召网友发布贴文及博文，谈论对中国畬乡的感受、对景宁当前发展的建议以及对未来前景的展望，吸引网友关注三月三活动，结合活动开展开幕式演出门票抢票活动 2. 微博大赛：由活动组委会开通@中国畬乡三月三官方微博，浙江在线微博互动平台将建立"中国畬乡三月三"相关话题，并在浙江在线首页推荐，吸引微友热情参与到对三月三活动的展示、向往以及对景宁现状、未来发展等各方面的讨论中。力邀蔡奇、郑继伟、胡坚、金山丽水等微博达人对 2012 中国畬乡三月三活动进行点评

活动口号	活动方式	活动内容
		3. 奖项评选：（1）评选规则：a. 获微博大奖的微友必须收听@中国畲乡三月三，并积极参与到话题互动中，微博前须添加"中国畲乡三月三"话题标签，否则不计；b. 获微博大奖（一、二、三等奖）的微友粉丝数量必须超过100，发布微博总数超过200条，参与奖获得者不受限制；c. 微博大奖获得者在活动期间发布微博不少于20条，原创微博不少于10条，参与者发布微博数量不低于5条；d. 微博评选工作将由浙江在线按照公平、公正、公开的原则统一组织，并于活动结束后公示评选结果 （2）奖项设置：设置一、二、三等和参与奖，分别奖励价值2000元、1000元、500元的畲乡礼品和价值50元的移动话费充值卡
		（三）动画体验计划 制作展示畲族民俗文化动画视频，在活动专题动漫专区中进行链接。内容包括"吃乌饭""盘歌""婚嫁""织彩带""打尺寸""学畲语"六项内容，其中"打尺寸"和"学畲语"为互动项目

　　现代畲族文化内容与传统畲族文化不仅在形式、内容上不可同日而语，而且在内涵上也进行了很大的改进和发明。如传统畲族"三月三"的内涵主要是祭祖、纪念民族英雄、祈福、爱情等，现在地方政府将畲族"三月三"打造成地方文化品牌，使之承载着更多的政治、社会和经济功能。在景宁畲族自治县，自2002年开始，每年定期举行的"三月三"节日庆典，主要有三个宗旨：一为弘扬畲族传统文化；二为发展本县民族经济；三为弘扬两岸三地民族大团结的主旋律。现代的畲族"三月三"节日活动，不仅延续了增强本民族内部凝聚力的功能，更肩负了促进海峡两岸交流、推动国家统一的使命。今天景宁畲族"三月三"活动不再是民间自发的群众集会或活动，而是由景宁畲族自治县人民政府出

资筹办的官方庆典。① 温州市的瓯越"三月三"畲族风情旅游节，负有同样的使命。温州市和平阳县领导在第八届瓯越"三月三"畲族风情旅游节开幕式讲话中提道："瓯越'三月三'畲族风情旅游节将民族文化与旅游经济有效结合，在传承弘扬畲族文化，促进各地区之间、畲族乡镇之间民族文化的交流和畲汉民族团结等方面都发挥了重要作用，已成为弘扬畲族文化的重要载体和响亮品牌"，"温州市瓯越'三月三'畲族风情旅游节重回平阳举办，对于促进民族地区经济社会更好更快发展具有十分重大的意义，将会进一步提高平阳畲族风情旅游的吸引力、凝聚力、竞争力，进一步打响平阳民族民俗文化旅游品牌，加快推动民族地区经济社会建设和旅游产业化'双推进、双融合'发展等"②。2014 年，浙江省把全省各地的"三月三"畲族风情节统一升格为"浙江省畲族风情旅游文化节"。

在旅游语境下，创新是畲族文化现代变迁的主要机制。为了实现畲族文化保护和旅游产业发展共赢，应该处理好传统和创新之间的关系。传统是发展的基础，是现代人与先民对话、了解自己出处的载体，因而传统可以起到维持社会稳定、提高环境适应能力的作用，无论何时何地，人们都会努力保持与过去的某种联系。保护传统文化是民族生存和区域发展的需要。但是，保护传统不是停止发展。随着环境的变迁，文化的变迁也随之发生，在面临新的社会经济和环境问题时，从文化惯例和传统习惯之外寻求解决问题的途径，是人们常用的方法，正是在这一过程中，新的文化不断被创造。在文化创新过程中，会吸收、借鉴他种文化。一种民族文化在吸收其他文化的时候，应慎重审视自身文化的优势与劣势，从本民族文化发展的实际出发，弄清自己真正的需求，哪些应该继承发扬，哪些应该消除摒弃，文化传承主体应有自主选择和保护文化的能力及意识，明确文化变迁的方向，做出理智的选择，而非依靠外部的

①　方清云：《民族精英与群体认同——当代畲族文化重构中民族精英角色的人类学考察》，《中南民族大学学报》（人文社会科学版）2013 年第 6 期。

②　平阳县新闻信息中心：《温州市第八届瓯越"三月三"畲族风情旅游节开幕》，平阳政府网，http://www.zjpy.gov.cn/art/2017/4/1/art_1250935_6188058.html，2017 年 6 月 20 日。

压力和措施来促成。没有独特的民族文化，文化就没有吸引力，而没有文化的创新，文化就没有竞争力。文化创新要弘扬本地区民族文化的差异性和多样性，强化自身原有文化特色与融合外来文化兼顾，促进本地、本族传统文化与其他外来文化交流，在传统与其他（或现代）文化之间找到平衡点、结合点和创新点，才能实现民族文化的再生、共生和新生，才能保持文化活力和可持续发展。在坚持传统与创新发展之间，我们应该走一条文化多样性的整合发展之路，走一条建立在文化自觉基础上的各民族文化共存、互补、互动的发展和保护之路。①

第四节　文化变迁的区域差异

一　浙西南畲族村落之间文化变迁差异

通过研究发现，浙西南畲族村落文化变迁存在区内和区间差异。在浙西南区域内，存在不同行政区域畲族村落之间、畲族旅游村落与畲族非旅游村落之间、集中连片畲族村落与零散畲族村落之间的文化变迁差异。

在现代社会，畲族人口分布格局已基本稳定，对于某一地区来说，自然环境不会发生较大变化，文化变迁更多的是受社会环境影响。在各社会环境影响因素中，政策支持因素影响较大，"民族牌"可以在民族社区被用于争取政府的资金援助和优惠政策。因旅游发展产生的优惠政策推动了畲族地区社会经济和文化事业发展，畲民也通过社会经济和文化事业的发展提高了对优惠政策和民族文化价值的认识，强化了畲民的民族认同，为畲族文化保护和传承发展奠定了物质和群众基础。富裕起来的畲族旅游村落在经济条件改善的基础上，对精神文化生活便有了更高的追求，形成经济发展与文化保护传承之间的良性循环。因畲族自治县、畲族乡镇、畲族村落受不同级别行政力量影响，对畲族文化的宣传、重视程度、产业定位及政策支持等都存在很大差异，导致畲族文化变迁的

---

① 霍志钊：《民族文化保护与文化自觉：兼论文化人类学者在民族文化变迁中的责任》，《广东社会科学》2006年第4期。

不同。行政级别越高，受有意识、有目的支配的强度更大，文化变迁速度更快、范围更广、程度更深。如"十二五"期间，浙江省财政对景宁的财政转移支付近75亿元；每年对民族地区安排民族因素财政转移支付6000多万元。2014年起，对全省18个民族乡（镇）又新增安排每个乡（镇）每年一般性财政转移支付200万元。浙江省委、省政府安排28个省直主要部门和18个经济发达县（市、区），分别与18个民族乡（镇）结成帮扶对子。① 综合全国各少数民族地区，景宁兼具环境和政策优势。相对于景宁县以外的畲族村落，景宁畲族自治县更具有民族政策优势，长期以来，国家政策的倾斜使得景宁畲族保存的传统文化要多一些，而其他县区畲族的生活和文化传统在与汉族交流激荡的时候基本消失了。② 与中西部少数民族地区相比，景宁畲族自治县因其所在省、市经济社会发展水平比较高，在国家和省市扶贫济困政策下，可以获得更多来自周边发达地区的物质基础和条件援助；同时，由于东部畲族地区接近区域经济文化中心，信息比较通畅、交通比较便捷、投资环境较好，人员往来比较多，市场容量比较大，更容易受到城镇经济的辐射影响，可以通过多种渠道将发达地区的先进技术、优秀人才和经营管理经验辐射到民族地区，因而经济社会发展被拉动的作用比较大。尤其是作为华东地区唯一的少数民族自治县和全国唯一的畲族自治县，景宁兼具全国少数民族示范和国家政治赋予的畲族特色，提出打造全国畲族文化总部，发展以旅游为主导的畲乡经济作为全县发展目标和产业定位。围绕这一目标和定位，从县级层面制定相关规范条例予以保障，先后制定并出台了《景宁畲族自治县民族民间文化保护条例》《景宁畲族自治县人民政府关于推进公共文化服务体系建设的实施意见》《关于进一步加强农村文化建设推动畲乡文化大发展大繁荣的实施意见》《景宁畲族自治县关于加强文化遗产保护工作的实施意见》《"全国畲族文化发展基地"建设纲要》《全国畲族文化总部发展规划》《景宁畲

---

① 浙江省发展和改革委员会办公室：《浙江省少数民族事业发展"十三五"规划》，浙江省发展改革委员会，http://www.zjdpc.gov.cn/art/2017/2/24/art_90_1722897.html。

② 王振威、闫洪丰：《畲族传统资源遗存现状及其反思》，《湖北民族学院学报》（哲学社会科学版）2011年第5期。

族自治县文化产业发展规划》《关于建设民族风情旅游名县的若干意见》等数十部围绕畲族文化和产业发展的涉文法律法规，形成了政策法规群，把畲族文化发展的软任务变成了硬指标，实现了文化发展的法治局面。同时，景宁畲族自治县委、县政府不吝"地方财力"支持畲族文化事业和产业发展。在2011—2016年间，安排财政资金4个亿投入公共文化建设，把全县作为一个民族文化景区来打造，强调文化引领发展和全民办文化，全面实施"民族文化＋"工程，把"文化发展"列入对机关和乡镇的年度目标责任制考核，营造全县发展畲族文化旅游的氛围，建设民族文化高地，以民族文化引领县域社会经济发展。2012年被浙江省政府命名为"浙江省文化先进县"，2015年列入国家级公共文化服务体系示范项目"丽水乡村春晚"创建实施县和浙江省公共文化服务体系示范项目创建县，三次荣获"中国民间艺术之乡"称号。

在景宁县政策法规、地方财政和各级政府部门的合力作用下，景宁县的畲族文化得到充分挖掘、创新和利用，传统畲族文化发生巨大变迁，一些具有旅游价值的文化事项被纳入畲族文化体系；因旅游发展需要，一些新的文化事项被不断发明创新。景宁县内的畲族村落发展建设也能获得较多的支持，如"东弄村民族特色村寨建设项目，于2010年11月开始向镇政府和上级主管部门申报并予以立项，2011年1月开始实施，2011年12月工程提交验收。该项目以'畲族文化原生态石村落保护、修缮、恢复'为主题，重点实施屋顶压瓦、翘角、村道拓宽、民居栏杆装饰、新村民居立面改造、停车场、绿化带、畲族文化展示、村庄整治等子项目，完成投资1563525元"①。

相比于景宁畲族自治县，其他畲族乡镇和畲族村在畲族文化建设和产业发展所能获得的政策支持就小得多。丽水市莲都区老竹畲族镇沙溪村是畲族自治县之外文化挖掘利用相对较好的畲族村寨。由于沙溪村位于东西岩国家AAAA级景区大门入口处，2005年，随着丽水市、莲都区

---

① 鹤溪镇东弄村村委会：《东弄村民族特色村寨建设项目工作总结》，打印稿，2011年11月25日。

两级政府做出"开发东西岩，建设老竹畲乡旅游强镇"的战略决策，东西岩景区进入全面开发阶段，沙溪村作为东西岩景区的第一印象区，在景区创建过程中，市、区、乡镇三级政府在政策、基金等方面给予了支持，被列入莲都区"十百工程"整治村。为发展畲族文化旅游，村里开发了"山哈大席"等特色餐饮，成立了畲族风情表演等多支文化活动队伍，创建了"乡村村晚""新沙溪之夜"等畲族文化品牌，为游客安排了编草鞋、做乌米饭等系列民俗体验活动，村里有十多位畲家山歌传人。经过整治建设，沙溪村先后被评为浙江省旅游特色村、浙江省农家乐特色村、浙江省民族进步小康村、丽水市文化名村、丽水市农家乐特色村、丽水市生态村、丽水市新农村示范村、莲都区美丽乡村示范村等，成为莲都区畲族文化展示和体验中心。2016 年，沙溪黄兰畲族彩带被认定为丽水市非物质文化遗产展示体验点。沙溪村在发展过程中，走的是精英带领、村民主导的发展模式。受畲族传统文化影响，在畲族村落中，畲民成功经商或敢闯敢干的畲民不多。所以畲族村落普遍缺少能带动村庄发展致富脱贫的村落"精英"。为了有一个能更好带动村集体和畲民经济发展的村寨精英，2011 年沙溪村推选了具有从商经验，但非本村户口的一山哈女婿担任村主任。沙溪村的发展，是依托毗邻景区的区位优势获得上级政府一定政策和资金支持，以及村落精英带领的村委班子集体，带动村民参与共同作用的结果。相对于景宁的畲族文化开发利用，沙溪村畲族传统文化得到较好挖掘，文化移植和创新力度较小，较好地保留了畲族传统文化。沙溪村村委主任许永卫说："走过众多的畲族村，我们的村寨建设可能还不是最出彩的，但对原生态的文化，我们有充分的自信，因为我们的根还在。沙溪最值得称道的地方，就在于把畲族原住民的传统文化积极传承下来。""其实我们也可以请专业表演队，但这样会失去畲族风情的原味。为了让游客感受本真的畲族元素，表演队中的不少队员平常下地生产，闲暇时排练表演。"①

---

① 《坚守原生态畲族文化之根　浙江沙溪村演绎"山哈"风情》，凤凰网，http://news.ifeng.com/a/20170630/51349087_0.shtml，2017 年 6 月 20 日。

与沙溪村形成明显对比的是有"浙江畲族第一村"之称的莲都区丽新畲族乡上塘畈村。因畲族人口聚集,20 世纪 70 年代上塘畈村曾经是丽水市的少数民族活动中心,但从 20 世纪 80 年代中后期东西岩景区发展旅游后,上塘畈和沙溪两个畲族村落由于受旅游发展影响不同,村落经济分别走向不同的发展模式。上塘畈村依旧以单一农业为主,保持着传统的农耕经济发展模式,沙溪村则由于旅游经济的嵌入,转向现代农业与旅游产业融合的模式。发展模式的不同,导致两个民族村落在发展过程中所能获取的各种资源的机会和政府给予的政策倾斜差异,并进一步引致两个村落畲民理念的差别。① 现在上塘畈村因很少进入公共视野,难以获得额外的政策和资金支持,以至于基本的生存要素都很难解决。2014 年 10 月 28 日,笔者到上塘畈村调研时,该村因未能解决饮用水源问题,村主任介绍说,感觉压力很大。上塘畈村的村落景观依旧保持着渐变式的自然变迁,畲族文化尚未全面挖掘、开发和利用,缓慢地进行着内部自我更新。

山根村是个有 400 多人的纯畲族村。曾经畲族传统文化底蕴深厚,历代都有一批能操作畲族"三礼"(即成人礼——做阳;丧礼——做阴;婚礼——婚嫁仪式)和"两文化"(即酒文化和茶文化)的传承人及出色的民歌手。自 20 世纪 30 年代开始,就有村民应邀到外地畲族村落传授畲族传统文化。中华人民共和国成立后的五六十年代,该村有多位歌手到北京参加全国少数民族文艺会演和民族文化工作会议,受到毛泽东、周恩来等中央领导的接见。1957 年,该村创作表演的畲族舞蹈《采油茶舞》赴京演出获奖。1991—1993 年期间,由中日两国 20 多位专家学者组成的"中日江南农耕民俗考察团"到该村进行连续三年的"农耕民俗"调查,了解畲族婚嫁礼仪、民间舞蹈、祭祖仪式和山歌会等。为配合调查,山根村畲民为考察团表演了祭祖舞、问凳卦、织彩带、对山歌和模拟畲族婚礼等多项民俗文化活动。由于丽水城市建设南扩,2000 年前后,山根村在行政区划上被

---

① 邱云美:《不同语境下民族村落景观变迁的差异化研究——以浙江莲都区上塘畈和沙溪畲族村为例》,《中央民族大学学报》(哲学社会科学版)2015 年第 6 期。

划入丽水南城的水阁工业开发区范围，属于工业区范围的尚未开发地块。由于水阁工业区以发展工业为主，开发区管委会难以顾及开发区内乡村设施和文化建设，由此在我国各地轰轰烈烈开展新农村和美丽乡村建设时期，山根村似乎被边缘化，除了村口增加了几栋新房，村庄没有发生太大的变化。同时，由于是相对独立的畲族村落，山根村也未能被政府列入与民族文化、乡村旅游等相关的项目中，畲族文化挖掘、利用和保护工作尚未开始。"现在村子里基本没有什么畲族文化保留下来，也没有什么特色的东西了。'文革'的时候都弄掉了，后来也没有再搞回去。那些做东西的老师傅都不在了。以前会唱歌的老人家都不在了，现在村里没人会唱了，都是请外面的人来唱。我听是能听得懂，不会唱。村里主要种一些椪柑橘子买卖，也没什么收入，现在年轻人大多出去打工了也不在村里，也没人会学，要保留很难的。以前民族科那些人会有看，过节日什么的会弄一弄，现在也不太抓这些东西了。现在景宁、东西岩那些地方都搞旅游，这个我们这里弄不起来，地方不太好，也没能力，也没人去弄。前几年还是弄过一下，然后领导换换也就不弄了。那时候也很久了，差不多三十来年，就一些玩的东西，那时候还有个日本考察团过来。没几个小孩了。以前还有个学校的，也是很久以前了，差不多91年的时候并掉的，现在这里也没有学校，都出去了。以前说村里还要弄一个生态博物馆，后来领导换了一批也没有弄。保存最好的就是畲族话了，我们在家里都是讲的，小孩子也会，就是有些到城里上学，讲的不多，回来讲的不顺，不过在这里待待还是会讲的。"[1] 进入 21 世纪，随着老一批文化传承人相继离世，年轻人已基本外出经商务工，畲族文化传承出现断层，村里很难看到畲族文化元素，年轻人很多已不了解畲族文化。目前，除了一些做人类学、民族学研究的学者因了解该村曾经繁荣的畲族文化而去做调研，一般人已很难判断该村是否畲族村了。

近几年，随着国家民委民族特色村寨建设工作的开展，原有一定建设基础的民族村寨又较容易进入创建名录，在一定程度上形成支持政策

---

① SGC—LJF，男，老年，丽水市水阁街道山根村村民，访谈时间：2015 年 8 月 17 日。

的叠加。如2009年省民宗委确定莲都区老竹畲族镇沙溪村、景宁畲族自
治县东坑镇深垟村2个村作为省级特色村寨建设试点村，并分别给予了
30万元和40万元建设补助资金。2010年，省民宗委确定云和县雾溪畲族
乡坪垟岗畲族文化旅游景点提升工程、遂昌县新路湾镇夹路畈畲族精品
村建设项目、龙泉市竹垟畲族乡罗墩少数民族特色村建设项目为民族特
色村寨建设项目，分别下达资金30万元、50万元、30万元。2011年，
景宁畲族自治县东坑镇深垟村还争取到国家民委特色村寨扶持试点（扶
持资金80万元），云和的高畲村、景宁的伏叶村等8个民族村列入省民
宗委特色村寨扶持试点。①

　　通过对浙西南不同畲族村落的研究对比发现，不同村落由于受到不
同行政级别政府政策的影响，在文化开发利用和保护传承过程中，畲民
的参与度、文化的变迁速度和变迁程度，以及文化本真性的保持程度都
有差异（见表6-6）。在已严重汉化、同化的情况下，没有政府的介入支
持，完全依靠民间力量，畲族文化很难被重新挖掘和保护传承；政府介
入太多，又有可能导致畲民被边缘化，因文化变迁速度太快、创新力度
过大而失去本真性。因此，应在政府介入和畲民参与之间寻求一个平衡
点，在保证畲民一定的参与度以及保持畲族文化本真性的基础上，政府
给予支持帮助。官员的行政命令不能单独地拯救一种文化，学者的聪明
智慧也不能单独地拯救一种文化。文化一旦脱离了其"母体"，即便用最
先进的技术来记载，我们记载的也只是一些文化的"化石"和"死去"
了的文化。"竹柳新桥"畲族三月三歌会最大的成功，在于其活动主体是
承载着本民族深厚传统文化底蕴的畲族群众。正是这样一种操作模式，
才使得"竹柳新桥"畲族三月三歌会自开办以来便极大地调动了畲族群
众的参与积极性，历久而弥新。②

---

① 《丽水市少数民族特色村寨建设情况调研报告》，https://tieba.baidu.com/p/
3602211202，2017年9月7日。

② 楼跃文、吴梦宝：《"竹柳新桥"畲族三月三歌会的启示》，国家民委，http://www.
seac.gov.cn/gjmw/zt/2009-06-08/1244170372232035.htm，2017年5月11日。

表6-6　浙西南各地畲族文化挖掘利用程度、变迁程度及本真性对比

地点		是否发展旅游	畲族文化挖掘、利用程度	畲族文化变迁程度	畲族文化本真性强弱
景宁畲族自治县		是	★★★★	★★★★	★
莲都区	老竹畲族镇沙溪村	是	★★★	★★★	★★
	丽新畲族乡上塘畈村	否	★★	★★	★★★
	水阁街道山根村	否	★	★	★★★★

说明：★越多表示程度越高或越强。

二　浙西南畲族村落与中西部地区文化变迁的差异

旅游语境中，浙西南畲族村落文化变迁直接进入"畲族化"阶段，与中西部少数民族文化变迁普遍经历的"汉化"→"民族化"过程存在差异。

通过对浙西南畲族村落文化变迁的调查研究发现：旅游发展提高了畲民的民族文化自觉和保护意识，畲族文化重新进入畲民的生产生活；为适应现代旅游发展需要，畲族文化的空间和内容被重构，畲族文化的功能被创新。畲族文化变迁主要是旅游发展政策和旅游产生的经济效益驱动，政治权力、旅游开发商、畲族文化研究专家和民族精英对畲族文化元素继承、弘扬的选择起到很重要的作用。其中政府是影响畲族文化变迁的最主要因素。影响的国家政府权力机构级别越高，对发展民族文化旅游越重视，工商资本介入越多，畲族文化挖掘得越充分、创新力度越大，文化变迁程度越大，变迁结果与畲族文化本真性差别越大。但总的来说，旅游发展使原本已经退出畲民日常生产生活的畲族文化元素重新与畲区发生关联。不但是畲民，一些汉族旅游经营户为能吸引更多的游客，也都穿上畲族服饰，促使原本已经汉化的畲族村落重新畲族化。由于社会文化环境不同，旅游对经济发达地区东部的畲族文化变迁的影响，与对经济发展相对落后、汉化程度相对较低的中西部少数民族地区的影响存在差异。根据相关学者的已有研究，在我国中西部一些少数民族地区，随着旅游业发展和游客

的到来，产生经济发展和文化保护之间的矛盾和冲突，游客对社区居民产生"示范效应"，促使当地少数民族文化汉化、现代化。如黄萍等通过对贵州梭嘎乡的研究："许多地区原本想通过发展民族旅游促进民族地区经济富强，但经济发展与文化保护之间的矛盾和冲突却愈演愈烈。而且，民族旅游长期关注的焦点只放在了文化上，却忽略了共同造就这种文化的原生环境……1995 年，中挪两国政府共同在贵州梭嘎开始建立中国和亚洲的第一座生态博物馆。可是，当博物馆在1998 年建成并正式对外开放后，随着苗寨与外界的交往频繁，苗寨生态文化正发生一些现代性的变化。梭嘎乡是生态博物馆的所在地，外界的宣传和理解是有一支苗族文化生态保存得完好的人群在这个山区生活，他们穿着独特古朴，有着非常传统的古老文化。可当我们2004 年 3 月深入实地时，眼下所看到的乡场同其他普通乡场没有两样，大部分男子身着主流社区的衣裤，没有一点民族古朴的意味，倒是多了几分贫穷乡村的寒碜感。"① 也有学者认为，外来文化已经从语言、服饰、生活习惯等方面深入到当地居民的生活中，从而造成当地少数民族文化被外来文化同化的现象。随着旅游业在少数民族地区的发展，少数民族文化受到的影响越来越多，受到的"汉化"现象也越来越严重。② 旅游活动影响到本民族文化发展与传承，民族文化有朝低俗化发展趋势，下一代对民族文化的认同感减弱……旅游活动对西江村寨民族文化的负面影响较为突出，村民对旅游活动对民族文化的传承与保护、发展方面较为担忧。③ 少数民族乡村居民在与游客的交流中，了解了游客带来的信息，展示了自己的民族文化，通过游客建立了与不同地区的关联，利用自己的文化资源，获取了用以发展的

---

① 黄萍、杜通平、李贵卿：《文化生态村：四川民族旅游可持续发展的有效模式》，《农村经济》2005 年第 1 期。

② 何睿：从旅游人类学角度看旅游业对少数民族文化变迁的影响，《南昌教育学院学报 理论与实践》2011 年第 1 期。

③ 贺祥、贺银花、蔡运龙：《旅游活动对民族文化村寨影响效应的研究——以贵州省西江苗寨为例》，《凯里学院学报》2013 年第 2 期。

资金。从西江千户苗寨的变化可以看出，游客是影响少数民族乡村变化的重要因素。[①]

浙西南畲族不同于西部或边疆地区少数民族的生存环境，周边强势的汉族文化和日益全球化的浪潮，使畲族文化长期处于汉化和现代化的氛围中，畲族人民学习汉族先进的生产经验和现代科学技术，畲族传统的生产技艺和生活习俗逐渐退出畲民日常生产生活，也有的因民族自身的保护意识缺乏而淡忘，很多原生的畲族人口聚居空间已"去畲族化"，畲民的生产方式、生活习俗与当地汉族已基本一致。尽管景宁是个畲族自治县，但由于畲族人口偏少，畲汉长期同化，生活习性亦趋同。因此，游客对浙西南畲族文化旅游地产生的影响更多的是观念和意识形态的影响，而并非像中西部少数民族地区在语言、服饰等方面产生的"示范效应"，西部地区出现的上述现象在经济发达东部的畲族地区并未出现。例如，景宁东弄村蓝延兰利用自身的畲族彩带编制技艺和浙江省畲族彩带非物质文化遗产传承人的身份，在建立"蓝延兰畲族彩带艺术工作室"的基础上，又开办了"蓝延兰畲族民间工艺品有限公司"。如果说建立"蓝延兰畲族彩带艺术工作室"更多的是因为政府的倡导、帮助和支持，是景宁传承和保护畲族彩带"非遗"的需要，那么开办"蓝延兰畲族民间工艺品有限公司"完全是出自个人行为，也是因为近些年畲族文化旅游发展提高其商业意识的驱使。畲族文化旅游发展改变的不仅是畲民的民族文化保护意识，还包括商业意识等。在莲都区利山畲族特色村落，为突出少数民族特色，体现畲族风味，新建房屋统一进行外墙粉刷，新房统一建三层，统一白色立面马头墙徽派风格，通过建筑特色元素来展现畲族风情[②]。当代景宁畲族民居的屋顶、山墙、墙身、节点细部等的装饰元素等无不体现出了畲族独有的标志性特色。

---

① 顾雪松：《旅游传播与少数民族乡村的变迁——对西江千户苗寨的多维度研究》，中国书籍出版社2013年版，第130页。

② 张艳：《关于莲都区畲族特色村寨建设的几点思考》，走进畲乡，http://tzb.lishui.gov.cn/szwh/llwz/201511/t20151109_164965.htm，2017年3月15日。

当一个弱势文化群体与一个强势文化群体相遇时，这种借用过程在多数情况下是单向度的，即强势的一方的价值观念会向弱势的一方渗透。① 因此，在旅游发展过程中大量存在城市向乡村的文化渗透和发达地区向发展中地区的文化渗透。同时，旅游影响的渗透程度还与两种文化的相似程度密切相关。当二者之间的共性较大时，这种渗透影响较小；反之则很大。因此，在现代化程度较低、与外界联系较少的社区，一旦开放旅游后，当地居民模仿游客的示范效应、传统文化的流失都更为明显；而开放时间较长、与外界交往频繁的社区，游客与当地居民的文化交往更趋平等。② 从浙西南地区畲族文化的变迁历程看，传统农耕社会时期，汉族的生产技术、生活方式等对畲族传统文化产生较强的渗透作用，畲民学习吸收了汉族先进的生产技术和现代化的生活方式。在现代旅游语境中，畲族文化借用并未呈现强势到弱势的单向度的定向性，借用的内容基本取决于旅游价值的高低，具有较高旅游价值的汉族或者其他少数民族的文化元素，并能以地方环境和畲族文化特点解释的要素，都可能被借用，从而成为现代畲族文化体系的组成要素。比如畲族彩带文化对藏族哈达文化的吸收，畲族服饰文化对苗族、瑶族服饰文化的吸收；畲族文化旅游景区的洗井节和泼水节等。

从旅游发展动因看，中西部地区早期旅游发展更多的是因为民族文化的独特性引起市场的关注，由市场需求拉动民族文化旅游发展，民族村落旅游发展参与主体更多的是当地社区居民。在这一过程中，非政府组织给予了很多的帮助和支持；导游和游客是旅游村落社会文化变迁的重要因素。③ 东部地区畲族文化因为在旅游发展之前就已严重同化和汉

① 薛熙明、叶文：《旅游影响下滇西北民族社区传统生态文化变迁机制研究》，《贵州民族研究》2011 年第 5 期。

② 同上。

③ 段超：《湘鄂渝民族地区旅游经济发展与旅游区社会文化变迁——〈湘鄂渝民族地区旅游经济发展与旅游区社会文化变迁〉成果简介》，中国哲学社会科学规划办公室，http：//www.npopss-cn.gov.cn/GB/219506/219508/219520/17833827.html，2017 年 5 月 20 日。

化，只是地方政府为了民族地区社会经济发展需要，对畲族文化进行重新挖掘和包装，旅游产业发展更多的是政府的推动，政府是影响畲族文化变迁的最主要因素。

第七章

畲族村落旅游和文化可持续发展策略

第一节　开发利用是畲族文化
保护传承的最好方式

一　民族文化开发利用和保护传承是辩证统一的关系

民族文化具有经济和文化的双重属性与价值，但其经济价值只有通过旅游商品化和产业化才能实现。随着民族文化被旅游产业制造成一种社会化的景观进入社会公共空间，民族传统文化的精髓会被社会认知和接受，那么，一种少数民族主位保护与客位（社会大环境）保护相结合的社会氛围就会逐渐形成。① 因此，开发利用是民族文化保护传承的有效途径。

文化不是脱离人的生活而存在的，是人类活动的产物，是人们在实践活动中表现出来的生活样式和各种生产生活范畴的彰显，与人的生产生活密切相关，始终是服务于人的生存发展的。文化只有与人们的生活实践密切联系在一起，并成为人们不断需要的生活内容和进行着的生活方式时，它才可能真正得以保持和发展。即文化是作为满足人们的生活需要的相应功能而存在的，如果某种文化（项目）不再成为人们生活的

---

① 桂榕：《重建"旅游——生活空间"：文化旅游背景下民族文化遗产可持续保护利用研究》，《思想战线》2015 年第 1 期。

需要时，那么它必然因丧失生活功能而走向灭亡。① 少数民族传统文化的独特性、民族性和地域性特征，对他族游客具有强烈的吸引力，是旅游者向往的旅游目的地。对民族传统文化的合理开发利用，实质是挖掘民族传统文化的商品属性，使其转化为旅游产品、实现价值，推动民族文化的保护传承。旅游者对异文化的体验需求，不但不会导致民族文化的同化和汉化，反而会更加突出民族文化的独特性和民族性，有利于世界文化多元化的加强。文化的多样性是人类社会的基本特征，也是人类文明进步的动力。旅游不但能使世界文化走向民族化，也促使民族文化走向世界舞台。

对畲族传统文化来说，其原有很多功能已不再适应现代畲民的需求，只有在现代旅游语境中，许多正在消失或已经消失的传统文化被挖掘、被开发利用，才能彰显出新的生机与活力。文化是旅游的灵魂，少数民族文化是最具吸引力的特色旅游资源，是丰富旅游产品内容、提高旅游体验性的重要素材。旅游是民族文化实现经济价值，民族文化资本化的重要载体，也是宣传民族文化，提高民族文化自觉的重要途径。通过发展畲族文化旅游，才能让畲族文化重新进入畲民的生产生活，增强畲族文化的生命力和可持续发展力。实现传承畲族文化、拉动旅游消费需求、扩大就业和促进经济发展，体现畲族文化的现代价值。文化是动态的，通过不断的"再生产"维持自身平衡，使社会得以延续。②

从本课题研究可以发现，莲都区沙溪村和利山村、云和县坪垟岗村，以及景宁畲族自治县大均村、金丘村等畲族文化旅游村，因为发展旅游，畲族文化得到挖掘、整合和开发利用，村里基础设施不断完善，畲族文化以多样化形式在村寨得以重新展现，使村里的年轻一代畲民和外地游客都对畲族文化形成认知，村里成立了畲族歌舞表演队，有畲族文化非遗传承人，使畲族文化得以更好的传承和传播；一些原来在外务工经商

① 刘宗碧：《我国少数民族文化传承机制的当代变迁及其因应问题》，《贵州民族研究》2008年第3期。

② 曾德强：《浅析布尔迪厄文化"再生产"》，《理论当代教育论坛》2009年第5期。

的年轻人因民族文化旅游业发展重新返乡创业。这些村的大部分村民，对旅游业发展后畲族文化的保护情况普遍保持比较积极乐观的态度，大部分村民认为发展旅游业后，政府方面对资源的保护投入了更多的人力物力财力，一定程度上更好地保护了畲族文化。近年来，景宁畲族自治县着力打造"民族文化旅游"品牌，以挖掘畲族文化底蕴为支撑点，充分利用得天独厚的民族风情旅游资源，发展旅游业。通过挖掘畲族文化，一批沉寂多年甚至即将消失的民间文化又得以恢复，一批畲族手工艺得以发扬光大。畲族妇女蓝延兰编织的畲族彩带曾在浙江民间艺术展上获得特别金奖，面临失传的地方特色剧种"英川菇民戏"也重新焕发生机。[①] 而有"浙江畲族第一村"之称的莲都区丽新乡上塘畈村，20世纪70年代是丽水市的少数民族文化活动中心；以及莲都水阁街道山根村，曾经是丽水市畲族文化的样板村，从20世纪30年代开始，该村就有畲民应邀到外地畲族村落传授畲族传统文化，曾先后有国内外多位社会学、民族学和文化人类学专家到该村做畲族历史、文化与风俗等调研。由于近几十年传统畲族文化汉化、现代化后没有重新挖掘和开发利用，畲族传统文化也随着老一辈传承人的离世而消失。课题组到山根村调研时，找不到能唱畲族山歌或对畲族传统文化比较了解的畲民，畲民家里也很少有传承下来的传统畲族服饰等文化载体。村里年轻人外出务工经商，留村的基本是老人、妇女和儿童，依旧过着传统的农耕生活。因村里缺少畲族文化展示和文化叙事，年青一代畲民很少了解本族文化，他们认为现在畲族文化没有什么用，也没有必要去保护传承。

在旅游场域中，畲族文化事项虽然少了些传统原味，多了几分表演，但这不失为畲族传统文化对现代社会环境的一种积极调适，对于已经退出畲民日常生产生活的传统畲族文化来说，应该是一种新的诠释和传承方式。正如吉登斯所言："一种类型的人围绕一组固定的承诺来建构他自己的认同，这就像一个过滤器，在通过它的时候，各种不同的社会环境

---

① 施龙有：《沉寂多年的畲族文化重现生机畲乡风情游成为景宁"金名片"》，浙江省文化厅，http://www.zjwh.gov.cn/dtxx/whrd/2007-09-08/42886.htm，2016年5月15日。

受到抗拒或作了重新的解释。"①

民族文化传承保护是开发利用的基本前提。保护民族传统文化是为了提高文化资源的再生产能力。民族文化是一个体系，具有其自身特有的基本属性和传承规律，只有完整保护其特有属性，才能保持其经济和社会价值；只有具有民族特色的文化，才能吸引游客，保持持续的客源市场，促进民族文化旅游可持续发展。民族文化是族群利用自然、适应自然的创造物，具有固定的构成体系和空间结构，要保护民族文化的完整性和本真性，避免民族文化碎片化，防止随意破坏更改，形成伪民族文化。民族文化旅游产品中对本真性的保持，是民族文化旅游发展的根基。在民族旅游发展的实践中，正是民族文化本真性的传承带给民族旅游强大的市场吸引力和效益。

民族文化要坚持开发利用与保护传承相结合，开发利用与保护传承并举，构建开发利用对保护传承的反哺机制。开发利用具有地方性和民族性特色的文化产业，是实现民族文化价值的途径。但在开发中要注意保护原有的文化内涵，因为民族文化的深刻内涵是民族文化旅游的灵魂之所在。"首先一个拜堂，（景区婚俗表演）是很多人一起拜的，这个就不对了。应该是只有新人才能拜堂的。还有一个铃刀舞，这个不是喜事里面用的，是人家白事的时候用的，这个怎么能放到喜事里面。云和文化局有时候会带人过来表演，不过大多都是汉族人，但是只要内容不错掉其实没有关系。但是有些要拍到电视上去来代表畲族的话，不用畲族人有点不太好。像景宁那边有拍过片子，她们汉族的小姑娘去采茶拍下来，说是畲族的小姑娘，那边村子里的人就不高兴，说这明明是他们村子的，是在骗人，这样就不太好了。"②

传承包括对传统文化的继承和推陈出新。继承是对传统文化核心内涵和精神的继承，这是民族文化的精髓和根本，也是一民族文化区别于

---

① ［英］安东尼·吉登斯：《现代性与自我认同》，赵旭东、方文译，王铭铭校，生活·读书·新知三联书店 1998 年版，第 244 页。

② PYGC—LXG，男，老年，云和县雾溪畲族乡坪垟岗村民，访谈时间：2015 年 8 月 18 日。

他族文化的核心价值，是该民族特色的体现。如在广西，壮族的布洛陀信仰，蛙婆崇拜是这个民族的象征；吊脚楼是苗族人民生活的一个特征；侗族则行款为王，并以鼓楼、风雨桥为居住环境的主要标志；瑶族则以盘王图腾为主要象征；广西彝族却以多姿多彩的岁时习俗和与众不同的服饰为本民族的主要标志……①课题组在景宁畲族自治县东弄村调研时，浙江省非物质文化遗产畲族彩带编制技艺传承人 DNC—LYL 认为"现在彩带和以前有很大不同，有宽的，有窄的，有手工织的，有机器织的，还有用布裁的，但是我认为我们畲族彩带的特征是要保留的，我们的特征就是以前的花纹，那些花纹是有意义的，我就是这样子一直以来都是用彩带最早的花纹"②。龙凤民族服饰有限公司董事长 LFFS—LXY 对畲族服饰特征的看法是："畲族服饰是由三个元素组成的，一个是凤凰，我们畲族本身就是凤凰之乡，还有一个水滴纹，以前畲族都是住在山上的，山上旱地缺水，水对我们是很宝贵的，水滴都是吉祥的，还有一个老鼠牙，老鼠聪明伶俐，环境适应能力很强，是畲族人民精神的体现。"③

　　民族文化传承要在科学分析民族传统文化的历史价值和现实意义的基础上，确定该民族文化要继承的文化元素，保持民族文化的本真性。传统民族文化的本真性，既包括民族文化生存环境的本真性，也包括生产与生活方式的本真性。同时随着现代文化和科学技术发展，民族地区的生产与生活方式也发生新的变化，并因此形成与现代社会相适应的民族文化生存的本真环境及本真的生产生活方式。因此，在民族文化旅游发展中，民族文化旅游产品中的本真性，既有传统民族文化的本真性，又有现代社会民族文化的本真性。本真的民族文化是民族旅游市场价值和竞争力所在，因此，民族文化旅游发展应该以其核心内涵和价值得到完整保护为前提，而不能以牺牲民族文化的本真性、完整性及其内涵为代价。强调民族传统文化传承，并不意味着保守传统或甘居落后，同样

---

① 王光荣：《论少数民族活态文化的抢救》，《广西师范学院学报》2004 年第 1 期。

② DNC—LYL，女，中年，景宁县东弄村人，浙江省非物质文化遗产畲族彩带编织技艺传承人，访谈时间：2013 年 8 月 11 日。

③ LFFS—LXY，女，中年，龙凤民族服饰有限公司董事长，访谈时间：2014 年 2 月 23 日。

也需要民族文化在新时代求得新发展。一个民族的文化是历经世代积淀的，由于人们认识事物的局限性，并非传统的都是好的，或许某一文化要素适应当时社会，但随着时代变迁和人类整体智慧水平的提升，该文化要素已难以适应当下社会。因此，随着时代的变化，一个可持续的民族文化还应吐故纳新，抛弃和否定传统文化中消极的、不符合时代需求的因素。民族文化可持续发展，要坚持继承保护与创新相结合。民族文化创新的形式多样，有形式创新、内容创新和功能创新等。既可以在传统民族文化的基础上吸收现代化元素，使之与现代社会相适应，使传统民族文化融入现代文明；也可以对传统民族文化进行改良和发明创造，根据时代需求，增加新的文化元素，使民族文化体系更趋完善。民族文化传承的着眼点是族群认同，不受商品市场的功利化左右。提高族群的民族文化认知和价值判断水平，以及对本族文化的自主水平，能更科学地对本族文化进行取舍和创新。因此，民族文化传承需要对本族群体文化进行传习和教育。

二 开发利用改变民族文化主体观念意识

（一）提高民族文化主体的保护意识

一些民族传统文化之所以能流传至今，是因为这些文化在文化主体的生产、生活或社会交往等各种活动中一直发挥着作用，与文化主体具有密不可分的统一体关系。民族文化对文化主体的作用有些是物质上的，如民族服饰、民族建筑等为该族群提供生活保障；有些是精神上的，如民族歌舞、习俗、宗教等活动，为该族群提供娱乐、社交以及精神寄托等。随着科技进步、社会发展和时代变迁，人们的需求也会发生相应的变化，一些文化的传统功能因难以满足族群的当下需求而需要发生变迁，否则就会退出文化主体的生产、生活和社会活动等，文化主体也因此失去保护、传承该文化的动力。因此，利用文化、发挥文化的价值是提高文化主体传承、保护文化意识的重要途径。本研究的调查结果也印证了这一现象。由于长期的畲汉融合，地处东部沿海山区的畲族文化已高度汉化和现代化，传统畲族文化也基本退出畲民生产生活，一些传统畲族文化传承"后继乏人"，畲族村落与周边的汉族村落已无差别。

旅游是社会发展的需求，也是文化利用和消费的一种方式，是文化产业化的重要途径。2013 年通过的《中华人民共和国旅游法》第十九条规定"旅游发展应当与土地利用总体规划、城乡规划、环境保护规划以及其他自然资源和文物等人文资源的保护与利用规划相衔接"，明确提出了旅游规划与文物等人文资源规划的衔接问题。民族文化作为人文旅游资源中最具吸引力的要素之一，是现代旅游产业发展的重要基础。一些畲族村落抓住机遇，近年通过旅游业发展，一些畲族传统文化被挖掘、提取和利用，一些畲族元素被有形化得以展示，畲族村落重新"畲族化"。畲族文化旅游发展也使畲民受益，了解了畲族文化，从而认识到本民族文化的价值，提高村民的族群意识和民族认同，形成了解民族文化、学习民族文化的氛围，以及保护民族文化的自觉行为。课题组在景宁大均"中国畲乡之窗"景区的大均村和泉坑村调查中，有 55.7% 的被调查者是"通过畲族文化旅游发展了解畲族文化的"；52.6% 的被调查者认为，"发展旅游后，村民保护畲族文化的意识提高了"；有 77.4% 的被调查者认为"传承畲族文化重要或比较重要"；87.1% 的被调查者表示"支持当地大力发展旅游经济"。畲族山歌、服饰、畲族婚俗等文化元素因为被广泛于旅游发展中，被调查者对这些文化了解的比例比较高，他们也认为这些文化最能体现畲族特色。

（二）提高文化主体的商业意识

历史上，畲族长期在东南沿海山区生活。一方面，"以山为基、以农为本"，相对封闭的自然环境使其自给程度相对较高，自然经济基础上的社会特征也使畲族社会与外界的联系很少。另一方面，由于居住分散，畲族没有形成自己的民族市场，也没有本族独立的工商业，日常必需品的交换须到汉族城镇或村落里去进行，但常遭到歧视和侮辱。虽有些汉族商贩进入畲区进行交易，又大都属于不等价交换。"耐劳杂作，弗事商贾"的传统农本观念使畲族耻于经商，缺乏商业意识，这种意识延续至解放初期。20 世纪 50 年代，国家民委组织对广东、福建、浙江、江西、安徽等地的畲族调查发现：景宁东弄畲村从来没有自己的商人，也没有自己的经济贸易中心，畲民日用品向汉商购买，畲民的土产如木材等都是由汉商收购；浙江平阳王神洞畲民也没有从事商业的，该地盛产木材、毛竹等，有畲民为汉商放木排、竹排运送木材和毛竹至温州，但自己却没有从事这种买卖的；浙江泰顺司前、竹烊畲民主要从事的是农业生产，交换极少；福建宁德、罗源八井、福安等地畲民亦是以农业为主，手工业尚未从农业中分离出来，畲族没有自己的专业商人；广东各地畲村也基本没有畲民经商。① 吃苦耐劳、不善经商这种民族文化性格深植于畲族的文化结构，并呈现于当今畲民的日常行为习性当中。吃苦耐劳当然是优秀的民族品质，而与之相伴的农本意识却深深制约着畲族的经济转型。长期淡薄的商品意识和以农为本的价值取向，使畲族在现代市场经济发展中缺乏产业和制度创新的精神，也曾一度阻碍了畲民参与旅游业发展，制约着畲区社会经济发展和人民生活水平的提高。社会是一个由彼此联系的人构成的网络系统，人与人的关系、人与社会的关系是通过一定的活动和交流来实现的。长期以来，畲族山村封闭的地理环境导致他们与外界的人员交流和信息沟通都处于较低的水平。旅游发展提高了畲族旅游村寨村民与外界游客、媒体的接触频率，促进信息和物质的双向交流，使畲族旅游村落进入整个社会经济和文化互动的平台，加速了畲族旅游村落的社会化过程。旅游发展把畲民吃苦耐劳的精神从农本意识中剥离出来，去接受商品意识的学习和市场经济的挑战，使畲民在旅游发展中融入市场经济大潮。课题组调查发现，地方政府也曾煞费苦心，力图改变畲民的商业意识。"实践证明，旅游发展带来了少数民族群众思想观念的大转变。原来老竹这片是畲族在浙江省居住最多的地区，有三万多畲民，包括丽新乡、板桥乡等都是连片的。这里是浙江省畲族群众最大居住地，这里的群众思想落后，改革开放这么多年以来很少有群众走出去经商，（出去经商的）占了整个劳动力的10%左右。在景区开发以前，我们带着镇长到沙溪村搞卫生的时候还会和当地村民发生争执。走访家家户户动员宣传的时候会发生政府干部和村民吵架事件。开始的时候，政

① 王逍：《文化自觉与畲族经济转型》，《贵州民族研究》2007年第1期。

府买给他们民族衣服也不愿意穿，沙溪村我们政府给他们每人一套服饰，像在节日的时候呢，你穿起畲族服饰，卖糍粑也会卖得快，他们也不愿意穿，花钱给他们培训民族语言，也不愿意学。这就表明群众的思想观念比较落后，生活水平低，卫生情况差。现在呢，景区开发了，游客进村了，村民尝到甜头了，自然而然地注重卫生状况，转变了思想。开起了农家乐，出门办企业等，知道从原始农业向商业农业发展。现在有40%的人外出就业（沙溪村）。经济落后不可怕，可怕的是思想落后，我们要有市场经济和谋划发展的理念，如果思想不转变，农民的出路哪里找。现在就沙溪村来讲，500多人的少数民族村落，发展的农家乐有15家，有五六家年净收入在五万以上，村里的道路也净化美化，发展越来越好。"[1] 旅游产业嵌入不单使旅游畲区和非旅游畲区的物质文化变迁出现差异，也使两类地区畲民的观念意识形态变迁出现差异，旅游产生的信息、文化等交流改变了旅游畲区民众的价值观念和市场意识。随着畲族文化旅游的深入和个别村民的示范作用，商业意识逐渐提高，当地群众开始懂得利用自身资源发家致富，为吸引游客，农家乐和民宿经营者穿上畲族服饰，甚至村落一些经商的汉族村民也穿畲族服饰。但由于畲族"耐劳杂作，弗事商贾"的传统农本观念的惯性，大多村民也只有自家经营的能力，畲族村寨目前还是普遍缺少能带动村民发展现代产业经济的村寨商业精英。畲族村寨旅游业发展主要是依托邻近旅游景区的优势，一些畲族村民通过开办农家乐民宿参与旅游发展，由商业精英领头，带动整村发展旅游或民族特色经济的几乎没有。我们在调研过程中，一些乡镇领导或驻村干部也普遍反映了这一问题。沙溪村民在初步尝到旅游发展的甜头后，希望能充分利用区位和资源优势，把村里的畲族文化旅游发展得更好，但是由于本村缺乏能带领村民发展经济的"商业精英"，2011年，才通过选举推选出非畲民和非本村户籍的汉族女婿担任村主任，这即使在当地的汉族村落也是史无前例。村民之所以会推选非本

---

① DXY—JAJ，男，中年，莲都区人大常委会副主任，曾任丽水市莲都区老竹畲族镇党委书记和东西岩风景区旅游开发建设管委会主任，访谈时间：2015年1月22日。

村户籍的汉族女婿为村主任，主要是因为他有多年从商经历，市场经济意识强，对村寨今后发展有比较清晰的思路，让村民感觉到他能带动村寨发展，看到了美好的未来。

商品观念的渗透和带来的变化在政府看来是一种进步，在许多学者看来是一种文化被毁坏的表现。商品化确实有其破坏性，但在现实中应该认识到，传统民俗的保护也存在一个自我更新、去除糟粕的问题。[1] 文化是时代和环境的产物，随着社会环境的变迁，一些不适合时代的习俗、观念等文化也要发生改变，以适应现代社会的发展。旅游业发展，为民族地区带来了外地的人流、物流和信息流，使社区居民开阔了眼界，改变了意识观念，一些畲民主动适应市场，发挥自身文化优势发展经济。农民观念更新是政府大力提倡的，但是在现代化的时代背景下，趋新求旧似乎更容易做到；而在吸收外界新思想、转换观念的同时，保持着民族核心的价值观和传统文化的优秀部分，反而是更需努力的方向。[2]

三　文化主体是保护、利用和受益的主体

从文化起源于实践的本质看，相应的文化主体是文化传承保护的根本力量。因此，对于少数民族文化而言，本族人民是文化的创造者和载体，他们才是自己文化传承保护的真正主体。但是，在今天社会不断开放和少数民族文化濒临失传的状况下，从保护文化多样性的自觉主体而言，并非首先是少数民族族民，而往往是少数民族的族外人，如文化学者、人类学者等的发现和关注，最初的保护是以族外力量的置入为主要形式的。文化保护和发展需要"文化自觉"。费孝通先生认为，生活在一定文化历史圈子中的人对自己的文化要有自知之明，即"文化自觉"，明白自己文化的来历、形成过程、特色和发展趋向。文化自觉是为了加强对文化转型的自主能力，取得适应新环境、新时代文化选择时的自主地位。在多元文化并存的当今世界，只有做到文化自觉，才能在不同文化

---

[1]　徐赣丽：《民俗旅游与民族文化变迁》，民族出版社 2006 年版，第 207 页。

[2]　同上书，第 208 页。

的对比和互动中稳住根基，获得文化选择的能力和地位，继而增强自身文化转型的能力。如果少数民族人们对自己的民族文化缺乏"自觉"，当承载这些特定文化的主体不断发生弱化，那么相应的民族文化是不可能长久保存的，最后必然走向消亡。为此，在当前民族文化传承中自觉主体的构成，其关键因素不是族外，而是族内。[①]"我觉得对畲族文化影响最大的是当地的畲族群众和当地的政府，游客主要是提一些建议，促进他们不断完善自身。尤其是群众，他们要爱自己的民族，穿自己的服饰。但是他们自己不愿意，买给他们穿民族衣服也不愿意穿，花钱给他们培训民族语言，也不愿意学，政府拉动，也不起作用，所以，还在畲民自己。"[②] 但实际情况是，长期以来，关于民族文化传承在主体因素上，我们缺乏类型及其性质的区别和关注，不区分他们的作用和社会发展中的状态，以致不能较好地构筑民族文化的保护力量。[③] 目前少数民族文化传承保护和开发利用的主体并非真正的文化主体，出于政治、经济或社会利益诉求，政府部门、开发商或学者等族外力量在关键时刻往往起着决定性作用，导致文化主体错位。这一方面是由于少数民族发展长期处于弱势状态，对自己文化发展的价值和面临的危机认识缺乏自觉和自信。尤其是近几十年全球一体化和现代化发展，很多少数民族传统文化因不适应现代社会经济发展而逐渐退出文化主体的生产生活，导致传承和保护文化缺乏内生动力，一些文化失传或濒临失传，导致新一代文化主体对本族文化缺乏基本的了解。另一方面是因为在现代旅游场域中，真正承载文化的少数民族普通民众缺乏权力、资本或资源等能起决定性作用的竞争资源。要提高文化自觉，首先要让文化主体认识、了解本族文化，尤其是要让他们感受到自己文化的价值。文化主体参与民族文化开发利

---

　　①　参见刘宗碧《我国少数民族文化传承机制的当代变迁及其因应问题》，《贵州民族研究》2008 年第 3 期。

　　②　DXY—JAJ，男，中年，莲都区人大常委会副主任，曾任丽水市莲都区老竹畲族镇党委书记和东西岩风景区旅游开发建设管委会主任，访谈时间：2015 年 1 月 22 日。

　　③　刘宗碧：《我国少数民族文化传承机制的当代变迁及其因应问题》，《贵州民族研究》2008 年第 3 期。

用并从中受益，是提高其文化自觉和自信，并最终内化为传承和保护文化动力的基础。

为此，民族文化传承主体的构成是一个关键的工作，必须把承载少数民族文化的族内人民当作自觉主体来发展，促使他们上升为民族文化保护的自觉力量；同时，由于少数民族发展的弱势，需要外力的参与，因而政府、企业、学者、非政府公益组织的广泛参与和扶持是不可或缺的力量。虽然组织目标和价值取向不完全一致，但参与到民族文化保护利用工作中来的政府、企业、民间组织、专家和个人，基于对民族文化的热爱、责任和共同的文化理想，在一定的体制机制下，仍然可以达成许多共识，形成良好的互动合作，民族文化保护利用也能够取得好的成效。通过多方共同参与，在主体构成上形成"族内自觉参与主体"与"族外力量置入辅助"相结合的模式。

旅游发展为畲族文化的生存、发展提供了有力支持。在旅游开发背景下，传统文化成为受游客青睐的旅游吸引物，成为能够产生经济效益和社会效益的文化资本被开发利用，发挥传统畲族文化的新时代价值，提高畲民的文化自觉和自信，以及保护和传承文化的积极性。

四　多样化的保护方式

不同文化元素传承、保护和利用的要求不同。在民族文化保护和传承发展道路上，很多民族地区开展了积极探索新模式。早期对民族文化的保护和传承，主要是通过对一些民族文化的挖掘，将民族文化以文字记载，以出版物的形式进行保护。这种保护相对比较抽象，需要与一些文化技艺、传承载体等配合才能较直观、完整地对文化进行展示。之后出现了民族（民俗）博物馆、民族（民俗）文化村和生态博物馆等保护模式。民族文化保护和传承的复杂性，以定点保护、博物馆式的实物收藏和古籍整理等静态形式难以保护整个文化体系。民族文化的发展需要现实生活的方式关注和使用。在市场经济条件下，经济价值是民族文化的拓展、生长的方面，也是其历史文化价值获得实现的桥梁。这是社会转型必然带来的变化。文化保护的意义追求重心应是精神价值与经济价值并存的一种结构模式，必须有机地对待和进行保护、开发。①

对只有语言没有文字的畲族来说，很多文化依靠口耳相传传承，难以通过静态形式进行呈现和传承。根据畲族文化现状特征，以及其赋存的社会经济环境条件，可采取"以文养文"、"静态保护"与"活态保护"相结合的模式，通过生活化的传承、艺术化的传承、经济化的传承和社会化的传承等多种形式，实现社会经济发展与文化传承保护共赢。

一方面，挖掘畲族文化旅游资源，生产适合现代审美需求的文化物质载体，在保持文化内核的基础上通过创新进行旅游项目开发，将畲族文化旅游资源运用于旅游产业发展，实现畲族文化的现代价值，提高畲族文化知名度，使畲民形成民族文化自觉和自信，并转化为自觉保护和传承本民族文化的行为；同时旅游发展产生的经济效益为畲族文化的保护和传承提供资金支持。另一方面，对畲族文化进行本真性保护传承。畲族文化本真性保护传承分三种情况。一是基础性畲族文化资料的挖掘研究和传承保护；二是静态物质文化的展示传承和保护；三是"活态文化"的活态传承和保护。

对基础性畲族文化资料，可由各级政府牵头，加强畲族文化基础资料的挖掘整理和研究。依托高校或社会力量，尽快开展"抢救式"畲族文化基础资料的挖掘和整理。深入畲族村落，走访畲族群众，尤其是充分挖掘老年畲族群众传承的口述资料，记录濒临失传的畲族社会历史文化、民间技艺、畲族故事传说、谚语、诗歌等宝贵资料，整理出版，将口口相传的畲族文化基础资料固化为文字资料。在浙西南，景宁畲族自治县的畲族文化基础资料整理研究做了大量的工作，专门成立了畲族文化研究会，聘请中央民族大学施联朱教授为顾问，通过对畲族文化的挖掘整理，分主题将这些资料汇编成册，编撰了《景宁畲族语言简本》《畲族民歌集》《景宁古畲语读本》《景宁畲族百年实录》《景宁畲族风俗》《畲族民歌集》《布谷闹春》等一批畲族文化丛书，为畲族文化传承提供

① 刘宗碧：《我国少数民族文化传承机制的当代变迁及其因应问题》，《贵州民族研究》2008年第3期。

了依据和基础性资料，也为畲族文化旅游产品开发、解说系统构建和宣传推荐提供了重要素材。畲族自治县以外的畲族乡镇和村落因为缺少相应组织和资金支持，对畲族文化的基础性资料挖掘整理还不充分。这类畲区可以加强区域合作，相对集中的畲族乡镇分布区域打破行政界限，联合成立区域畲族文化研究机构，如"竹柳新桥"畲族文化研究会、温州"瓯越"畲族文化研究会等。这些地区举办畲族"三月三"已有一定的合作基础，可在此基础上进一步开展畲族文化基础研究。

　　静态物质文化主要包括建筑、服饰、生产生活器具、畲族宗谱和祠庙等。这类文化主要通过建设畲族文化博物馆或各村寨民俗文化博物馆等静态展示、解说，进行原生态保护传承。景宁畲族自治县通过调查挖掘，收集整理畲族文化遗产等文字资料230多万字，抢救畲族文物遗物1100多件，征集有关畲族书籍200多册，整理、记录、归档畲族宗谱20多本。同时修复、修建了一批畲族文化古迹。如孔庙、金丘蓝氏宗祠、王畈雷氏宗祠以及东坑畲桥、大赤坑廊桥、高演环胜桥等特色廊桥。[①] 建设了有1500余平方米展厅的中国畲族博物馆，展示了畲族各个时代流传下来的历史文物1400余件，为人们了解畲族的历史文化、风俗信仰、生产生活、环境聚居、饮食服饰及歌舞等人文历史和传统文化提供了重要窗口。在一些畲族乡镇，由乡镇政府和民间人士建起了一些关于畲族文化的专题展馆，展示本地方的畲族文化，如大均乡、深垟村等建了乡村级的民间民俗陈列馆，郑坑乡建了非物质文化遗产展示馆，收有来自各自地方的各种藏品。

　　除了有形的物质文化外，还有各种无形的精神文化，如民族山歌、民族舞蹈、民族工艺、价值观念以及风情习俗等"活态文化"。活态文化根植于民间，是其他一切文化的源头，是本民族文化的象征。因此，对于活态文化的保护是民族文化存亡的关键。活态文化一般是未被文字所

---

　　① 景宁畲族自治县人民法院课题组：《关于畲族传统文化的现代传承和法律保护的调研》，景宁畲族自治县人民法院，http://jn.zjlscourt.com/fxyj/dcyj/2013-07-30/22798.html，2017年5月20日。

记载或音像所记录的尚未定型的文化事象，主要储存于非遗传承人等民族精英们的头脑和思想意识观念中。活态传承是保持民族文化本真性的保障，一旦承载的个体消失，这些文化也将随之消失，这类文化应以"活态文化"形式进行传承保护，口头传承是活态文化的最主要的传承形式。民族文化保护首先要保护文化载体。畲族非遗传承人等文化精英是畲族文化的重要载体，是畲族文化的主要传承者。政府应加大对畲族文化精英的扶持力度，充分发挥"非遗"项目传承人的作用，加强非遗文化传承人的培养和保护，设立畲族文化传承基金，鼓励传承人收徒授艺，加快关键性文化非遗传承人的培养，通过非遗传承人的带动，坚守畲族文化传统基因，将传统畲族文化与现代社会需求结合，经过重构后逐渐回归畲民的日常生产生活。恢复民间的畲族"三月三"。经过重构，"三月三"是目前最有特色的畲族节庆，各地以官办为主，因为旅游发展和地方形象宣传需要，官办"三月三"已高度舞台化和商品化，不管是内涵还是形式都已偏离了传统畲族"三月三"。为保持畲族"三月三"的本真性，除举办面向游客和各类媒体的官办"三月三"节庆外，畲族民间按照传统"三月三"内涵，恢复畲族"三月三"民间习俗，让民间习俗重新回归民间。同时，对一些旅游价值较高的畲族文化进行创新，推进畲族文化旅游发展，通过旅游发展唤醒畲民的民族文化意识，提高文化自觉，振兴民族文化；并将部分旅游收益用于支持畲族文化挖掘保护和非遗传承人培养。

第二节　建立多主体参与的畲族文化保护机制

一　畲族文化旅游的利益主体分析

虽然畲民是畲族文化的创造者和承载者，是畲族文化传承的主体，但畲族文化的利用和保护涉及多个主体，这些主体都是畲族文化保护利用的利益相关者。旅游场域所展现的民族文化保护利用主体具有多元化特点，除民族文化主体的旅游地居民外，还包括政府、开发商，以及各类官方与民间的文化保护机构和个人。参与其中的组织和个人，在满足各自部分期许的情况下，均有促进民族文化更好保护利用的良好愿望，在此种理念和认知下，民族文化保护利用的所有参与者有可能达成价值取向和价值目标的一致。[①] 他们的关系由矛盾、不合和冲突走向妥协是确保发展项目成功的关键。少数民族传统社区的旅游开发和文化保护传承除需要目的地社区村民的主观能动性和自身发展能力的提高外，还需要政府、旅游企业和专家学者等外力的支持和帮助，以及外来资本的进入等。

　　当前，在畲族文化保护和利用中存在的主要问题有：政府注重官办活动，轻民间风俗；民间注重参与活动，轻自觉组织；以及长期以来，政府及其部门在倾力重视官办畲族文化活动之余，对畲族民间传统风俗活动缺乏关注；畲族群众在积极参与官办畲族文化活动之余，民间自发组织的畲族传统文化活动几乎销声匿迹等。[②] 文化遗产的保护需要确立文化持有者的主体地位，需要政府扶持以形成多元主体共同参与的社会网络。[③] 针对上述问题，首先要明确各主体的定位，协调各利益主体关系。构建政府引导、非政府组织指导、畲民主体和旅游开发商参与的畲族文化保护利用体系。在畲族文化保护和开发利用中要加强政府的引导作用，避免政府的过度包办和替代。政府作为行政职能部门代表着国家意志和力量，其主要优势在于能较快地聚合社会的人力、财力来解决实际问题。地方社会、经济和文化可持续发展是政府的利益诉求和职责，各级政府应把对民族文化的保护列入政府工作目标，并制定具体的法律或保护制度，为民族传统文化的保护提供切实的保障，力求做到物质文化保护传承与优秀精神文化传承并重，经济效应和社会文化效益协调发展，短期利益和长期利益兼顾，实现地区社会经济发展和民族文化保护传承共赢。

---

① 吴昌和、张林、廖永伦等：《黔东南非物质文化遗产传承保护与创意研发利用研究》，贵州省社科理论创新课题，2014 年。

② 潘力峰：《改革开放三十年浙西南畲族文化发展的轨迹探析》，丽水艺术网，http：//www. lsart. com. cn/showart. asp？art_ id＝416，2015 年 7 月 3 日。

③ 桂榕：《重建"旅游——生活空间"：文化旅游背景下民族文化遗产可持续保护利用研究》，《思想战线》2015 年第 1 期。

结合地方发展策略和当前的社会发展趋势，尊重民族文化主体的意愿和选择。

民族文化发展与保护是一个多方博弈的过程，如何在发展中获得最好的保护和如何在保护中寻求最大的发展同样重要。政府的发展规划政策、旅游企业的经济利益诉求与当地社区的发展需求是一个博弈的过程，政府不能为了某种政绩而强制影响当地的发展；旅游企业也不能为了追求经济效益最大化而破坏当地的文化习俗和忽视社区发展；当地人民也不能因为片面追求经济的发展或者受周边强势文化的影响妄自菲薄而全面否定原来的文化。① 三者应该寻找一种最佳的切合点。

建立多元主体参与的保护利用和传承机制是实现畲族文化可持续发展的基础性工作。畲族村落文化保护机制建立应遵循可持续发展要求，坚持保护民族文化的真实性和完整性，科学依法保护民族文化，确保民族文化以有效保护为核心、以实现民族文化永续利用为宗旨，能抗击各种风险、应对复杂局面、比较完备的总体保护框架。坚持政府引导、畲族民众主导、社会参与、长期规划、分步实施、明确职责、形式合理。畲族文化保护利用和传承实现促进本地区经济社会发展与民族文化保护的顺利变迁相结合；物质文化发展和优秀精神文化发展相统一；经济效益和社会文化效应相协调；社会发展趋势与本民族人民的意愿和选择相一致；短期利益与长期持续发展统筹兼顾。最终实现民族文化的创新、传承和保护的有机统一，使民族传统文化在社会发展中得到发展和进步。

二　建立政府引导的畲族文化保护机制

发挥政府引导作用，建立完善、全面、具体的政策法规体系，是民族文化保护利用的制度保障。畲族村落文化保护利用应在国家、省、市、县级政策法规的指导下进行。从现有法规体系建设情况来看，景宁畲族自治县民族文化法规体系建设比较完善。近年来，在上级法规政策指导

---

① 霍志钊：《民族文化保护与文化自觉：兼论文化人类学者在民族文化变迁中的责任》，《广东社会科学》2006 年第 4 期。

下，景宁畲族自治县先后出台了《景宁畲族自治县民族民间文化保护条例》《景宁畲族自治县人民政府关于进一步加强文化遗产保护工作的实施意见》《畲族原生态文化保护区实施方案》《关于进一步加强农村文化建设推动畲乡文化大发展大繁荣的实施意见》《非物质文化遗产项目专利申请与实施奖励办法》《景宁畲族自治县畲族原生态文化保护区实施方案》《关于加快畲乡文化建设的决定》《畲族文化古城保护方案》《全国畲族文化发展基地建设纲要（2008—2012）》等，研究并制定了《畲族银饰生产标准》，结束了畲族银饰产品无标生产的历史。相关政策法规出台为景宁畲族文化保护和利用提供了依据和指导。设立了科级事业单位"建设全国畲族文化发展基地办公室"，全面实施"畲族文化氛围工程、畲族文化产业工程和畲族文化保护工程"。在三大工程实施过程中，对畲族文化进行了多种形式的保护传承和利用。建成了集民族艺术培训、文艺民俗展演、文化休闲娱乐、创作研究、文化经营性活动诸功能于一体，由畲族博物馆、文化馆和图书馆组成的畲族文化中心；建立了由畲族文化文献库、实物图片库和视频库三部分组成的畲族文化数据库，大批畲族文化基础资料得到挖掘、整理和出版，对老一辈畲族非遗传承人承载的非遗文化通过口述和展示进行了抢救性挖掘记录，非遗项目通过视频库得到传承，固化了大量畲族文化；实行了畲族服饰日工作制度，形成了机关单位副科级以上畲族干部，每周一及重要节日穿戴畲族服饰上班，县城服务行业和没有制式服装的行政事业单位服务窗口工作人员，在工作时间穿戴畲族服饰的机制；开设了《畲语新闻》《畲山风》等地方电视栏目；创作了《千年山哈》《畲娘》等一批文艺作品，通过舞台对畲族文化进行艺术化传承，《印象山哈》将畲族文化集大成，使畲族文化在旅游产业中得到全方位利用，极大提高了畲族和畲乡的知名度。根据《景宁畲族自治县国民经济和社会发展第十二个五年规划纲要》，启动了环敕木山畲族原生态保护区和打造 20 个民族特色村的非物质文化遗产"活态传承"示范区建设等。

与景宁畲族自治县相比，分布在自治县之外的其他散杂居畲区，尤其是尚未进入旅游发展和民族特色村寨建设的畲族村寨，因文化利用保护法规政策不够健全，导致畲族文化保护利用缺乏科学指导，畲族文化挖掘和保护重视程度不够，文化破坏和流失较为严重。政府部门应加快完善畲族自治县以外畲族人口相对集中畲区的畲族文化保护利用的政策法规制定。针对畲族散杂居人口分布特点，可以开展政府部门之间协作，联合制定邻近畲族文化保护利用的政策法规。丽水市莲都区老竹和丽新、松阳县板桥、金华市武义县柳城四个畲族乡镇，是最早由乡镇联合举办"竹柳新桥畲族三月三"歌会的畲族人口聚居区，具有地域相邻、文化相近的优势，可由四个畲族乡镇所在的三个县（区）民宗部门牵头，成立畲族文化保护利用联合会，制定相关畲族文化保护利用政策法规。温州市的泰顺、文成、平阳和苍南四个县也是浙江畲族人口的主要集中区，2010 年开始，四地轮流举办瓯越"三月三"畲族风情节，温州市畲族文化保护利用相关政策可由温州市民宗局协调，组织四县民族工作部门制定温州市畲族文化保护利用相关政策。整合现行立法，使畲族民族文化遗产专门法规与相关法规之间、专门法规之间有机衔接，有效配置立法资源，避免重复立法、冲突立法以及立法空白。以景宁畲族自治县全国畲族文化总部建设为依托，加强与福建、广东等省的民族工作机构交流合作，加强单行条例制定，制定并出台全国性的《畲族服饰生产标准》《畲族银饰生产标准》和《畲族村寨保护条例》等，提高畲族文化的识别性。

在计划经济时代，中国政府管理职能模式是几乎包揽政治、经济、社会、文化等一切事务的全能型，限制了民营企业和民间组织的发展。改革开放进入市场经济后，民间组织开始出现和发展，民间资本逐渐发展壮大，一部分企业和民间组织积极参与民族文化保护传承与开发利用项目，形成了政府、企业、民间组织从各自的组织目标出发在民族文化保护利用这一共同的目标群体中相遇，并形成了互动关系。①

以中国"畲乡三月三"为例，政府主导办节可以全面动员社会力量、整合各方资源、提高节庆的档次和规模，促使畲族"三月三"节庆的外

① 颜勇、雷秀武：《贵州民族文化传统节日综论》，《贵州民族研究》2007 年第 6 期。

在形式得到了强化。但由于政府和民众对民族文化的价值取向不同，导致两者对民族文化元素选择的差异。同时，对于旅游带来的负面影响，政府的看法与学者也不同，政府的旅游开发思路往往是与获取绩效相结合的，他们更倾向认为旅游业与发展其他经济产业相似，不会带来更多的不良后果。比如说环境的破坏，文化的贬值，这些都是发展现代化道路上的必然代价，不仅是旅游产业，其他产业同样能产生如此的影响；民族传统文化的衰微是社会发展的自然现象，反而是旅游引起了人们对历史传统的重视和对民族特色的珍惜。① 政府、民众和学者对民族文化的选择，以及开发利用产生影响的态度差异，也使畲族"三月三"节庆文化的内核、参与主体等也在悄然发生着变迁。为使畲族"三月三"保持民族特色，政府在适当的时候转变角色，由主导转变为引导，在举办因旅游产业发展而需要官办畲族"三月三"时，鼓励和引导畲族群众恢复民间畲族"三月三"，使畲族"三月三"节庆重新回归民间，让畲族人民真正成为畲族"三月三"民间习俗文化选择和办节的主体，而不是看客，使畲族"三月三"得到更本真性的保护和传承。

民族自我意识是民间文化传承的重要基础，民间群众是民族文化的创造者和传承者。在旅游发展和畲族文化保护中，政府的主要职能应是为畲族文化旅游发展做好政策制定和宣传工作，并力求在规划的制定和执行中办事要透明，要让当地居民看到自己的利益获得保护。② "非遗"是民族文化的重要组成部分，民族非遗文化传承人是民族文化最宝贵、最本真的载体。畲族非遗传承人基本都是老人，在世的畲族老人历经清末民国和新中国几十年历史，旧的文化传统在他们身上得到较好的继承和保留。"他们是社会历史的见证人和传统文化的传承者，他们从封建社会走来，饱含生活的辛酸，又背负着沉重的传统家族文化的包袱，像延续生命一样，延续着传统家族文化，以承受那个时代的威压和维护这个

---

① 徐赣丽：《民俗旅游与民族文化变迁》，民族出版社 2006 年版，第 213 页。
② 陈刚：《我国多民族地区文化生态旅游可持续发展路径探讨》，《旅游学刊》2012 年第 11 期。

民族的生存。"① 这些老辈的畲民作为畲族传统文化的最后见证者和承继者，可以较为充分地记述那段对他们来说或者是喜悦或者是辛酸的历史，也可以较为完整地阐释畲族文化的存在形式并可以跟各种文献资料的记载内容相参照。② 作为畲族传统文化的习得者和维护者，老一辈的畲民依旧喜爱和坚守畲族文化，成为畲族文化的活资料和维护复原畲族文化的基石。随着岁月流转，老一辈非遗传承人逐渐离世。政府应为非遗传承人的保护和培养提供政策和资金支持，提高畲民的旅游参与能力和本族文化自主能力。在民族非遗文化传承保护中，景宁畲族自治县的做法值得其他地方借鉴。该县在推进非遗文化传承人保护和培养工作中，开展以"五大机制、三大保障"为核心的传承人培养和关爱工程。通过完善非遗传承人入口机制、激励机制、关爱机制、考核机制、工作机制，提高非遗传承人保护传承文化的积极性，扩大非遗项目和传承人的影响力。2014 年，结合丽水市文广出版局推出"名师寻徒——让非遗传承动起来"网络寻访活动，市级以上传承人在社会上寻找传承人弟子，通过师徒双方自主选择的模式确定一批师徒结对，开展免费带徒、传授技艺，为各非遗项目传承后继有人提供了有力保证。同时，通过活动保障、场所保障、资金保障，让传承人在各类活动中承担主导地位，有更多的传承平台和场所，使他们安心文化传承，推动了全县非遗工作的开展，形成人人知非遗、人人保护非遗的格局。③

　　文化的传承载体不是政府，而是广大民族群众，要通过民族群众的生活实践才能发展。因此，以旅游开发为途径的文化保护渠道，应首先是服务于民族群众，为村寨社会经济发展服务。而民族村寨社区居民的参与，是社区受益并获得发展机会的保障；也只有在村寨群众的积极参与下，才能提高旅游产品的民族特色，促使民族文化保护和旅游业可持

---

① 蓝炯熹：《畲民家族文化》，福建人民出版社 2002 年版，第 227、384 页。

② 谢爱国：《畲族文化保护的"原生态"在哪里》，《宁德师专学报》（哲学社会科学版）2011 年第 1 期。

③ 胡伟鸿：《我县积极推进非遗文化传承人保护和培养工作》，中国景宁新闻网，http://jnnews. zjol. com. cn/jnnews/system/2015/01/05/018890984. shtml。

续发展，使民族文化获得真正的保护。历史上，少数民族社区居民由于长期远离市场经济环境和相对低的教育文化水平，旅游参与意识和参与能力往往较低。政府应出台相应政策和安排一定扶持资金，对民族社区居民开展培训，提高他们的参与意识和参与能力，鼓励社区居民参与民族文化旅游发展。在对待民族文化的发展与变迁时，政府一方面要帮助民族群众提高文化自觉和文化自信，提高民族文化的独立性和民族群众的文化自主能力；另一方面应该充分尊重民族文化主体对如何继承发展自己文化传统的意愿，特别是充分理解各民族文化在漫长历史发展中形成的自我意识和自足特色，让各民族自己决定文化保护、传习和发展的路该怎么走。这不仅是道义上的需要，也是民族文化良性发展的需要。①在与企业的关系中，政府主要是为企业发展做好服务和监管工作。

三　建立旅游企业合作的共享机制

旅游企业是民族文化旅游的利益主体，通过资本投入获取经济利益回报。作为理性经济人，追求经济效益的最大化是旅游企业普遍的诉求。从本质来讲，旅游企业收益的大小和可持续性程度与民族文化的保护状况、文化主体的支持程度是密切相关的。民族文化越真实完整，民族特色越浓郁，社区居民越好客，旅游产品的吸引力就越大，旅游业的可持续性越强。因此，旅游企业与社区居民、民族文化应该是相互合作的利益共同体，从自身可持续利益诉求应该有文化保护和传承的必要。

旅游企业对民族文化保护的援助可以通过提高社区居民的参与度、旅游产业链本地化和受益回馈等途径实现。民族社区居民参与旅游就业和发展是社区居民获益、提高旅游支持度的重要途径。旅游企业在民族文化旅游发展过程中要关注社区发展，让社区居民有充分的旅游参与和就业机会。社区居民作为民族文化的创造者和传承者，是民族文化的载体，社区居民自身拥有本民族的文化信息及对文化本真性解读，实际就

---

① 霍志钊：《民族文化保护与文化自觉：兼论文化人类学者在民族文化变迁中的责任》，《广东社会科学》2006 年第 4 期。

成为游客感兴趣的旅游吸引物。社区居民参与旅游发展能提高旅游产品质量和文化的真实性，与游客有更加充分的互动。就旅游企业发展角度而言，旅游企业有提高社区居民参与旅游的必要。社区参与层面是多样的，只要充分发挥群众的主观能动性，充分挖掘少数民族传统社区的旅游资源，就能找到各种社区参与并获益的途径和方式。没有社区居民的认可、参与和支持，民族村寨的旅游很难可持续发展。尤其是在对民族文化旅游资源选择和创新过程中，旅游企业应认真听取文化主体的意见，让文化主体有充分的表达机会和选择权力，以保证民族文化内涵的真实性和变迁方向的民族性。在旅游企业发展过程中，尽量实现旅游产业链本地化，对民族社区形成较强的产业带动，提高民族群众的旅游获得感，进一步提高旅游的支持度和民族文化自豪感。政府在引进旅游企业或制定优惠政策时，要从企业对社区产业带动的大小和文化保护角度进行考量。

四　建立学者指导的援助机制

对于民族文化人类学者来说，他们的任务就是在这些本土文化完全丧失和变迁之前通过考察然后把原型详尽地记录在案，或文字，或影像，并很好保存下来。① 他们的研究更追求文化的原生态和真实性，在民族文化保护传承中往往更强调原汁原味，对传统民族文化具有深刻的研究和真实的表达，不屑于当前民族文化在旅游产业发展中的开发利用。然而，民族文化保护传承并非原封不动，随着社会环境的变化，作为社会环境产物的文化也会发生变迁。一种文化生存状态好坏的标志是有无活力，是否具有文化主体认可的价值，而开发利用传统民族文化资源正是实现其价值，为其注入新时代活力和提高文化承载主体文化自觉的途径。因此，现在民族文化旅游地对传统民族文化创新开发的具有当地民族特色的文化表演活动，或许在民族文化人类学者看来是毫无意义的，但在当

---

① 霍志钊：《民族文化保护与文化自觉：兼论文化人类学者在民族文化变迁中的责任》，《广东社会科学》2006 年第 4 期。

前全球化和现代化浪潮中，这是少数民族为了使自己的传统文化得以延续和传承，保护民族传统文化的必然选择。面对当前民族文化变迁，民族文化人类学者内心总是充满了矛盾和痛苦的，一方面他们既不愿意看到各种具有民族特色的土著文化的改变或消亡，另一方面他们又不愿意看到那些少数民族长期生活在一种原始落后的生产力的物质文化里。①

民族文化的保护利用是一项系统工程，在这一过程中离不开既精通专业理论且又有实践经验的民族文化人类学等专家学者指导。专家学者提供的专业视角，往往可以避免民族文化保护与开发利用中的盲目性和短视效应，避免一些非专业人士在民族文化开发利用中不可持续的商业化行为，为民族文化可持续发展和利用提供技术支撑。民族文化人类学者可在相关主体之间发挥桥梁作用。对少数民族群众而言，民族文化人类学者一方面可帮助他们挖掘整理本民族传统文化，并使其得以传承；另一方面，通过引导提高他们的文化自觉意识，以及在多元文化融合过程中对本民族文化的自主选择能力。对政府而言，民族文化人类学者可以为政府政策的制定提供建设性建议，为地方经济发展和文化保护，以及政府政策与当地意愿的博弈提供一个平衡点。对旅游企业而言，民族文化人类学者可以为其民族文化旅游资源选择，旅游产品民族特色和本真性的体现提供指导，提高旅游产品质量。

五　畲民文化主体的保护利用和传承

居民是自己文化的主人，政府和专家只是当地文化的暂时的代理人。② 只有实现居民从名义上的主人到实际上的主人角色转变，民族文化才能得到保护。民族文化变迁是多个主体博弈的结果，但最根本的主体为文化拥有者，他们是文化的创造者和载体，也是文化保护利用的主体和传承主体。民族文化保护应该是建立在文化承载主体文化自觉的基础

---

① 霍志钊：《民族文化保护与文化自觉：兼论文化人类学者在民族文化变迁中的责任》，《广东社会科学》2006 年第 4 期。

② 苏东海：《生态博物馆的思想及中国的行动》，《中国博物馆》2008 年第 Z1 期。

上的，是他们一种内发的需要，而不是建立在外在操纵和外加的意识之下。在对待民族文化发展与变迁的时候，应该充分尊重本民族对如何继承发展自己文化传统的意愿，特别是充分理解各民族文化在漫长历史发展中形成的自我意识和自足特色，让各民族自己决定文化保护、传习和发展的路该怎么走。这不仅是道义上的需要，也是民族文化良性发展的需要。①

畲民是畲族文化创造、保护、利用和传承的主体，也是畲族文化的拥有者和展演者。畲族村落旅游发展必须充分尊重社区畲民的愿望和要求，尊重当地的文化、环境、经济模式、传统生活方式和传统行为。充分鼓励和保证社区群众积极参与旅游发展。社区参与旅游发展是指在旅游的决策、开发、规划、管理、经营、监督等环节的发展过程中，充分考虑社区的意见和需要，并将其作为主要的开发主体和参与主体，以便在保证旅游可持续发展方向的前提下实现社区的全面发展。② 社区参与不仅要参与旅游项目经营和服务，还要参与旅游决策、规划和管理，并最终受益。如何形成一套社区群众参与旅游发展的有效机制，特别是社区居民从旅游发展中获益的机制，是当前畲族村落旅游开发需重点解决的问题。提高社区自主能力，让社区原住民群体自愿、民主地介入当地旅游业发展决策和民族文化保护，自主选择社会发展道路和文化变迁方向，并主动地进行社会实践。而对普通民众而言，文化保护和传承动力源于经济利益，"如果没有潜在回报的激励，行为主体将会发现花费过多的努力和创造力是不值得的"③。政府、企业和人类文化学者利用自身优势，帮助畲民提高自我发展能力。针对当前畲民整体文化素质偏低，畲族村寨出现空心化，畲族文化传承后继乏人等的现实情况，政府通过政策制定和资金支持，提高畲民文化素质，振兴畲族村寨经济，吸引和鼓励外

---

① 霍志钊：《民族文化保护与文化自觉：兼论文化人类学者在民族文化变迁中的责任》，《广东社会科学》2006 年第 4 期。

② 保继刚、孙九霞：《雨崩村社区旅游：社区参与方式及其增权意义》，《旅游论坛》2008 年第 1 期。

③ 马翀炜：《社会发展与民族文化的保护》，《广西民族研究》2002 年第 1 期。

出务工经商青年返乡创业发展。挖掘和培养畲族非遗文化传承人，加大对非遗传承人的支持力度，开展畲民之间的帮扶结对，使畲民在产业发展和畲族文化学习传承之间互帮互学，提高畲民的民族文化自主能力和选择能力。使他们能在旅游发展语境中，实现文化自觉，对本民族文化的渊源、特色和走向有一个清醒的认识，在面对他文化的冲击时，既不简单地传统回归，也不盲目地全盘他化，而是在知己知彼、取长补短的基础上，具有对自身文化转型的自主能力，在既不丧失自我又能顺应发展潮流的状态中实现自身文化的发展。[①] 对于作为传承民族传统活态文化载体的个体——非遗传承人来说，应肩负发扬光大民族文化的使命，在自身对民族传统文化进行保护传承的同时，为扩大民族文化的影响力和提高民族文化自信，要开展广泛的文化宣传教育和非遗传承人培养，扩大接受活态文化的个体范围，在民族社区中营造一种自觉的文化传承机制。使畲族文化在吸收其他文化的时候，非遗传承人能审视自身文化的优势与劣势，哪些应该继承发扬，哪些应该消除摒弃，使文化保护意识从内部产生，而非靠外部的压力和措施来促成。

旅游业是社区产业，该产业把社区作为一种资源出售，并在此过程中影响了每个人的生活，故社区居民有权参与旅游规划和决策制定过程，将他们的想法和对旅游的态度反映在规划中，从而减少他们对旅游规划的反感情绪，避免冲突，使规划能顺利实施。[②] 从本研究结果来看，畲族村寨旅游中社区居民的参与度高于旅游景区的参与度，参与内容主要是表演和服务，旅游规划和决策过程、旅游管理层的参与度较低，很多社区居民对当地旅游发展并不是很了解。在 20 世纪上半叶，梁漱溟曾指出"中国文化之根在农村，农村建设中应十分重视农民自身参与"[③]。对于民族文化旅游来说，社区居民是文化创造者和传承者，是民族文化的活态展示载体，他们自身就是旅游吸引物，社区居民参与旅游能提高旅游产

---

　　① 卢风：《文化自觉、民族复兴与生态文明》，《道德与文明》2011 年第 4 期。

　　② 陈刚：《我国多民族地区文化生态旅游可持续发展路径探讨》，《旅游学刊》2012 年第 11 期。

　　③ 梁漱溟：《乡村：中国文化之本》，山东大学出版社 1989 年版，第 106—109 页。

品的质量，能把握民族文化的本真性，尤其是要让社区居民参与旅游规划和决策制定过程。社区参与的最终体现是要让社区居民获益，这既是社区居民作为资源环境和文化的拥有者应该获得的权益，也是为了提高社区居民旅游支持度，实现民族文化旅游可持续发展的重要保障。从浙西南畲族文化旅游发展历程来看，以畲族文化为主题的两个国家4A级景区：即以"千年畲乡风情，万古丹霞奇观"定位的莲都区东西岩景区和景宁畲族自治县"中国畲乡之窗"景区，东西岩景区区位优越，自然、人文旅游资源组合好，1985年就已被列为浙江省风景名胜区；"中国畲乡之窗"景区是景宁畲族自治县开发的第一个景区和最早评上国家4A级的旅游景区。这两个景区都属于"村景合一"景区，发展过程都非常曲折，举步维艰。2016年，两个景区都上了丽水市电视台的"电视问政"节目，归根结底都是因社区参与和社区受益未妥善解决，从而引发的一系列问题。课题组在调研过程中，两个景区的社区居民虽然大部分都支持旅游业发展，希望通过旅游受益，但对当前旅游业发展现状，都在一定程度上表现出不满情绪。

为实现社区与旅游同步发展，政府部门一方面在引进工商资本开发畲族文化旅游时，应制定相应的约束机制，将工商资本对当地居民的就业带动和收益大小作为评价和奖励标准；另一方面，政府、企业等援助主体通过培训、指导等方式，提高社区居民的旅游参与能力。通过居民参与能力的提高，最终授权当地居民管理和控制自己的民族文化、资源和未来。

充分发挥畲族文化精英的作用，畲族文化精英深谙民族文化内涵，是畲族文化技艺的载体，能了解畲族文化的本真性，他们所起作用的大小是影响文化变迁方向的关键。近年来，国家、省、市各级政府对民族文化保护日益重视，评选出一批非物质文化遗产传承人，为他们保护和传承文化提供一定的资助。这批传承人基本居住在畲族村落，年龄都在50岁以上，原生家庭都是纯畲族，他们的民族文化知识和技艺习得主要是通过家庭的耳濡目染，以及畲族文化在日常生活中的使用。随着城市化推进和畲汉融合日益加深，通过家庭传承畲族文化和技艺的可能性会越来越小；同时，由于受市场经济影响，学习畲族文化产生的经济效益小、见效慢，很多年青一代不愿学习、传承民族文化，文化传承人培养后继乏人。当然，一个民族文化的传承也不能仅靠几个精英分子，只有深入普及到广大民众之中，才能真正称得上是民族的。政府可以采取"以文养文"的措施，将旅游收益的一部分用于文化保护传承奖励，让畲族文化的学习者、传承者能感受到民族文化的价值和意义；根据旅游开发者对当地畲民的就业带动、畲族文化旅游产品开发的丰富性和本真性予以激励，让更多的畲民能和自己本族文化产生关联，真正成为本族文化的主体。

第三节　系统化保护畲族文化

一　文化碎片化

"碎片化"（Fragmentation）一词在 20 世纪 80 年代常见于"后现代主义"的有关研究文献中，原意是指完整的东西破成诸多零块。目前，"碎片化"已应用于政治学、经济学、社会学和传播学等多个不同领域中。"文化碎片化"是指将文化从其生存的母土中剔除出来加以解构、分流、拼接，剥离它在原生环境中拥有的意义，瓦解它如同根脉一样的价值观念，放逐它的灵魂，把它变成一些部件、一串符号、一组元素。2010 年，因为张艺谋在电影《千里走单骑》中，将贵州"安顺地戏"摘取移植到云南"摸你黑"狂欢节，标识为"云南面具戏"，贵州省安顺市文化局为捍卫自己的非物质文化遗产署名权，将张艺谋告上法庭。[1] 碎片化后的文化脱离了其原有的、整体性的文化体系后，成为缺乏深层意义和内在逻辑联系的文化碎片。[2] 在文化全球化的今天，文化碎片化似乎成为普遍文化逻辑，成为一场全球范围内的文化转基因。

　　每一个民族在长期适应环境和社会经济发展过程中，都会创造具

---

①　郑茜：《微博时代的少数民族文化——2010 年中国少数民族文化现象年度回顾》，中国民族文学网，http://iel.cass.cn/mzwxbk/mzwh/201101/t20110107_2764642.shtml，2017 年 5 月 10 日。

②　陈莉：《非物质文化遗产的碎片化及其对策》，《江苏师范大学学报》（哲学社会科学版）2009 年第 2 期。

有民族特色的文化体系。民族文化体系内涵丰富，涉及物质、行为和精神文化各个层面。涵盖了种植、养殖、狩猎等生产文化；民居建筑、民族服饰、民族餐饮、特色交通等生活文化；生育礼俗、成年礼俗、婚嫁礼俗、丧葬礼俗等民族礼仪文化；家族制度、乡规民约、赶集、行会等村落文化；民间音乐、美术、工艺、舞蹈等民间艺术文化；民间游戏、体育竞技、杂技等民族民间娱乐文化；春节、端午等五彩缤纷的岁时节令文化；民间神话传说、故事歌谣、叙事诗、谚语、戏曲等民族文学遗产；以及民间信仰、祖先崇拜、宗教信仰、礼俗禁忌等民族精神文化。[①] 在工业化和后工业化时代，由于文化生存环境和文化价值取向的变化，一些民族文化呈现碎片化现象。导致民族文化碎片化的原因主要有：

一是民族文化元素脱离其原有赖以生存的环境，成为孤立的文化碎片。源于民族村寨的文化往往是与村民生产生活环境密切相关的。随着生产方式的变化，以及受西方文化和现代化影响，人们将民族文化引进城市、搬上舞台，成为现代市场消费者的消费品，使其脱离原有文化语境成为文化碎片。如在舞台上、各种文化宣传和旅游推介会场合的民族歌舞表演和文化演艺，实际已脱离歌舞文化原有生存语境。二是民族文化的形态和精神内涵脱离，文化接受者感受的主要是文化的表现形式，难以理解文化蕴含的民族精神和追求，使民族文化成为缺乏深层意义的文化碎片。如当前在畲族服饰装饰或很多公共空间使用的畲族彩带，不是出自畲族女子编织，而是批量机织后进入小商品市场，人们再从小商品市场购进，使用者接触的仅是畲族彩带文化的碎片，而不能触及彩带所蕴含的深层文化精神。三是过度追求文化的功利性，文化使用者有意识地选取对他来说有用的文化，导致整个民族文化体系块状化，其结果会引致民族文化中某类文化的缺失。

---

① 麻三山：《民族文化村旅游开发热：威胁与保护》，《湖南工程学院学报》（社会科学版）2009 年第 1 期。

二　畲族文化的碎片化

根据课题组调查研究，旅游业发展使一些原来已淡出畲民日常生产生活而被遗忘的畲族文化重新回归，与畲区社会经济发展产生了密切的联系，并成为畲区现代社会经济发展的优势资源和竞争力。旅游发展对畲族文化的挖掘、保护、传承和传播，对提高畲乡知名度，以及畲民民族文化认同感、文化自觉和文化保护意识提高起到积极推动作用。但同时，我们也注意到，在旅游场域中，工具理性驱使文化开发利用主体选择挖掘开发利用成本低、难度小、见效快的物质文化元素。游客凝视也驱使文化利用主体在对畲族文化挖掘利用时是有选择的，物质文化、旅游价值高的文化被挖掘利用得更充分些，并将这些文化进行重构转化为经济资本展示于世人。为提高旅游价值，重构文化中既有传统畲族文化元素，也有外来文化元素，重构后的畲族文化与传统畲族文化的组成要素、内涵等都存在较大差异，有时对不了解传统畲族文化的新一代畲民和外来游客难免产生误导，对畲族文化保护的内容认识不全面。比如，现在对一些祖传的物件，一般畲民都会知道保留，但对于一些生产生活方式方面的要素可能就没有那么强的保护意识。有的村民为了改善居住条件，把传统样式的老屋给拆了，原地建起小洋楼。在民族村寨文化发展中偏重有形建设，文化内涵的建设没有得到应有的重视。比如周湖畲族村的村主任在谈及该村民族文化建设时，介绍了该村统一将村里的房屋外墙刷上畲族彩带图案，计划在村里树起四根带有畲族四姓灯笼的桅杆，而没有任何提及如何让畲族山歌、民俗等传统文化在畲民生活中更好地流传和发展。[①] 总体来说，非物质的、旅游价值低的畲族文化依然处于视野之外，使畲族文化呈现一定程度的"碎片化"。

为了实现"全国畲族文化中心，民族文化发展样板"的目标定位，

---

① 景宁畲族自治县人民法院课题组：《关于畲族传统文化的现代传承和法律保护的调研》，景宁畲族自治县人民法院，http://jn.zjlscourt.com/fxyj/dcyj/2013 – 07 – 30/22798.html，2017 年 5 月 20 日。

2009 年，景宁县提出坚持"畲族文化有形化、文化载体项目化、文化成果精品化"的三化原则，深入实施"固化一批畲族文化元素、保护一批畲族文化遗产、建设一批文化基础设施、培养一批畲族文化传承艺人、创建一批畲族文化特色品牌、发展一批畲族文化特色产业""六个一批"工程。在"三化"原则指导和"六个一批"工程建设要求下，畲族服饰、畲族建筑和畲族图腾凤凰等元素被充分利用于旅游场域，推动了一批畲族服饰文化产业发展，畲族特色村寨民居的外立面都进行了统一设计，饰以彩带、凤凰等元素。这些元素因被使用于多个公共空间，畲民有更多的机会接触，因而他们认为这些元素是最具有畲族特色的。畲族习俗除"三月三"外，畲族的其他传统习俗已不为现代畲民所知。而畲族祭祀、宗教等，能了解的畲民就很少了。过度强调文化的经济功能会导致文化发展的单一化和文化体系的碎片化。2015 年，景宁的畲族文化工作由原来的"三化"原则改为"四化"原则，即在民族文化发展中坚持"畲族文化有形化、文化工作载体化、文化成果品牌化、文化保护整体化"四个要求，全方位地促进畲族文化的利用发展。但对"文化保护整体化"的解释是"把畲族文化保护开发自觉融入发展大局，与经济发展、生态保护和美丽乡村、美丽县城建设等相结合，一起部署、规划和实施"①。强调的主要是如何将畲族文化与社会经济发展结合的整体化、有形化，全方位地促进畲族文化的利用发展，而整个畲族文化体系整体化保护、传承的举措未涉及。其实，文化多样化既是文化自身发展的需要，也是旅游市场对旅游产品个性化、多样化的需求，民族文化保护应该树立文化整体观的理念。任何一种文化都是一个完整的体系，不能为了单一目的的需要，改变文化的整体结构。人文环境是一个严密的系统，人文环境的变迁必然牵涉系统各要素，在面对旅游经济发展对民族文化的

---

① 景宁县民宗局：《景宁"四先四化"推进畲族文化深度利用》，浙江省民族宗教事务委员会，http：//www.zjsmzw.gov.cn/Public/NewsInfo.aspx？id＝04e00cb0-5948-477c-9d5a-d3754240732e，2017 年 5 月 20 日。

影响时，必须建立文化互动的整体观，[1] 杨振之在借用美国社会人类学家马康纳"前台、后台"理论，提出民族文化保护与旅游开发的"前台、帷幕、后台"模式时认为，前台设置为民族地区带来了经济利益，前台的商品化是不能避免的；后台既是一个文化空间，又具有独立的文化意义，它相对于前台而言，是相对封闭的，是文化的保护性空间，游客人数、游客行为受到限制，是严格的民族文化旅游管理模式。[2] 在前台展示的文化是以游客凝视需要来重构的，在不影响对文化本质理解的前提下，进行碎片化摘取似乎无可厚非。民族文化的发展需要现实生活的方式关注和使用。在前台畲族文化旅游发展轰轰烈烈的今天，也应该不忘后台畲族文化与畲民的关系，让新生代畲民对本族文化具有系统、全面的认识和了解。

三　畲族文化整体性保护措施

在旅游场域中，民族文化在与外来文化的互动中所进行的文化重构过程是有选择性的创新和组合过程。新补充的文化元素往往是经过精心筛选和构建的，筛选和构建标准的价值取向为现代旅游市场需求，一般具有较高的旅游价值，而旅游价值低的文化元素容易被忽视而边缘化，这将容易导致畲族文化传承的碎片化。为使畲族文化传承尽可能保持体系的完整性，在畲族文化重构过程中，对文化要素的选择不但要考虑旅游市场需要，而且要符合文化主体即畲民的意志，选择那些具有象征意义的能代表畲族文化核心的文化符号，即标志性文化。虽然由于畲汉长期互动深度融合，畲族从服饰、饮食、建筑等生活文化到行为方式都已经严重汉化，但他们的民族意识依然存在，他们在历史上形成的国家的民族识别、社会记忆及民族政策等都使其保持着某种程度的象征性认同。可以说现代民族的突出特点就是它的象征性，它可以把各种现行的或者

---

[1]　罗康隆：《论人文环境变迁对民族经济发展的影响——以西南地区为例》，《民族研究》2001 年第 7 期。

[2]　杨振之：《前台、帷幕、后台——民族文化保护与旅游开发的新模式探索》，《民族研究》2006 年第 1 期。

历史的现象视为符号，为我所用。因此民族传统文化也可以看作一种象征符号。①

在全球化和现代化的今天，从碎片化到重构是文化变迁的规律。为促进畲族文化的整体性保护，要改变各文化主体的意识观念。一是理性认识畲族文化碎片化。畲族文化碎片化是现代经济、政治和文化发展的结果，是畲族相对封闭的传统农耕和游猎社会被打破的当代显现。传统文化建立的社会基础是小农生产方式和宗法家族制度。② 如畲族传统的重义轻利文化特征也一度严重阻碍了社区社会经济发展。随着传统社会向现代社会转型，传统文化也随之被解构，原有的文化系统被破坏。为使畲族文化适应现代社会、政治、经济环境，必须对畲族文化进行重构。民族文化重构的过程，是对本族传统文化扬弃，对现代文化和他族文化批判吸收的过程。在畲族文化重构过程中，重构主体应科学认识畲族文化系统的完整性，理性认识文化重构的意义，正确看待经济理性、政治理性、社会理性和文化理性在畲族文化重构、变迁中的作用，追求畲族文化发展的价值理性，避免过度的工具理性，保持各种畲族文化的精神内核，对畲族文化进行重组、创新与再生产。针对畲族文化不同元素存在和传承方式的不同，通过活态传承、录像视频、语言音频、文字记录、实物保存等多种形式，对畲族文化进行系统挖掘、保护和传承，促进畲族文化可持续发展。二是提高畲民的文化主体意识。文化的发展是一种主体积极参与的文化选择与文化重构的过程，是一种全体人民共决、参与的过程。③ 在畲族文化重构过程中，要提高畲民的文化自觉和文化主体意识，提高他们对本族文化变迁的方向选择、判断和重构能力。政府可通过网络、微信、电视、微博等现代媒介宣传畲族传统文化，提高畲民尤其是新生代畲民对本族文化的了解。针对当前很多年轻人在外经商创业的现状，镇、村两级政府可利用春节等传统节日，组织开展畲族文化

① 明跃玲：《文化重构与民族传统文化的保护——以湘西民族旅游文化为例》，《中央民族大学学报》（哲学社会科学版）2007 年第 1 期。

② 刘国荣：《文化重构初论》，《延安大学学报》（社会科学版）1990 年第 2 期。

③ 同上。

展示、宣传和活动项目，给回乡的新生代畲民创造了解民族文化的机会，提高民族认同感和保护传承民族文化的自觉意识。畲族文化的可持续发展与旅游企业的利益是可实现共赢的，旅游企业应提高社区居民参与度，让畲民通过参与旅游并最终获益，使他们认识到本族文化的价值，提高民族自豪感和民族文化保护传承的自觉性，并促使畲族文化回归畲民日常的生产生活。

主要参考文献

郭志超：《畲族文化述论》，中国社会科学出版社 2009 年版。

雷必贵：《苍南畲族习俗》，作家出版社 2012 年版。

雷关贤提供（原作者不详）：《浙江省畲族的风俗习惯资料》，《畲族社会历史调查》，福建人民出版社 1986 年版。

雷先根：《景宁畲族溯源》，《畲乡景宁实录》，中国文史出版社 2011 年版。

李伟：《民族旅游地文化变迁与发展研究》，民族出版社 2005 年版。

施联朱：《古老有趣的畲族婚俗（1981 年）》，《民族识别与民族研究文集》，中央民族大学出版社 2009 年版。

孙九霞：《传承与变迁——旅游中的族群与文化》，商务印书馆 2012 年版。

杨慧、陈志明、张展鸿主编：《旅游、人类学与中国社会》，云南大学出版社 2001 年版。

宗晓莲：《旅游开发与文化变迁——以云南省丽江县纳西族文化为例》，中国旅游出版社 2006 年版。

Nelson Graburn：《人类学与旅游时代》，赵红梅等译，广西师范大学出版社 2009 年版。

［美］瓦伦·L. 史密斯主编：《东道主与游客——旅游人类学研究》，张晓萍、何昌邑等译，云南大学出版社 2002 年版。

陈栩：《福建畲族服饰文化传承及发展》，《江南大学学报》（自然科学版）2017 年第 2 期。

方清云：《民族精英与群体认同——当代畲族文化重构中民族精英角色的
人类学考察》，《中南民族大学学报》（人文社会科学版）2013 年第
6 期。

方清云：《少数民族文化重构中的精英意识与民族认同——以当代畲族文
化重构为例》，《广西民族大学学报》（哲学社会科学版）2013 年第
1 期。

高永久、柳建文：《民族政治精英论》，《南开学报》（哲学社会科学版）
2008 年第 5 期。

侯兵、黄震方、徐海军：《文化旅游的空间形态研究——基于文化空间的
综述与启示》，《旅游学刊》2011 年第 3 期。

雷高平：《从大型畲族歌舞〈凤凰到此〉的创作看畲族舞蹈的传承与发
展》，《大众文艺》2011 年第 23 期。

雷弯山：《原始生产力是畲族迁徙的根本原因》，《丽水师专学报》（社会
科学版）1991 年第 1 期。

李海娥：《基于文化空间理论的博物馆旅游优化研究——以湖北省博物馆
为例》，《武汉科技大学学报》（社会科学版）2015 年第 2 期。

马威：《嵌入理论视野下的民俗节庆变迁——以浙江省景宁畲族自治县
"中国畲乡三月三"为例》，《西南民族大学学报》（人文社会科学版）
2010 年第 2 期。

邱云美：《不同语境下民族村落景观变迁的差异化研究——以浙江莲都区
上塘畈和沙溪畲族村为例》，《中央民族大学学报》（哲学社会科学版）
2015 年第 6 期。

邱云美：《旅游经济影响下传统民族节庆变迁研究——以浙江景宁畲族
"三月三"为例》，《黑龙江民族丛刊》2014 年第 5 期。

邱云美：《民族文化旅游发展对村寨的影响研究——以景宁大均村和泉坑
村为例》，《丽水学院学报》2016 年第 6 期。

邱云美、封建林：《少数民族地区社区参与旅游发展的影响因素与措施》，
《黑龙江民族丛刊》2005 年第 6 期。

邱云美、封建林、莫艳恺：《景宁畲族社区参与旅游发展的实证研究》，《社会科学家》2005 年第 6 期。

施联朱：《关于畲族来源与迁徙》，《中央民族学院学报》1983 年第 2 期。

施联朱：《畲族传统文化的基本特征》，《福建论坛》（文史哲版）1991 年第 1 期。

王林：《民族村寨旅游场域中的文化再生产与重构研究——以贵州省西江千户苗寨为例》，《贵州师范大学学报》2013 年第 5 期。

郗春媛：《基于文化适应理论的人口较少民族文化变迁与社会发展——以云南布朗族为个案》，《民族学刊》2014 年第 1 期。

肖芒、郑小军：《畲族"凤凰装"的非物质文化遗产保护价值》，《中南民族大学学报》2010 年第 1 期。

杨振之：《前台、帷幕、后台——民族文化保护与旅游开发的新模式探索》，《民族研究》2006 年第 2 期。

杨筑慧：《民族精英与社会改革——以西双版纳傣族地区为例》，《云南民族大学学报》（哲学社会科学版）2008 年第 5 期。

于光远、马惠娣：《关于文化视野中的旅游问题的对话》，《清华大学学报》（哲学社会科学版）2002 年第 5 期。

赵荣、王恩涌、张小林等：《人文地理学》，高等教育出版社 2006 年版。

宗晓莲：《布迪厄文化再生产理论对文化变迁研究的意义——以旅游开发背景下的民族文化变迁研究为例》，《广西民族学院学报》（哲学社会科学版）2002 年第 2 期。

潘力峰：《改革开放三十年浙西南畲族文化发展的轨迹探析》，丽水艺术网，http：//www. lsart. com. cn/showart. asp? art_ id = 416，2015 年 7 月 3 日。

Chris Ryan and Jeremy Huyton："Tourists and Aboriginal People"，*Annals of Tourism Research*，2002（3）．

Janet Chang. Segmenting tourists to aboriginal cultural festivals：An example in the Rukai tribal area，Taiwan. *Tourism Management*，2005（6）．

Nunez Ta. Tourism，Tradition and Acculturation：Weekendismo in a Mexican

Village. Ethnology, 1963, 12 (3).

Robes Yiping Li. Ethnic Tourism: A Canadian Experience. Annals of Tourism Research, 2000, 27 (1).

Rukai tribal area, Taiwan. Tourism Management, 2006 (6).

附 录 1

《畲族村寨村民文化变迁感知和
民族文化态度》调查问卷

尊敬的女士、先生：

您好！

我们正在进行国家社科基金项目《旅游发展与畲族村落传统文化变迁及保护研究》课题的研究，现想了解您对畲族文化旅游发展感知的情况，请您花费几分钟时间帮助填写此问卷，本次调查的内容仅用做课题研究，不会作其他使用，请您客观、真实填写相关选项。谢谢您的帮助！

1. 您了解以下哪些畲族文化？（多选）

A. 民歌　　　B. 舞蹈　　　C. 食物　　　D. 服饰

E. 建筑　　　F. 语言　　　G. 传统节日　H. 婚俗

I. 其他_____

2. 对于以下畲族文化，您印象最深的是哪些？（多选）

A. 民歌　　　B. 舞蹈　　　C. 食物　　　D. 服饰

E. 建筑　　　F. 语言　　　G. 传统节日　H. 婚俗

I. 其他_____

3. 您喜欢以下哪些畲族文化呢？（多选）

A. 民歌　　　B. 舞蹈　　　C. 食物　　　D. 服饰

E. 建筑　　　F. 语言　　　G. 传统节日　H. 婚俗

I. 其他_____

4. 对于以下畲族文化，您认为哪些最能体现畲族特色？（多选）

A. 民歌 　　B. 舞蹈 　　C. 食物 　　D. 服饰

E. 建筑 　　F. 语言 　　G. 传统节日 H. 婚俗

I. 其他_____

5. 您觉得目前保护得最好的畲族文化是？（选 3 种）

A. 山歌 　　B. 畲族语言 　　C. 彩带等民间工艺 　　D. 舞蹈

E. 畲族婚俗 F. 服饰 　　G. 生活礼仪 　　　　H. 其他

6. 现在村里的房子上镶有畲族彩带纹样，您觉得能体现畲族村寨特征吗？

A. 能 　　B. 不能

7. 畲族"三月三"活动您会参加吗？

A. 都参加 　　B. 比较隆重的就参加 　　C. 很少参加

D. 不参加

8. 除了政府举办的畲族"三月三"活动外，您自家或村里还会举办吗？

A. 会 　　B. 不会

9. 您觉得现在举办的畲族"三月三"节庆活动能体现畲族特色吗？

A. 很有畲族特色 　　B. 有些畲族特色

C. 没有畲族特色 　　D. 不清楚

10. 您觉得畲族文化变迁的最大影响因素是什么？

A. 政府 　　B. 游客 　　C. 导游 　　D. 宣传媒体

E. 汉族等外界文化的影响

11. 您认为传承畲族文化是否重要？

A. 重要 　　B. 比较重要 　　C. 一般 　　D. 不重要

E. 不清楚

12. 您或家人有畲族服饰吗？

A. 有 　　B. 没有

①如果有，这些服饰的主要用途是：

A. 自己平时穿着 　　B. 表演时穿 　　C. 节庆或集体仪式的时候穿

D. 出门的时候穿　　　　E. 接待游客时穿　　　F. 租给游客穿

G. 其他

②如果没有，是否希望有？

A. 希望有　　　B. 不想有　　　C. 无所谓

13. 如果组织培训学习畲语或畲族歌舞等畲族文化，您愿意参加吗？

A. 非常愿意　　　B. 有很多人参加我就愿意　　　C. 不愿意

14. 您喜欢自己是畲族吗？

A. 一直都喜欢　　　B. 以前不喜欢，现在喜欢　　　C. 无所谓

15. 您知道当地在大力发展旅游业吗？

A. 知道　　　B. 不知道

16. 您是通过什么途径来了解当地旅游发展情况的？（可以多选）

A. 电视广播　　　B. 网络　　　C. 报纸杂志

D. 与他人交流　　E. 其他＿＿＿＿＿＿＿

17. 您是否支持当地大力发展畲族文化旅游？

A. 支持　　　B. 不支持　　　C. 无所谓

18. 目前，您家庭收入的主要来源是？

A. 依靠农业　　　B. 依靠基本工资　　　C. 依靠手工制作

D. 外出经商　　　E. 旅游收入　　　　F. 其他＿＿＿＿＿＿＿

19. 现在您家庭收入与开发旅游前相比是否有所变化？

A. 增加　　B. 减少　　C. 差不多　　　D. 不清楚

20. 发展旅游后村里人口有何变化？

A. 外出务工增多　　　B. 外出务工减少　　　C. 外来人口增多

D. 差不多　　　　　E. 不清楚

21. 您真正了解畲族历史和风俗习惯吗？

A. 很了解　　　B. 了解一些　　　C. 不了解

22. 如果了解，是发展旅游之前就了解还是发展旅游之后才了解？

A. 发展旅游之前就了解　　　B. 发展旅游之后才了解

23. 您觉得旅游发展对村里产生哪些影响？（可多选）

A. 有完整的公共配套设施　　　B. 环境卫生变好了

C. 社区生活丰富　　　　　　　D. 交通、医疗、教育条件改善

E. 居民人均收入增加　　　　　F. 政府资助增多

G. 邻里关系更好了　　　　　　H. 邻里关系更差了

I. 其他_____

24. 您觉得旅游发展对当地基础设施条件完善程度的影响？

A. 影响很大　　　B. 影响较大　　　C. 有些影响　　　D. 没什么影响

25. 当地发展旅游后，您觉得畲族文化的保护情况变化是？

A. 破坏更严重　　　B. 和原来差不多　　　C. 得到了更好地保护

D. 说不清

26. 您觉得自己家庭在旅游发展前后的文化生活改变大吗？

A. 大　　　B. 比较大　　　C. 一般　　　D. 不大　　　E. 不清楚

27. 和旅游发展前相比，村民学习和保护畲族文化的积极性变化？

A. 变化很大，更积极了　　　B. 有些变化　　　C. 没什么变化

28. 您的民族？

A. 畲族　　　B. 汉族　　　C. 其他_____

29. 您的年龄是

A. 18 岁及以下　　　B. 19—35 岁　　　C. 36—45 岁

D. 46—60 岁　　　E. 60 岁及以上

30. 您的文化程度是

A. 小学及以下　　　B. 初中/中专　　　C. 高中

C. 大专/本科　　　D. 硕士及以上

31. 对于当地旅游开发您还有什么建议？

32. 您对畲族文化保护还有哪些建议？

再次感谢您的支持！

畲族旅游村寨调研提纲

1. 建村历史，户数、人口总数及民族构成，常年在外务工或经商人数（外出的途径）。

2. 店铺类型、开张时间、服务对象、经营商品类型、商品来源。

3. 旅游发展前后商店的变化（包括数量、服务对象、售卖商品类型、商品来源等）。

4. 传统畲族"三月三"节日的来源、习俗、活动内容。

5. 现代和传统畲族"三月三"的异同。

6. 畲族其他的民族节日类型。

7. 景区创 4A 前后的变化。

8. 村民在畲族文化保护、传承中的积极性、参与方式、作用等。

9. 旅游开发前后生活方式、生产方式、环境的变化。

10. 旅游开发前后村民的幸福感和自豪感变化。

11. 旅游对社会文化变迁有哪些影响？

12. 民族文化功能的变化？

13. 走向市场的文化与人们生活中的文化有什么差别？（目标取向、发展线路等）。

14. 建筑形貌、空间结构、特色的变化。

15. 当地相关的人、事、物登载在国内外报刊、画报的照片和报道。

16. 对本村影响比较大的事件或人物有哪些?

17. 最早到当地的国内外游客。

18. 今后发展思路。

畲族非旅游村寨调研提纲

1. 建村历史，户数、人口总数及民族构成，常年在外务工或经商人数（外出的途径）。

2. 产业结构和收入来源，土地利用情况，人均土地、人均收入。

3. 商店数量，开办时间、主要经营项目、最大接待人数，服务人员，客源结构。

4. 村里教育情况。

5. 近年生产和生活方式的变化。

6. 村落景观变化。

7. 最典型的畲族民居（布局、结构、用材、功能等）。

8. 村里最有特色的元素；保存和传承最好的畲族文化。

9. 影响本村社会文化变化的主要因素。

10. 有无外来援助项目？有哪些？

11. "三月三"等民俗节日是否一直都有？出现了哪些变化？

12. 畲族传统婚俗与现在婚俗表演有什么不同？如何看待这种变化？能否接受？

13. 维系民族认同感的主要方式。

14. 对本村影响比较大的事件或人物有哪些？

15. 哪些媒体对本村做过报道或宣传？村民如何看待？

16. 家庭中民族服饰等具有民族特征的物品保存情况。

17. 在社会、经济和文化发展中起主要作用的是哪一级政府？

18. 今后发展思路。

后　记

　　畲族文化旅游是笔者多年关注的内容。尤其是《旅游发展与畲族村落文化变迁及保护》课题在国家社科基金资助下开展研究，使笔者对畲族村落文化和旅游有了更全面深入和系统的了解。回顾课题研究过程，心中感慨万千，也深感田野调查和研究的不易。田野点畲民的热情好客和被调研访谈对象的理解和支持，使笔者深感本研究课题的价值以及作为科研工作者的使命与自豪。不管是在景宁畲族自治县，还是莲都区、云和县、松阳县等的畲族乡镇，也不管是畲族文化相关企业还是畲族村落，被调研访谈者都极力配合，有的被访谈对象尽管已调离了相关工作岗位，但对我们想了解的问题还是不遗余力地提供帮助和支持。没有他们提供的帮助和支持，本课题难以对案例景区、村落和相关畲族"非遗"有深刻透彻的了解，也难以完成本课题研究成就此作。在此，对他们提供的帮助、理解和支持表示最真挚的感谢！

　　首先特别感谢时任景宁畲族自治县统战部的蓝小明部长为课题首次调研提供的支持和协调。感谢景宁县旅委徐建林副主任、旅委办公室沈林海主任、基地办刘建雄主任、文广出版局朱益龙副局长、民宗局已退休畲族干部雷先根和民族科雷依林科长耐心解答我们的疑问，尤其是景宁县旅委办公室沈林海主任，在盛夏7月顶着炎热陪同课题组走村入户深入调查。感谢莲都区人大江爱军副主任对东西岩景区发展历程、老竹畲族镇社会经济文化发展系统详细的介绍，江主任曾长期在老竹镇工作，历任老竹畲族镇党委书记、东西岩景区管委会主任和党组书记等，在畲族村落调研过程中我们深刻感受到他在当地深厚的群众基础和良好口碑，感动于其作为民族地区基层干部对当地百姓的情怀。感谢大均乡的陈海忠书记、杨晓丽乡长为课题调研提供的帮助。感谢景宁县泉坑村雷晓东主任、东弄村蓝建平主任、大均村罗世伟书记、李宝村雷向阳主任，莲都区老竹畲族镇沙溪村许永卫主任、丽新畲族乡上塘畈村蓝全英主任等不厌其烦接受的多次访谈以及对村里情况的详细介绍。感谢畲族文化非遗传承人蓝陈启、蓝余根、蓝延兰、蓝仙兰、雷建光、蓝观海、蓝彩莲等，杭州畲族馆雷利江馆长，以及景宁县龙凤民族服饰有限公司雷献英董事长的热情接待和对"非遗"文化细致入微的介绍。感谢景宁畲乡旅行社李青宗董事长、罗雯菲总经理对景宁畲族文化旅游发展的详细介绍。感谢大均中国畲乡之窗景区余经理（2012 年）、景区负责人黄三森（2017 年）为课题组观察畲族文化旅游产品开发提供的表演项目以及对景区发展的介绍。感谢景区的演员多次接受的访谈；感谢在村落和景区曾经接受过访谈的游客与我们分享你们的体验与感受；感谢为课题调研填写答卷的所有村民和游客。在调研过程中，为我们提供帮助的不止于上述，但因难以在此一一罗列，在此一并谢过！

在课题调查问卷发放收集、统计和访谈音频翻录过程中，我的学生给予了很大的帮助，他们是：张心怡、黎娜、刘珠希、王晓娟、王晓燕、蒋慧秀、蓝佳韵、叶潮兴等，感谢同学们的辛勤劳动！

本课题研究期间国家提出美丽乡村建设和乡村振兴战略，民族文化旅游成为众多少数民族村落实现乡村振兴的不二选择，发展民族文化旅游的畲族村落也逐渐增多，更多的畲族人民通过旅游受益认识了本族文化的价值，也体现了本研究课题的现实意义。

本书是笔者主持的国家社科基金项目《旅游发展与畲族村落传统文化变迁及保护研究》（项目批准号：12BMZ054）的研究成果，地理学专业背景的我初涉从旅游人类学角度对畲族文化变迁作较系统的研究，深感自身旅游人类学研究方法的不足，也深知本书存在的一些纰漏，敬请读者朋友指正。

邱云美

2018 年 10 月 10 日